Scheitern der Philosophie Schellings

シェリング哲学の躓《つまず》き

『世界時代』の構想の挫折とその超克

岡村康夫
Yasuo Okamura

昭和堂

はじめに

シェリング哲学の展開の軌跡を探る上で最大の転回点となる著作は、言うまでもなく一八〇九年の『人間的自由の本質に関する哲学的研究』[1]、いわゆる『自由論（Freiheitslehre）』であろう。この『自由論』は、マルチン・ハイデッガーも述べているように、シェリングの偉大な業績であり、また同時にドイツ哲学ひいては西洋哲学の最も深い作品の一つである。[2]この著作へ到るまでの彼の哲学的著述活動は、一七九四年の『哲学一般の形式の可能性について』[3]以来の一五年間、言わば華々しく展開されている。問題は、『自由論』以降、死に至るまでのほぼ四五年間、若干の講演記録とヤコーヴィに対する論争書[4]以外は公刊されていないということにある。

ただし、この「沈黙の時代（die Zeit des Schweigens）」にも夥しい講義録や未完成の原稿が残されている。この「沈黙」あるいは「挫折（Scheitern）」の意味するものは、ハイデッガーも指摘しているように極めて重要である。[5]それは最晩年のシェリングの「積極哲学（die positive Philosophie）」の提唱にも繋がる深い意味をもっていると言える。ここでは、この「沈黙の時代」に企図され、結局は未完に終わった『世界時代（Weltalter）』と称されるシェリングの遺稿の解析を中心に、「沈黙」あるいは「挫折」と言われる「シェリング哲学の躓き」の積極的意味について考究したい。

さて、マンフレッド・シュレーター（Manfred Schröter）は、シェリングの『世界時代』に関する草稿を整理し、一八六〇年のシェリング全集・原版の第八巻に収められた第三草稿（1814/1815）以外の第一草稿（1811）および第二草稿（1813）およびその他の「断片集（Fragmente）」を、一九四六年に『遺稿集（Nachlaßband）』として出版している。(6) 彼は、そのシェリングの『遺稿集』の緒言およびそれに続く序のなかで、この『世界時代』の構想を「シェリングの全哲学の形而上学的総括」として捉え、三つの草稿を比較対照しながら、結局それらが未完のままに終わったところに単なるシェリング哲学ないしはそのドイツ的展開の特殊な問題に尽きない「悲劇（Tragik）」を看取し、そこに全ヨーロッパ的な普遍的必然的経過を見ている。(7)

また、ホルスト・フールマンス（Horst Fuhrmans）は、彼の著作『シェリングの世界時代の哲学（Schellings Philosophie der Weltalter）』において、特にこの『世界時代』の意義に注目し、それを中心にシェリングの全哲学を解明しようとしている。(8) 彼は、そこでシェリング哲学をまず大きく二つの時期に分け、⑴一七九五年から一八〇六年を「同一哲学」の時期、⑵一八〇六年から一八五四年を「キリスト教的哲学ないし積極哲学」の時期としている。また、さらにこれを細分し、①一七九五年から一八〇〇年の「同一哲学への発展」、②一八〇〇年から一八〇六年の「同一哲学」、③一八〇六年から一八二七年の「世界時代の哲学」、④一八二七年から一八五四年の「積極哲学ないし顕示の哲学」の時期としている。このフールマンスの『シェリングの世界時代の哲学』の意図は、一つにはこれらの区分を超えた「シェリングの思索のあらゆる段階を貫く連続性（die Kontinuität）」を確認することにあると言ってよいであろう。[9]

本書では特に以上のような先行研究を参照しつつ、『世界時代』の三つの草稿の解析（第Ⅰ部）を軸に、それ以前とそれ以後のシェリング哲学の思索の軌跡を辿る（第Ⅱ部）ことによって、彼の思索の跡づけをすると同時に、最終的にはそこに伏在する「哲学と宗教」の問題を明らかにしたい。そこでは、単なるシェリングの思索の追跡に留まらず、彼がドイツ観念論という西洋形而上学の展開の一つのピークにおいて徹底遂行した対決を通して、そもそも「哲学とは何か」あるいは「宗教とは何か」を考える機会が与えられるであろう。

さて、第Ⅰ部の『世界時代』の三つの草稿の解析については、本文において詳しく述べるが、先述したシュレーター編集のテキストを使用し、その比較検討の基本資料とした。また、シュレーターの解析を参考にしながら、できるだけシェリングの叙述展開を丹念に追うことに努め、その「躓き」の意味について考察した。シェリングの『世界時代』の構想内容は、その展開の要となる概念すら充分整理されておらず、重複や混乱も多く、断片的で彼の思索の道筋を追い切れない場面が多々ある。ただ、それだけに彼の思索の現場に立ち会うという臨場感があるとも言え、そこから彼の思索の根本課題およびそれをめぐる葛藤を取り出す好材料と考えられる。したがって、取り出した内容も当然断片的で重複するものも多いが、あえてそれを提示することで彼の生のままの思索を追うことを試みたつもりである。もちろん、不鮮明な部分は言葉を補い、場合によっては切り捨てざるを得なかった部分も多かった。したがって、この第Ⅰ部の論述の仕方としては、多分に研究ノート的なものとなったが、まずシェリングの主張をできるだけ丁寧に追う形で整理したあと、本書の論旨を検証するために再度内容を要約し、次の展開へと繋ぐということを心掛けた。

次に第Ⅱ部では、先述したように、第Ⅰ部の解析を軸に『世界時代』以前と以後の彼の思索の跡づけを試みた。取り上げたシェリングの著述は限られたものとなったが、いずれもその当該の著述の前後の展開内容を意識しつつ論述した。ただ第Ⅰ部で解析した『世界時代』の論述内容に比べ、いずれの著述も概念整理されており、混沌とした『世界時代』の構想とは異なり、極めて整合的な展開がされているように思われる。ただ、それだけに逆にそこではシェリング哲学の根本課題が見え難くなっているとも言える。そういう意味で今回試みた考究、すなわち、第Ⅰ部の解析において洗い出された課題を手掛かりとしてシェリングの思索を追究するということに意義を見出すことができると思う。

確かに、シェリングの強靭な形而上学的思索に導かれた叙述展開は、ドイツ観念論という西洋形而上学の頂点の一角を形成している。しかし、また彼の思索の根底には、常にその哲学的媒介に対する懐疑があり、それがヘーゲル的思弁と弁証法とに一線を画すものとなっていると言えるであろう。それが特に『自由論』以降の、例えば『世界時代』の第一草稿で言えば、「思惟に反抗する原理」や「非合理的原理」、「分析に抗う原理」[10]等の強調となり、さらにそれを踏まえた「実在‐観念論（Real-Idealismus）」の主張となっている。ただし、この非合理性の強調や実在性の先行性の主張はまだシェリング哲学の最終決着とはなっていない。それはさらにそのそもそもの「始源（der Anfang）」を求めて宗教の次元に踏み込んでいるのである。先に述べたように、シェリング哲学の根本課題を本書では「哲学と宗教」の問題に見る。彼の最初期の論文、『人間的悪の起源について』[11]（一七九二年）や『神話について』[12]（一七九三年）等の論文以来、最晩年の『神話の哲学』[13]（一八四二年）や『顕示の哲学』[14]（一八五四年）に到るまで、その根本的関心は常に「哲学と宗教」の問題にあると言える。

本書では特にこのようなシェリング固有の「哲学と宗教」をめぐる思索の源泉を、ヤーコプ・ベーメに代表されるドイツ神秘主義のうちに求める。ドイツ神秘主義は、「思弁性」と「実践性」とを兼ね備えた人類精神史上極めて卓越した内容を有する思想群を形成しているが[15]、それらはいずれも「神秘的合一（unio mystica）」体験から出発し、そこへ遡源しつつ、そこから展開するという突破的・反復的経験において極めて多彩で独自の展開を遂げている[16]。ことにベーメの思想は、その神秘主義的経験と神智学的展開とにおいて、西洋精神史上に深くかつ広範囲な影響を与えており、それが後期シェリングの思索に与えた影響は多大である[17]。特に第Ⅱ部の展開で明らかにするが、実際シェリング哲学がその「新たな始源（ein neuer Anfang）」を求めて回帰するところとしてベーメの神智主義思想がある。このような観点から、本書では「哲学と宗教」の問題を核に、シェリング哲学の徹底した形而上学的志向に貫かれた「連続性」を追うと同時に、その徹底において直面する「非連続性」、すなわち、とりわけ「学の沈黙（das Verstummen der Wissenschaft）」と呼ばれる事態に眼を投じ、そして、さらにそこから「脱我的（ekstatisch）」

に開示される根源的普遍的生について言及したい。その生の境位は、単なる人間内在性の立場を破る境位、すなわち、なんらかの仕方で超越の次元を含むような境位であり、哲学的媒介を拒むものでありながら、まさに「非連続の連続」として開示される生の境位と言うべきものである。

なお、本文中のシェリングの著作からの引用・典拠については、以下のように表記した。まず、第Ⅰ部の『世界時代』の第一草稿および第二草稿については、先に述べたシュレーターによって出版された「遺稿集」に記されたローマ数字ⅠおよびⅡならびにそれに続けて付けられている頁数によって示した。また、第三草稿については、一九六五年のシュレーター版全集の第四巻に収められた草稿を参照したが、表記は整理の都合上、シュレーターに倣って、ローマ数字のⅢとし、頁数はシュレーター版に記載されたK・F・Aシェリング編纂の全集・原版に拠って示した。また、さらに第Ⅱ部の本文中のシェリングの著作からの引用についても、同様にシュレーター版に記載されているシェリング全集・原版の巻数ならびに頁数によって示した。なお、文中の傍点はいずれも筆者に拠る強調点である。

シェリング哲学の躓き　目次

第Ⅰ部

世界時代について

第Ⅰ部　序

この第Ⅰ部では、まずシュレーターによる『世界時代』に関する三つの草稿の比較対照研究を手掛かりとして、シェリングが『世界時代』の構想においてそもそも何を企図し、またどこにおいてその構想に躓いたかを明らかにしたい[18]。

シュレーターが述べているように、『世界時代』は「シェリングの全哲学の形而上学的総括」として企図されたものであり、それは「過去（Vergangenheit）」・「現在（Gegenwart）」・「未来（Zukunft）」に亘るものとして展開・叙述されるはずのものであった。三つの草稿の「序（Einleitung）」の書き出しはいずれも次の言葉で始まっている。

過ぎ去ったものは知られ、現在的なものは認識され、未来的なものは予感される。
知られたものは語られ、認識されたものは表現され、予感されたものは予言される。（I, 3 ; II, 3 ; III, 199）[19]

ここで書かれていることをそのまま受け取り、本書の考究の方向性を先取りするならば、『世界時代』の構想においては、まず①「過ぎ去ったもの」を「知ること（wissen）」、「現在的なもの」を「認識すること（erkennen）」、「未来的なもの」を「予感すること（ahnden）」が求められる。そして、それをさらに②「語ること（erzählen）」、「表現すること（darstellen）」、「予言すること（weissagen）」が志向される。そもそも、この①と②の全体が、シェリングの『世界時代』の構想を形づくるといってよいであろうが、この短い言葉のうちには多くの事柄が含意されており、誤解を恐れずに言うならば、①には宗教の次元に属する哲学以前および以後のところを指示するものがあり、②にはそれを「哲学する」ということにおいて、哲学の「新たな始源」を探るという根本課題が含まれている。本書では、このような解析の方向性をもって、①および②を明らかにすることを通して「シェリング哲学の躓き」の積極的意味を探りたい。

ところで、シュレーターはこの『世界時代』の分析を始めるに当たり、次のように述べている。すなわち、三つの草稿を比較した場合、ほとんど同じであるのは「序」の部分のみであって、それに続く「過去」篇から、第一草稿および第二草稿は、第三草稿とは全体においても部分においても比較の手掛かりはほとんどなく、構成および内容ともに極めて異なっている。また第一草稿と第二草稿も、その僅かの部分（I, 19-25 : II, 23-27）はおおよそ同じであるが、それ以外の部分は異なっている。それゆえ、そこには『世界時代』というテーマに対して三つの独立した草稿があると考えざるをえない。なお、この三つの草稿のうち第一草稿が最も包括的内容となっており、第二、第三草稿は第一草稿の半分に相当するに過ぎないものである。（Nachlaßband.XV、以下、N.XV と略記。）[20]

さて、シュレーターの三つの草稿に関する整理は左記のとおりである。本書ではこの彼の整理・研究

をもとに三つの草稿を比較検討したい。[21]

	第一草稿（1811）	第二草稿（1813）	第三草稿（1814/1815）
【前半】			
序	（1-16, 17-25）	（1-20, 21-28）	（199-206）
第一部	（25-30）	（28-51）	（209-238）
第二部	（30-39）	（51-66）	（239-275）
第三部	（39-61）	（66-107）	（275-297）
第四部	（61-78）	（107-140）	（297-335）
結論部	（78-96）		
【後半】	（96-196）		
第一部	（96-123）		
第二部	（123-132）		
第三部	（132-160）		
第四部	（160-169）		
第五部	（169-186）		

第六部（186-196）

このシュレーターの整理・研究からすると、「過去」・「現在」・「未来」に亘る全体構想は第一草稿から推察するしかないが、それも極めて不充分であり、結局三つの草稿のいずれも「過去」篇で途絶しており、「現在」あるいは「未来」に関する詳しい記述はない。ウィルヘルム・シュミット-ビッゲマン（Wilhelm Schmidt-Biggemann）によると、シェリングは繰り返しこの『世界時代』の書き上げや構想を予告しているが、結局は完成することができず挫折している。[22] シェリングがそもそもこのような構想を思い立った理由の一つに、確かにフールマンスやビッゲマンが指摘するように、ヤコーヴィによる「汎神論批判」を挙げることができるであろう。また、この批判に対してシェリングは「有神論的キリスト教的哲学（die theistische und christliche Philosophie）」によって応えようとしていたと言うことができるであろう。[23] また、そのように理解することは、後の「神話の哲学（Philosophie der Mythologie）」や「顕示の哲学（Philosophie der Offenbarung）」によってシェリングが企図した事柄に繋がるものを捉えることになるのかもしれない。ただし、そのような彼の最晩年の試みに拠っても解決されなかった問題がそこにはあると言わざるをえない。それを我々はここで敢えて「シェリング哲学の躓き」と呼ぶのであるが、本書の目的はそのような彼の哲学の根本問題に光を当て、最終的にはそこに浮かび上がってくる「哲学とは何か」あるいは「宗教とは何か」について言及することにある。

第一章

「根源存在者の展開の歴史」としての「学」の構想
——序について——

シュレーターが述べているように、三つの草稿を比較してほぼ一致しているのは、その「序」の部分（I, 1-16 ; II, 1-20 ; III, 199-206）のみである。ここでは、まずその部分のみに注目し、本来シェリングが『世界時代』において何を構想しようとしていたかを考察したい。

ところで、その「序」の部分において主に論じられているのは「学（Wissenschaft）」の問題である。シェリングは従来の「学」は「固有の諸概念および諸思想の単なる帰結や展開」であると考える。これに対して彼は「学」の「真の表象」は「生きた現実的存在者の展開（die Entwickelung eines lebendigen, wirklichen Wesens）」であると述べ、この「存在者」すなわち「根源生命（das Urlebendige）」が与えられたことが彼の時代の特権であると言う。この「根源生命」は、「それの外あるいは以前に」それが規定される何ものもない「存在者」である。それは「自己展開する」。すなわち、「自己の衝動と意欲から、純粋に自己自身から展開する」。しかし、それはまさにそれ故に「無法則」にではなく、「合法則的に自己展開する」。そのうちにはいかなる「恣意（Willkühr）」もなく、言葉の完全な意味での「自然（Natur）」がある。（I, 3-4 ; II, 3-4 ; III, 199-200）

「学」をこのように「根源存在者の展開の歴史（die Geschichte der Entwickelungen des Urwesens）」（I, 19）として考える立場は、いわゆる汎神論的な「静的（statisch）」な展開の仕方に対して、それに代わる「力動的（dynamisch）」な展開として、シェリングによってその「沈黙の時代」に構想された「学」の立場であると言える。それは、例えば特に『シュトゥットガルト私講義』[24]（1810）の「根源存在者」や『エアランゲン講義』[25]（1821-1825）の「絶対的主体（das absolute Subjekt）」の叙述とも符合する。それは、そもそもシュレーゲル[26]やヤコーヴィ[27]の汎神論批判や、さらにはヘーゲルの批判に耐えうる「学の原理」として構想されたものと言える。特にその「自己展開」が「自然」であると言われるところには、単なる「意志」の立場を究極処とする立場を超えた「学」のあり方が構想されようとしていると考えることもできるであろう。ただし、シェリングは結局そのような「学」の立場の確立に成功したとは言えない。それが、我々がここで取り出そうとしている「沈黙」あるいは「挫折」と言われる事態を指し示しているのであるが、そもそも「根源存在者の展開の歴史」には「意欲」を「根源存在」とする立場（Wollen ist Urseyn.[28]）とは異なる次元からの哲学を要求するものがある。それは、シェリング哲学の根本にある葛藤、すなわち宗教との深い関わりのなかで構想し続けられていた哲学の立場を浮かび上がらせるものであり、そこから初めてシェリングが従来の哲学を「消極哲学（die negative Philosophie）」として清算し、「積極哲学」を提唱する意味が了解されるものとなるであろう。

第一節　超世界的原理

さて、シェリングはこの「根源存在者の展開の歴史」を叙述するためには、人間のうちに「世界の外に、世界を超えてある原理」＝「超世界的原理（das überweltliche Princip）」[29]が認められなければならないと言う。この「原理」によって、あらゆる被造物のうちで人間のみが「根源存在者の展開」の長い道程を「現在」から「過去の最深の夜」まで遡源することができる。すなわち、人間のみがこの「原理」に拠って「諸時代の始源」にまで高まることができる。そもそも「人間の魂（die menschliche Seele）」は、「事物の源泉から汲まれて、それに等しく（Aus der Quelle der Dige geschöpft und ihr gleich）」、「創造」を与り知ることができる（eine Mitwissenschaft der Schöpfung）。以上のように述べられている。（I, 5 ; II, 5-6 ; III, 200）

このように人間のうちに「超世界的原理」を認め、それによって人間は「諸時代の始源」にまで遡り得るということ、換言するならば「創造の始源」を与り知る「魂」の立場を認めるということには、『自由論』の「中心存在者（Centralwesen）」や『シュトゥットガルト私講義』の「魂」の立場に通ずるものがある。特に後者の『シュトゥットガルト私講義』では、「魂」は「それによって人間が神との直接的関係にあるところのもの」（VII, 469）であるとされているが、①このような「魂」の立場を明確に提示するということ、そして②この「魂」と次に述べるように「媒介する器官（ein vermittelndes Organ）」である「悟性（der Verstand）」との根源的関係の中で「哲学」のあり方を考えるところにシェリング哲学の固有性があると言える。

　ところで、また続いてシェリングは次のように述べている。ただし、人間のうちではこの「超世界的原理」は、その「原初の純一さ（uranfängliche Lauterkeit）」のうちにはなく、「他の低次の原理」に縛られている。この「低次の原理」は「生成した原理」であり、それゆえそれは「元来無知で暗く」、それと結びついた「高次の原理」を必然的に「曇らせる（verdunkeln）」。しかし、またこの「曇らされた原理」のうちには「万物の記憶（die Erinnerung aller Dinge）」、すなわち「その根源的諸関係、その生成、その意義の記憶」が宿っている。つまり、「事物の原像（Ur=Bild）」が「魂」のうちでは「曇らされ忘れられた像」として「眠っている（schlafen）」あるいは「まどろむ（schlummern）」でいる。したがって、それは完全に消失してしまっているわけではなく、そこには「認識の予感と憧れ」がある。その場合、「低次のもの」は、「高次のもの」がそれによって縛られたままであるためではなく、そこにおいて「自己を観、語り、自己を自ら理解しうるようになる」ためにあるのである。（I, 5-6 ; II, 5-7 ; III, 200）

以上のように①「超世界的原理」が原初においては「純一さ」のうちにあったということ、そして、②その「原理」がここでは「曇らされている」が、そのうちには「万物の記憶」が宿り、その「原像」が「魂」のうちで「眠り」、「まどろんでいる」ということのうちに、後に述べるように、まず「等しきものは等しきものによってのみ認識される」（VII, 337 ; IX, 221）という命題をめぐって「脱我（Ekstase）」の問題へと接続される事柄が潜んでいると言える。また、②のうちに「認識の予感と憧れ」があると言われているが、ここにまさに、③先の「過ぎ去ったものは知られ、現在的なものは認識され、未来的なものは予感される」という言葉において表現されているように、「過去」・「現在」・「未来」に亘る「学」の展開の可能性が考えられているのである。続いて次のように述べられている。

ここでは我々自身が分開され二重化されている。我々のうちには「問う者と答える者」、すなわち「知を求める無知なる者」＝「無知で明晰さを求めて苦闘する者」と「知なる者、むしろ知そのものである者」＝「その知を知らない知なる者」とがある。この両者の「内的対話術（die innere Unterredungskunst）」が「哲学者の本来の奥義」であり、「弁証法（Dialektik）」はそれの単なる「模造（das Nachbild）」あるいは「空虚な仮象にして影（der leere Schein und Schatten）」に過ぎない。（I, 7-8 ; II, 9 ; III, 201）

以上のようにシェリングは明確に「弁証法」に対して一線を画し、「哲学者の本来の奥義」が「超世界的原理」との「対話」にあると述べている。この叙述は『エアランゲン講義』のそれと符合する（IX,

231-239)。ここに本書の根本課題である「哲学と宗教」の問題を考える手掛かりがあり、問題は如何にしてその「対話」の現場に入るかが肝要となる。その点は特に『エアランゲン講義』において主題化された「脱我」に繋がる以下のような叙述において看取することができる。

第二節　超世界的原理への転置

さて、シェリングは次のように述べている。人間のうちには、自己のうちの全ての「下位のもの」を排除し、「あらゆる二性（alle Zweyheit）」を破棄する可能性がある。そうすることによって、我々はただ「内面的に（innerlich）」のみ存在し、完全に「超世界的なもの（das Ueberweltliche）」において生きることができる。誰も人間を「超世界的なもの」へ転入せしめ、「心情の諸力」を「観（das Schauen）」のうちへ高める可能性を否定することはできない。むしろ、「学」を求める者は、そこから「新鮮な力（frische Kraft）」を汲むことができ、そういう意味で詩人だけではなく、哲学者も「恍惚とさせるもの（Entzückungen）」を必要とする。それによって哲学者は「空虚な熱狂なき弁証法の強制された概念」から身を守ることができる。(I, 9-10 ; II, 13 ; III, 203)

ここで述べられている「二性」を破棄すること、すなわち先の「純一さ」となること、あるいは「超世界的原理」への「転置（Versetzung）」、すなわち「観」のうちへ高まることは、シェリングが繰り返し引き合いに出す「等しきものは等しきものによってのみ認識される」（VII, 337 ; IX, 221）という命題をめぐって展開され、特に『エアランゲン講義』において主題化された「脱我」の出来事を指示していると考えられる。ただし、ここで特に注目すべきは、シェリングが、神智学者（der Theosoph）のようにそこに留まることではなく、あくまでそこからの「学」の可能性を、あるいは、むしろそこからのみ可能な「学」のあり方を構想しているということである。シェリングはまた次のように述べている。

「観」のうちで我々は「最内奥の始源」へ還元される（die Reduktion auf seinen innersten Anfang）。しかし、我々はこの「観」のうちに留まることはできない。というのは、「観」とはそれ自体では「沈黙（stumm）」であり、そこには「媒介する器官」が欠けているからである。この「観」のうちに留まる者である神智学者は、むしろそこから「直接的に（unmittelbar）」語るために、その「媒介する器官」を意図的に拒絶する。神智学者は「出会うものに出会う（was er trifft, das trifft er.）」と言う[30]。その場合、彼はその「対象」と一つであり、第三者にとっては、彼はその「対象そのもの」と等しく不可解なる者である。ここに「神智学（Theosophie）」と「学としての哲学（die Philosophie als Wissenschaft）」との間の境界がある。確かに「神智学」はその「内容の深さ、充実、生々しさ」において、「現実の対象」がその「像」に、「自然」がその「表現」に勝ると同じ程度に、「存在者」を単に「形式と概念」において求めるに過ぎない「死せる哲学（eine todte Philosophie）」に勝っている。ただし、シェリングはこのような「対象」と一つであり、「沈黙」をせざるをえないような「神智学」の立場に留まることはできないと考えているのである。(I, 10-13 ; II, 12-16 ; III, 204)

第三節　神智学と哲学（宗教と哲学）

ここでシェリングが述べている「神智学と学」の問題こそ、まさに我々の根本課題である「哲学と宗教」の問題を考える手掛かりを提供するものである。そもそも彼が念頭に置いている「神智学」の代表者にヤーコプ・ベーメを挙げることができるが、シェリングにとってはそのベーメ的な「神智学」を如何に「学的」に展開することができるかが大きな課題となっているのである。結論を先取りするならば、それは脱我的経験を前提にした、あるいはそれを何らかの仕方で含むような「学」の立場の構想であると言えるが、シェリングはこの『世界時代』の「序」においてはその「学」の可能性を次のように述べている。

確かに「生の充溢と深み (die Fülle und Tiefe des Lebens)」は「学」には届かない。ただ、「学」はそれに「漸進的に (allmähliger)」、すなわち「間接的そして段階的前進によって (mittelbarer und durch stufenweises Fortschreiten)」達することができる。こうして「知る者」は「対象」から異なるものとなり、これに対して「対象」は「知る者」から分けられ、「思慮深く、冷静に享受する観察の対象」となる。シェリングは、ここからこの「学」の展開を「弁証法的（dialektisch）」あるいは「歴史的（historisch）」と呼び、そこに「学の客観性への道」が開かれることを期待している。（I, 13-16 ; II, 17-19 ; III, 205-206）

このようにシェリングは「神智学」の優位を認めつつ、あくまでそれとは異なる「学としての哲学」の立場の再構築を目指している。ただし、それがここで述べているように「間接的そして段階的前進によって」達成されるのか、またその展開が「弁証法的」あるいは「歴史的」と呼ぶに相応しいものであるのかは再考を要する。

以上がシェリングが『世界時代』の三つの草稿の「序」の部分で述べている「学」の構想である。この部分で述べられていたことを再度確認しておきたいが、それは次の三点に整理することができるであろう。すなわち、ここでは①「学」を「根源存在者の展開の歴史」において構想しようとしていること、②そのような「学」の構想のためには人間のうちに「超世界的原理」を認めなければならず、そしてこの「超世界的原理」との「対話」の現場に入るためには脱我的経験が必須であること、そして最後にしかもシェリングは、③あくまで「神智学」とは異なる「学としての哲学」の立場を構想しているということである。本書で考究したいことは、このような「序」における基本構想の徹底のなかで、まさにここで主題とする「躓き」が生じるということであり、またそこから、シェリングにおいては「積極哲学」

の構想がそれに当たるが、哲学の「新たな始源」が考えられうるということである。

第二章

「思想の深淵」としての「過去」——序に続く部分について——

シュレーターは、以上分析した「序」の最初の部分（I, 1-16 : II, 1-20 : III, 199-206）は三つの草稿ともほぼ一致しているが、第三草稿では「序」のそれ以降の部分が欠けていると述べている。そして、彼は特にこの第三草稿において欠けている部分（I, 17-25 ; II, 21-28）において、形而上学的意味における「過去」の「根源的謎（das Urrätsel）」が問われており、この問いが『世界時代』の構想の「本来的根本テーマ」であると考え、そこにおいてシェリングは「時代の偉大な体系」をその最も広範囲において展開し、「時代の長く暗い道程」を「最初から」歩むことを企てていると述べ、彼の次の言葉を引用している。（N, XVII-XVIII）

おお過去よ、汝、思想の深淵よ！（O Vergangenheit, du Abgrund der Gedanken!）

ここで述べられている「過去」は、「存在するもの（Seyendes）」を前提し、その時間系列上において遡ることができる「過去」ではもちろんない。したがって、ここではそれが如何にして「思想の深淵」となるかが問われる。この点を主に本章では明らかとしたい。

以下、このシュレーターの整理・研究に拠ると第三草稿においては欠けていると言われている部分、それは第一草稿および第二草稿ともに、「第一巻　過去（Erstes Buch Die Vergangenheit）」と題されているが、ここでは差し当たりこの部分のみ（I, 17-23 : II, 21-27）に絞って比較検討したい。

第一節　沈黙と静寂の時代

さて、ここではまず「根源存在者の展開の歴史」の記述を「前世界的時代（die vorweltliche Zeit）」から始めることが確認され、特に第一草稿では次のように述べられている。

かの時代からはいかなる伝説も伝わって来ない。というのは、それは沈黙と静寂の時代（die Zeit des Schweigens und der Stille）だからである。ただ、神的な啓示された語り（göttliche geoffenbarte Reden）においてのみ、この太古の闇（die uralte Finsternisse）を切り裂く個々の閃光（Blitze）が輝く。

だが、我々は、そこから一切が始まったところのもの、そしてそもその始源を形成したものを見出すために、何よりもまず我々自身のうちに（in uns selbst）その過去を呼び起こさねばならない。（I, 19）

それでは、そもそもその「過去」＝「本来的過去（die eigentliche Vergangenheit）」はどこにあるのか。シェリングは次のように述べている。それは単なる「後ろと前に際限なく広がる因果の鎖」のなかには見出されない。すなわち、古来「日のもとに新しきものなし」と言われているが、もし以前生じたものは以後生じるものであり、以後生じるものは以前生じたものであるとしたら、世界のうちには「過去」も「未来」もない。その場合、この世界において「始源」から生じた一切、そして「終局」に到るまでに生じるであろう一切が、「一つの大きな時代（Eine große Zeit）」に属することになる。そこには本来的意味における「過去」も「未来」もない。このような不合理な考えは「機械的体系」とともに消失すべきであった。（I, 20-21 : II, 24）

ところで、我々の眼前では「一つの時代が他の時代に続き、続く時代が常に先行する時代を覆っている」。そして、そこにはどこにも「或る根源的なもの（etwas Ursprüngliches）」が示されない。それを見出すためには、それを「覆う幾重もの層」、「幾千年もの仕事」が取り去らねばならず、そうして初めて「根底へ（auf den Grund）」到ることができる。ただし、その「根底」に到ってもなお、「自己自身によって根拠づけられない前提（eine nicht durch sich selbst begründete Voraussetzung）」が見出され、そして、その前提が「一つの探求しがたい存在者以外のものは存在しなかった時代」＝「本来的過去」を指し示す。そして、このことがまさに我々のうちで観察されるとき、我々のうちに「新たな深淵（neue Abgründe）」が見出される。（I, 22-23 ; II, 25-27）

以上のように、ここで述べられる「過去」＝「本来的過去」は、上述したように単に時間系列上の背後に無限に遡及される「過去」ではもちろんない。それは、その「過去」を幾重にも幾千年にも亘って覆うものを取り去っても、なお基礎づけ、根拠づけることができない「深淵」である。そのような「思想の深淵」としての「過去」から、この『世界時代』の構想は始められようとしている。しかし、そのような「過去」は如何にして見出されるのであろうか。

第二節　新たな深淵（I, 23-25 ; II, 27-28）

さて、この「新たな深淵」に関して、先に引用した「神的啓示された語りにおいてのみ、太古の闇を切り裂く個々の閃光が輝く」という記述も極めて意味深であるが、それを解く鍵は、それに続く「我々自身のうちに」その「過去」を呼び起こさなければならないというところにあると言える（I, 19）。この「過去」について興味深いのは、「活動する際には我々を焼き尽くし滅ぼす (uns verzehren und vernichten) 当のものが、活動しないときは我々を支え維持する (uns tragen und halten)」(I, 24) と述べている点である。ここにはこの「過去」の働きの二つの契機、すなわち否定の契機と肯定の契機とを看取することができる。そして、これは次のように読み解くことができるであろう。つまり、「過ぎ去ったものは現在の創造を支え、常に根底に隠れている」のであるが、我々がそれを「我々自身」のうちに呼び起こすことによって、その同じものが「我々を焼き尽くし滅ぼす」ものとなるということである。それは繰り返し述べている脱我的経験に相当するものであり、そのことによって我々自身が否定され、我々の単なる内在性の立場が破られ、まさにそこにおいて「太古の闇を切り裂く個々の閃光が輝く」、すなわち「新たな次元からの存在理解が開かれることを意味すると言えるであろう。(I, 23-24 ; II, 27)

以上、第三草稿においては欠けている「過去」篇の最初の部分について、第一草稿と第二草稿の記述を比較検討した。確かに両者の記述には重なる部分もあるが、第一草稿の記述の方が「過去」に関して、その否定の契機を通したダイナミックな理解が残っていると言える。逆に言えば、その点、第二草稿の方がその否定の契機が薄れた記述になっていると言える。それは例えば第二草稿には「我々を焼き尽くし滅ぼす」という記述がないということからも窺い知ることができる。

上述したように、この『世界時代』は「過去」・「現在」・「未来」に亘る「根源存在者の展開の歴史」

として構想されようとしていた。しかも、シェリングの場合、それを飽くまで「学」の立場から、「間接的に」「段階的に」、あるいは「弁証法的に」「歴史的」に展開しようとする試みであった。ただし、その展開の出発点である「過去」への遡源そのものが、そのような「学的」展開を可能とする「媒介する器官」である「悟性」の立場、すなわち単なる人間内在的「悟性」の立場を破るものを含んでいた。そこにまさにシェリング哲学の根本的葛藤がある。すなわち、それは、繰り返し述べているように、超越の次元に属するもの、すなわち「沈黙」を要求する宗教の次元に属するものを如何に哲学するかという葛藤である。

さて、これ以降の部分について、上述したように、シュレーターの比較・分析によると、第二草稿と第三草稿にあるのは第一草稿の半分のみである。すなわち、第一草稿の後半部分（I, 96-196）は第二、第三草稿には相当する部分がなく、最初の半分（I, 25-78）のみが第二草稿（II, 28-140）、第三草稿（III, 209-335）において内容上確認されるのである。シュレーターはこの最初の半分(三つの草稿において重なる部分)を上述したように四部に分けているが、ここでも次に彼の整理に従い、以下順次、比較検討したい。

第三章

「根源存在者」の本質構造 ――第一部について――

シュレーターの整理に拠るこの第一部（I, 25-30 : II, 28-51 : III, 209-238）は、これまで解析した「序」およびそれに続く「過去」篇の最初の部分以上に、三つの草稿の叙述展開の仕方、順序並びにその内容が異なっている。ここでは、その相違に留意しつつ、シェリングが何故このような異なる展開をしなければならなかったかを探りたい。ところで、繰り返し述べているように、この『世界時代』は「根源存在者の展開の歴史」として構想されようとしている。したがって、まずその展開の出発点にある「過去」における「根源存在者」を如何に捉えるかが極めて重要である。三つの草稿とも、その表現の仕方およびその展開の順序等に異動はあるが、この第一部ではその「根源存在者」を如何に捉えるかに精力が注がれている点は同じである。

第一節　「永遠なる自由」としての「根源存在者」

さて、三つの草稿それぞれにおいて「根源存在者」は、まず「最高なるもの（das Höchste）」（I, 25 ; III, 234）あるいは「無制約的なるもの（das Unbedingte）」（II, 46）等と呼ばれているが、その叙述内容はほぼ一致している。すなわち、おおよそ次のように述べられている。

この「最高なるもの」とは「一切の時を超えて」あるいは「一切の存在を超えて」あり、しかも「一切の展開において自己を顕わにする」ものである。「最高なるもの」はこのような意味においてまた「真の永遠なる自由（die wahre, die ewige Freiheit）」である。例えば、「一切の存在するもの」は「前進と自己展開の棘（Stachel）」をもっているが、それは「無限なるもの」である「最高なるもの」がそのうちに「閉じ込められている（verschlossen）」からである。ただし、この「最高の自由」を「感得（empfinden）」しない人にとっては、その「最高なるもの」は単なる「無（Nichts）」である。（I, 26 ; II, 47-48 ; III, 234）

以上のように三つの草稿とも「根源存在者」が「永遠なる自由」であり、それがその「展開の歴史」を衝き動かすものであるということを述べており、それは『エアランゲン講義』の「絶対的主体の本質」（IX, 220）として考えられたものと一致している。ただし、その自由を「感得」しない者にとっては「最高なるもの」は「無」であると言われているが、その場合の「無」はこの文脈では消極的意味しかもちえない「無」である。したがって、ここでもまさにそれを「感得すること」が重要であり、それは『エアランゲン講義』の「体得すること（innewerden）」へと繋がり、「等しきものは等しきものによってのみ認識される」という命題をめぐって性起する脱我的体験を指示している（IX, 221）。このような意味での「感得」によって初めて、「根源存在者」は否定即肯定のダイナミックな意味をもつものとなる。すなわち、それは次のような「無にして一切（nichts und alles）」である「意志」として出会われるものとなるのである。

第二節　「何ものも意欲しない意志」としての「根源存在者」

さて、「根源存在者」は「無」である。しかし、それは「純粋な自由（die lautre Freiheit）」が「無」であるように「無」であり、また「何ものも意欲しない意志（der Wille, der nichts will）」のように「無」である。そもそも「何ものも意欲しない意志」は「いかなる事柄も渇望せず、それにとって万物が等しく、それゆえにそれは何ものにも動かされない」。このような「意志」は「無にして一切」である。すなわち、それはまず、①自ら「働くもの」となることを渇望せず、「或る現実性（irgend eine Wirklichkeit）」を熱望しない限りにおいて「無」である。また、その「意志」は、②「永遠なる自由」としてのそれからのみ「一切の力」が生じ、万物を自己のもとにもち、一切を統べ、何ものによっても統べられないゆえに「一切」である。(I, 27 : II, 48 : III, 235)

> このような「何ものも意欲しない意志」においては「究極の意味における最高の否定」が「最初の意味における最高の肯定」と一つである。このことに関連してシェリングはまた次のように述べている。そもそも、各々の物はそこにおいて認識され捉えられる「性質」をもっている。そして、その「性質」をもてばもつほど、それだけそれは捉えやすくなる。ただし、「最も偉大なもの」は「丸く(rund)」、「無性質(eigenschaftslos)」である。「崇高なるもの」は、ちょうど泉から汲まれた水のように無味である。また古人が言うように、王は何も望まず、何も恐れない。かくして「何ものも意欲しない意志」は「貧(arm)」と呼ばれる。それは一切を自己のうちにもつがゆえに、欲することができる何ものも自己の外にもたないからである。(I, 27-28 : II, 49 : III, 235)

以上のように「根源存在者」が「永遠なる自由」を本質とし、「無にして一切」であり、また「貧」と呼ばれるような「何ものも意欲しない意志」であるということについては、三つの草稿とも一致している。ただし、それに続く部分は、もちろん記述の上ではかなり重なる箇所もあるが、それを展開する視点に相違あるいは揺れがあるように思われる。特にこの点に留意しつつ、これ以降は三つの草稿の内容をそれぞれ個別的にまとめつつ、比較検討したい。

第三節　「純一さ」と「矛盾」・「対立」

以上のように「根源存在者」は、「永遠なる自由」あるいは「何ものも意欲しない意志」として構想されている。それが「深淵」としての「過去」のうちにある「根源存在者」の根本相であると言えるが、それが如何にして「現在」へ、すなわち「矛盾」と「対立」に満ちた「現実世界」へと展開されるかが問題である。したがって、ここでは三つの草稿がこの問題へどのように接近しようとしているかが問われる。

⑴　第一草稿（I, 28-29）

さて、第一草稿では次のように述べられている。

【焼き尽くす鋭さ】

一切の「現実的制約的存在」に先行する「根源存在者」は、自己自身を知らない「純粋な喜び（die reine Frohheit）」、すなわち、全く自己自身によって充たされ、何も考えない「放下された至福（die gelassene Wonne）」であり、またその「非存在」を享受する「静かな内面性（die stille Innigkeit）」である。

また、その本質は「愛にして素朴（Liebe und Einfalt）」である。それは人間にあっては「真の人間性」、神においては「神性（die Gottheit）」、また古人の言う「超＝神性（Ueber=Gottheit）」である。それは「神」ではなく、そのうちに「神」が住む「近づくことができない光の輝き（der Glanz des unzugänglichen Lichtes）」であり、また人間はそれに等しい「純一さ」をもってのみ近づくことができる「純粋さの焼き尽くす鋭さ（die verzehrende Schärfe der Reinheit）」である。（I, 28-29）

【純一さになれ！】

このような叙述に引き続き、第一草稿では「如何にして我々はそもそもこの純一さを認識するのか？」という問いが立てられ、その唯一の答えとして「おまえ自身において等しい純一さになれ！」ということが述べられ、そうすれば「おまえはそれを直接的に絶対的に最高なるものとして認識するであろう」と言われている。またさらにそれに引き続き、人間は「最も純一な神性の目撃（ein Blick der lautersten Gottheit）」であるために「解放（Befreyung）」を必要とすることが述べられている。（I, 29）

この部分に関する第一草稿の特色は特に後段にある。もちろん、それは前段の「超＝神性」の否定の契機、すなわち「近づくことができない光の輝き」や「純粋さの焼き尽くす鋭さ」を受けての展開であるが、そこには『エアランゲン講義』で主題とされた「脱我」の経験と符合するものがある。すなわち、「純一さ」を認識するためには、「等しきものは等しきものによってのみ認識される」ということによって我々自身が「純一さ」にならなければならない。そして、その「純一さ」になるためには「焼き尽くされ」、われわれの「自我」はその「主体であるという立場（die Stelle, Subjekt zu seyn）」を「放下する（lassen）」必要がある（IX, 229）。この部分において、第二、第三草稿と比較して、第一草稿で特に留意すべきは、この学的展開の出立点に求められる「解放」＝脱我的経験に関する叙述にある。

(2) 第二草稿（II, 29-51）

次にこの部分で第二草稿が第一草稿と大きく異なるところは、上述の「過去」篇の最初の部分に続いて、直ちに「二つの原理の抗争（der Widerstreit zweyer Principien）」について詳しく述べられていること、そして先に引用したように第一草稿と重なる「無制約的なるもの」としての「根源存在者」についての叙述はその後に回されているところである。

【矛盾と生命】

すなわち、第二草稿において注目すべきは、すべて「存在するもの」は「自己の内へ（in sich）」と同時に「自己から外へ（aus sich）」を欲する「矛盾（Widerspruch）」のうちにあること、そしてこの「矛盾なしには生命も運動も前進もない」ということを前面に出して展開され、叙述されているところである（II, 29-31）。したがって、この「矛盾」の解決のための「発言するもの（das Aussprechende）」および「繋辞の本質（das Wesen der Copula）」に関する議論もまた第二草稿ではこの第一部で展開されている（II,

37-44)。

【無欲の状態へ】

ただし、この第二草稿においても「純一な自由」は「無」であると言われ、それは「自己自身を捉えない純粋な自由」、「何も考えず、その非存在を享受する放下（die Gelassenheit）」であると述べられている。そして、それに引き続き「一切はどこから来ているのか？」という問いが立てられ、その問いは「一切はどこから来て、どこへ還るのか？」という問いに他ならないということ、したがって、また「不動の何ものも意欲しない意志（der unbewegliche, nichts wollende Wille）」が「最高なるものにして最初のもの」であり、我々は特にこの「無欲の状態（der Zustand des Nichtswollens）」をのみ本来志向するということが述べられている。（II, 49-50）

ここでは我々は第二草稿の展開の背後に働いているものに注目すべきであろう。シェリングは、上述したように、宗教の次元に踏み込みながら飽くまで「哲学すること」を放棄しない。そのためには、後の『哲学的経験論の叙述』[31]（1830）で述べられているように、我々は、それがたとえ「矛盾」するものであっても、「世界の事実（die Thatsache der Welt）」から出発し、そこから「最高の認識を媒介（die höchste Erkenntniß vermitteln）」すべきであろう（X, 227）。したがって、ここでもこの第二草稿の「二つの原理の抗争」あるいはその「矛盾」を前面に出した叙述の仕方の背後には、一八〇四年の『哲学と宗教』において述べられているような「批判主義」の立場を踏まえた「哲学すること」を目指すシェリングの根本動機が働いており、このような意味での「哲学と宗教」の問題が、この『世界時代』の構想の揺れの根本にあると言ってよいであろう。

(3) 第三草稿 (III, 209-238)

さて、次にこの部分での第三草稿の叙述の特徴は、第一草稿および第二草稿と大きく異なり、「神の概念 (der Begriff Gottes)」から出発するところにある。

【神の概念】

すなわち、そこでシェリングは、神のうちの「必然性と自由」の議論から始め、「神の必然的なもの」=「神の自然 (die Natur Gottes)」のうちにある「二つの原理」を「対立の根拠 (der Grund des Gegensatzes)」として、この世界の展開を構想しようとしている。すなわち、そもそも「神性」は「最も純粋な愛」であり、「我性の無」であり、それは「自己のもの」を求めず、自己自身から「存在するもの」であることはできない。ただし、「否定する根源力 (verneinende Urkraft)」がなければ、神は「空虚な無限なるもの」である。この「否定する力」に拠って「神の必然的なもの」=「神の自然」が生起する。かくして、この「神の必然的なもの」のうちには「二つの原理」があり、それが「光と闇」、「男性的なものと女性的なもの」、「精神的なものと身体的なもの」として現れるのである。(III, 209-212)

【繋辞の本質：全く同一のXとしての神】

以上のような仕方で、第三草稿ではすべてが「神の概念」の再考から構想されていると言える。例えば、「繋辞の本質」＝「判断における紐帯（das Band im Urteil）」の意味も、第二草稿と同様にこの部分で論じられているが、それを「神」から構想するところに、この第三草稿の特徴がある。つまり、「判断における紐帯」がここでは「神」において、あるいは「神」から捉えられ、すなわち「神」＝「全く同一のもの（ein und dasselbe）＝X」として押さえられ、それが「然りにして否」、「愛にして怒り」あるいは「肯定する力」であると同時に「否定する力」であることが如何にして可能であるのかという仕方で問われているのである。（III, 213-214）

【根源的均衡からの二つの統一の展開】

ところで、「神」のうちではこの二つの力は「等しく根源的、等しく本質的」であり、「根源的均衡（die ursprüngliche Gleichwichtigkeit）」にある。したがって、ここではこの「全く同一のもの＝X」が直ちに「二つの対立する原理」となることはできない。そこで構想されているのが「二つの統一」という考え方である。すなわち、先の「否定する力」に拠って「分離」が生じ、そこに「固有な存在者」が「高められた統一」として生じる。そして、そこで「単純な対立」が「二重化された対立」へと高められ、そこに神のうちでは不可能であった「対立」が可能となる新たな「統一」のあり方が構想されているのである。（III, 215-217）

以上、第三草稿の特色は「神の概念」を中心とした展開にあると言える。内容的には確かに重なる部分があるが、それを「神」のうちの問題として始めるところに、第一、第二草稿との大きな違いがある。そこでは、「必然性と自由」の問題も「神」のうちの問題として始められ、まず①「神の必然的なもの」＝「神の自然」のうちに遡源し、そこにある「二つの原理」にすべての存在の「対立の根拠」が求められている。また、②「判断における繋辞の意味」についても「神」を「全く同一のもの＝X」とするところから改めて問い直されている。そして、③「神」のうちの「根源的均衡」から、如何にして「対立」が生じるかという設定において、「二つの統一」という考え方が打ち出されているのである。

以上のようにシュレーターの整理による第一部（I, 25-30 : II, 28-51 : III, 209-238）について、三つの草稿の異同を、第一草稿の展開内容を主軸に据えて比較検討した。この第一部の比較において既に明らかにように、三つの草稿の異同にはシェリングの思索の根本的葛藤があると言える。それをそもそも本書では「哲学と宗教」の問題として考究することを目的としているのである。この点をさらに三つの草稿の第二部以降の展開を比較検討することに拠って考察したい。

第四章

「根源存在者」の展開の可能性 ――第二部について――

シュレーターの整理に拠る過去篇の第一部が、主に「永遠なる自由」や「純一さ」あるいは「何ものも意欲しない意志」といった「根源存在者」の「本質構造」についてであったのに対して、この第二部（I, 30-39 ; II, 51-66 ; III, 239-275）では、その「本質構造の帰結」、すなわち「根源存在者」の「展開可能性」について論じられる。すなわち、シュレーターも述べているように、ここではシェリングの哲学的思索の根本テーマである「絶対的なものから外へ出ること（das Heraustreten aus dem Absoluten）」について論じられるのである。[32] それは『世界時代』の次のステップである「過去」から「現在」への展開に繋がる大きな意味をもつはずのものであるが、いずれにせよここではそれは未だ「過去」の時代に属する原初的・根源的動きとして論じられている。以下、先の第一部と同様に、第二部について第一草稿の展開内容を基軸に三つの草稿を比較検討したい。

第一節　永遠なる憧れ

「絶対的なものから外へ出ること」が如何にして可能となるのか。その「謎」に迫るものとして、三つの草稿の表現は微妙に異なる。それは第一部の展開においても既に確認された内容に繋がるが、そこで彼の思索の根本的葛藤が次第に明確になっている。

(1)　第一草稿（I, 30-31）

【永遠から外へ出ること】

先に述べたように「根源存在者」は「純一」であり、しかも「至福（Seligkeit）」のうちにある。ここでは何によってその「至福」が動かされ、「純一さ」を放棄し、「存在（das Seyn）」へと歩み出るのかが問われる。シェリングはこれを「永遠の存在への関係、無限なるものの有限なるものへの関係についての問い」であると述べているが、そもそもその「純一さ」自身が「自己自身から外へ出ること」、また「純一さ」が「或るものを自己から分離し、除外すること」は不可能であり、それは永遠に自己自身のうちに留まるはずのものである。（I, 30）

【願望】

このように述べたのちに、シェリングは「存在者の秘密の誕生の場所（die geheime Geburtsstätte desWesens）」について次のように構想する。「根源存在者」はその原初の状態にあっては「自己自身についての静かな省察」にある。しかし、その「自己のうちへ進むこと、自己を求めること、そして自己を見出すこと」が「切なるもの（innig）」になればなるほど、それはより一層「喜びに満ちたもの（wonnevoll）」となり、それはさらに「自己をもち、自己を外的に認識したいという願望（Lust）」を産み出す。そして、まさにこの「願望」が「顕存への始源（der Anfang zur Existenz）」である「意志」を「懐胎する（empfangen）」。（I, 30-31）

以上のように第一草稿では「顕存への始源」を「誕生」、「願望」、「懐胎」等の言葉を使い「人間的に（menschlich）」に、すなわち抽象的概念的に捉えることができない事柄を、「具象的（anschaulich）」に認識することを通じて「根源存在者」の最原初の動きを説明しようとしている（I, 30）。このような叙述の素材、原型となったものの一つとして、ヤーコプ・ベーメの著述が挙げられるであろう。そもそも「永遠の至福」のうちにあった神が何故動かなければならなかったのかという問いは、ベーメの神智学の根本的問いであり、それをめぐって遂行される思索のなかで彼の独自の思想が形成されたと言っても過言ではない(33)。実際、ここでシェリングが使用している言葉や展開している内容と類似のものがベーメの叙述のなかに散見される。ただし、繰り返し述べているように、シェリングにとってはそれを如何に哲学的に再構築するかが彼の思索の大きな課題である。

(2) 第二草稿（II, 51-54）

【静止から運動へ】

第二草稿のこの部分での内容は、ほぼ第一草稿と同じであるが、「意識化（Bewußtwerden）」や「意志」等の言葉が使用され、「顕存への道」すなわち顕在化への方向を明確に打ち出そうとしている。すなわち、次のように述べられている。「大いなる謎」であるが、かつては「最高の無関心、永遠の静寂と充足」が住まっていたところへ「動きに満ち、あらゆる力の抗争と緊張に満ちた世界」が登場している。この「謎」を解くことは容易ではない。というのは、「学の根本かつ主要規則（eine Grund= und Hauptregel der Wissenschaft）」は「一旦定立されたものはともかく常に定立され、二度と破棄されえない」ということだからである。したがって、「最高なるもの」が「静止している意志」であるとしたら、それは永遠にそういう「意志」であらねばならない。その場合、「如何にしてそれが静止から運動へ移行するのか」ということは洞察することはできないということになる。（II, 51-52）

【意識化への衝迫】

このように述べられたのち、ここではこの「静止から運動への移行」を説明するものとして、「意識化への衝迫（ein Drang zum Bewußtwerden）」という表現が使われている。すなわち、それは第一草稿と内実は同じであると言えるが、まず「永遠（die Ewigkeit）」は自己自身を意識せず、「放下」の状態にあることが述べられる。しかし、この「放下」が「切なるもの」となり「喜びに満ちたもの」になればなるほど、「永遠」のうちで「静かな憧れ（ein stilles Sehnen）」が産み出される。それは「自己自身へ到り、自己自身を見出し、享受したい」という「憧れ」であり、「意識化への衝迫」である。これをシェリングは「無意識的で自己自身を知らない自然の最初の動き」と呼んでいる。（II, 53-54）

以上のように第二草稿のこの部分の叙述は、第一草稿とほぼ同じであるが、ここではその内容を「学的に」媒介しようとする試みがなされていると言えるであろう。すなわち、上述したように、ここでは「学の根本かつ主要規則」という言葉が使われ、「根源存在者」の展開を「学的に」叙述しようとする意図が窺える。ただし、そこで確認されているのは、「衝迫」や「憧れ」という言葉に現われているように、無意識的あるいは無自覚的動きとしか言いえないような根源的事態あるいは「事実（Thatsache）」であると言わざるをえない。しかし、またここに、これが本書の最終課題の一つであるが、ドイツ観念論において志向される「学的」すなわち「体系的」とは異なる哲学の出立点を看取することも可能であろう。それはシェリングが『最近の哲学の歴史に寄せて』（1827）の冒頭で述べているように、「哲学の概念」の変更そのものを迫るものとなる可能性を秘めていると言える。(34)

（3） 第三草稿（III, 239-241）

第三草稿におけるこの第二部の展開も、内実は第一および第二草稿とほぼ同じであると言えるが、最終的には第一部と同様に「神の概念」を念頭に置いた展開がなされていると言える。以下、同様に第三草稿の展開内容を素描し、第一および第二草稿との異同を検討したい。

【現実的で生ける神】

そもそも、「神」はそれ自体では「存在するもの」でも「存在しないもの（Nichtseyendes）」でもなく、「永遠なる自然の外に、それを超えて（außer und über der ewigen Natur）」定立されるものであり、これがまず「神性の最高の概念」と考えられている。この「神の本性の単なる必然性」に拠っては、「神」はそれ自身の内でも、その外でも「顕存」へ到ることはない。この場合、我々は「神の必然的なるもの」の外に「永遠なる自由」あるいは「純一な意欲」を認めねばならない。ただし、また「神」は「現実的で生ける神」であり、まさに「存在するものでも存在しないものでもないものとして存在するものである」。そこから、それは「永遠に始まる生命」と呼ばれ、そこにはその「非恣意的な動きと窮迫から」遁れたいという「願い（der Wunsch）」がある。（III, 239）

【永遠の回転からの脱出】

さて、ここにおいて「自由への憧れ」が目覚めるのであるが、それは「魔術的（magisch）」であると言われている。そこで「欲動（Sucht）」は「憧れ」へ和らげられ、「野生的渇望（die wilde Begierde）」は「何ものも意欲しない意志」や「永遠なる自由」と結びつきたいという「願望（Verlangen）」へ解消される。そして、この「願い」や「願望」等によって衝き動かされる「憧れる自然（die sich sehnende Natur）」が自己のうちに次のような可能性をもつに到る。すなわち、それは「存在」や本来的意味での「基体（Subjekt）」、いわば「現実化の素材（der Stoff der Verwirklichung）」となる可能性である。このように「永遠なる自然における憧れの登場」が「新たな瞬間（ein neuer Moment）」を指示する。それはそこで「閉じられた円環（das geschlossene Rad）」が破られ、「地上的なもの」と「天上的なもの」とが分かれる「瞬間」である。それはまた「分離（Krisis）」とも呼ばれ、そこにおいて「永遠の回転（der ewige Umtrieb）」から抜け出ることが可能となる「瞬間」である。（III, 239-241）

以上のように第三草稿では述べられている。第一部の第三草稿の検討において既に確認されたように、ここでも「神の概念」を中心に「根源存在者」の展開の可能性が論じられている。すなわち、「願い」や「憧れ」という概念は、第一、第二草稿と同じように使用されているが、それがやはりここでは「神の概念」を中心に展開されているのである。ただし、この第三草稿においては、改めて「閉じられた円環」や「永遠の回転」を破る可能性について言及している。そこには、第一および第二草稿以上に、そこからの新たな展開の可能性を考えようとしていることが窺える。しかし、ここでもシェリングはまたベーメの使用する「魔術的」という言葉を使っており、結局それはそもそもの動きの発端として哲学的媒介を拒む事態を指示するに留まっていると言わざるをえないのである。それはまた、「神の概念」を中心に展開しようとする際の一つの必然的帰結であるとも言える。

第二節　二つの等しく永遠なる意志

上述したように「願い」や「憧れ」あるいは「衝迫」という言葉で始まる「根源存在者」の最原初の動きは、結局シェリング自身がそう述べているが、「魔術的」としか言い得ないような根源的事態あるいは出会いを指し示しているに過ぎない。そして、これに続く「根源存在者」の動きも、以下のように、その事態を前提し、そこからの延長線上で展開されるものであることに変わりはないが、そこに新たな「概念」を導入する試みが為されている。

(1) 第一草稿 (I, 31-39)

【もう一つの意志】

さて、上述した「根源存在者」のうちに生じた「願望」あるいは「憧れ」によって「顕存への始源」である「意志」が「懐胎」される。ただし、それは「懐胎」されるのみであって、「産み出されない（nicht gezeugt）」。というのは、「純一なる存在者」のうちには「産み出し外へ向かって働く力」はないからである。それを産み出すのは「顕存への意志（der Wille zur Existenz）」である「かのもう一つの意志（jener andre Wille）」自身である。この「もう一つの意志」はそれ以前に先行するものから生成したものではなく、それ以前にあるものは「無としての永遠（die Ewigkeit als ein Nichts）」のみである。それ故、この「顕存への意志」は「永遠なる意志（der ewige Wille）」と呼ぶべきであり、「何ものも意欲しない意志」と等しく絶対的である。ここに「二つの等しく永遠なる意志（zwei gleich ewige Willen）」が性起することになる。（I, 31, 34）

【永遠は永遠に永遠である】

また、次のように言われている。そもそも「時」と「永遠」とは「矛盾にして対立」であると考えられている。すなわち、「永遠は永遠に永遠である（die Ewigkeit ist ewig Ewigkeit）」。したがって、この「永遠」そのものとは異なる、それどころか「永遠に対して能動的に対立する原理」のみが「時」を定立することができる。しかも、この原理は「永遠」から絶対的には分離されず、むしろ、それと対立するために「永遠」と一つであらねばならない。この「時の可能性」を定立する「永遠なる意志」が「もう一つの意志」である。（I, 32-33）

【或るものを意欲する意志】

この「二つの意志」は本性上異なるだけでなく、まさに対立しており、しかも存在上は一つの「存在者」

を成している。すなわち、それは①「何ものも意欲しない意志」と②「或るものを意欲する特定の意志」である。前者は「無限の充溢、自己肯定」であるが、後者は「制限し収縮し否定する本性」である。また、前者は「我性の無」であり、自分のものを求めず、それゆえ自己自身から存在するものではありえない。すなわち、「我性の無」＝「愛」は本性上「無限に拡散するもの」であり、それだけでは存続できない。この「愛」に存立を与えるものが後者の「凝集する力」である。すなわち、「愛」はそれに「反抗する力（eine widerstehende Kraft）」がなければ現存できず、また逆に、「反抗する力」も「愛」なしには現存できない。すなわち、「自己性の力」のみか、あるいはそれが超過するならば、「無」かまたは「永遠の自己閉塞」のみであろう。「神のうちの我性の力」は、被造物を「破壊し焼き尽くす炎」＝「永遠の怒り」であるが、これが「愛の顕存の根底（Grund ihrer Existenz）」であり、「愛」はこの「もう一つの力」との対立においてのみ存在することができるのである。（I, 33-36）

【存在しないものが存在する】

ところで、ここで「もう一つの意志」あるいは「もう一つの力」と呼ばれているものは、「関係的に存在しないもの（ein beziehungsweise Nichtseyendes）」であって、決してそれ自身において「存在しないもの」、すなわち「無」ではない。観念論者はそれを「全く如何なる仕方でも存在しないもの」として取り扱おうとするが、かのプラトンは「存在しないものが存在する（das Nichtseyende sey.）」ということ、そしてこの洞察なしには「真理が虚偽から区別されない」ということを指摘している。すなわち、「存在するもの」と「存在しないもの」とは一つではないが、異なる側面から見られた一つの「存在者」である。それによってそれが「存在しないもの」である当のものは、それによってそれが「存在するもの」であるものと同一のものである。また「存在しないもの」は、単に「光あるいは存在者の欠如」のためにそうではなく、「積極的閉塞」、「深みと覆蔵性への能動的還帰」としてそうであり、したがって「活動する力」として「意志」であり、必然的に「存在するもの」そしてその限りにおいて「認識しうるもの」である。(I, 36-39)

以上、ここでは①先の「永遠なる憧れ」によって「懐胎」された「もう一つの意志」が「顕存への意志」として登場し、それが「何ものも意欲しない意志」と並んで「二つの等しく永遠なる意志」であることが強調される。また、②この「もう一つの意志」をめぐって「存在しないもの」と「存在するもの」という概念が提出され、「存在しないものが存在する」ということ、そしてそれがさらに「無」の解釈の問題へと繋がることが述べられている。そして、またここではいまだ不充分ではあるが、③「繊細な神性(die zarte Gottheit)」、すなわち「神自身において神を超えている神性」について言及されているということ、そしてそれは「認識しない者」にのみ認識できるということ、すなわち「無知」の立場への言及がされていることに注目すべきであろう(I, 38)。そこには『エアランゲン講義』で展開されているような「無知の知(nicht wissendes Wissen)」から「知ある無知(ein wissendes Nichtwissen)」への深化のなかで初めて参画できるような次元からの哲学の可能性を暗示するものがある（IX, 231-234）。

(2) 第二草稿 (II, 55-66)

第二草稿のこの部分は内容的には第一草稿のそれとほぼ重なっているが、これまでの比較において明らかと成りつつあるように、そこには哲学的媒介の意図が働いていると言えるであろう。

【もう一つの永遠なる意志】

さて、先の「意識化への衝迫」や「憧れ」における「無意識的な静かな自己探求（ein unbewußtes stilles Sich=selber=suchen）」のなかで、「永遠のうちで、永遠から独立して」、「自立的意志（ein selbstständiger Wille）」が産み出される。この意志は「無制約的で、自己において全能の意志」であり、「自己を端的に、すなわち自己自身から、そして自己自身で産出する」。すなわち、先の「無意識的憧れ」はこの意志の「母」であり、それを「懐胎する」だけであるが、この「意志」自身が自己を産出するのである。したがって、この「意志」自身は自己を「永遠から」ではなく、「永遠において」産出するがゆえに、それは「何ものも意欲しない意志」と同じく「永遠なる意志」であり、それどころか「永遠なる意志そのもの」と名づくべきである。（II, 55-56）

【否定としての始源】

このように、この「意志」は「永遠から独立した意志」であり、それどころか「永遠にいわば対立した意志」である。それは「永遠」を求めるがゆえに決して「永遠」になることができない「意志」であり、「永遠に永遠を欲し渇望する意志」である。しかし、この「意志」のうちには「何らかの否定されたもの」が含まれている。そもそも「永遠」のうちには「始源」はないが、この「否定」のうちに「始源」がある。それは「自己自身を否定する意志（der sich selbst verneinende Wille）」であり、その「否定」を通じて「自然」＝「質料（Materie）」が現われ出る。それは「根底」においては「貧（Armuth）」すなわち「赤貧（die höchste Bedürftigkeit）」であり、絶えず「形」、「精神」、「本来的に存在するもの」を渇望するものである。このように「自然」をその「最初の諸始源」において観察すると、一切の「物体的なもの」のうちに「収縮しつつ内へ還帰する力」があり、それが「拡張しつつ、それゆえまた発散させつつ精神化する存在者」の「担い手（Träger）」として現われている。この「否定する力」がなければ、「存在者」は、それに対して「自己を外化し」、それによって「働き」のうちへ定立されうるような何ものをもたないこととなる。また、逆に「溢れ出つつ、自己を伝える存在者」がなければ「収縮する力（die anziehende Kraft）」は虚しく、本来的に無活動となる。（II, 57-60）

【無からの創造】

ところで、以上のような仕方で「意志」や「力」の概念のもとに展開された内容は、第一草稿と同様に、ここではまた「存在しないもの」と「存在するもの」、さらには「存在」と「無」の関係として次のように述べられている。すなわち、「否定する力」は「存在するもの」にとって「存在（Seyn）」である。そして、「存在」は既に概念上「存在するもの」と一つではなく、本性上「存在しないもの」である。しかし、決してそれは「無」、すなわちギリシャ語の「ウーク・オン（οὐχ ὄν）」のような「無」ではない。その誤訳から「無からの創造の概念（der Begriff der Schöpfung aus Nichts）」が生じたように思われる。というのは、「存在」であり、「存在そのものの力」である当のものは決して「無」ではありえないからである。（II, 63-65）

以上、第二草稿においては第一草稿の「もう一つの意志」が、①「永遠から独立した意志」＝「永遠なる意志」として展開されており、特に②その「否定」の働きにおいて「自然」＝「質料」が現われ出ること、またそれに対抗する力との関係において、③「無からの創造」の問題が構想されようとしている。ただし、ここで捉えられている「無」＝「存在しないもの」とは、『哲学的経験論の叙述』で述べられているように「メー・オン（μὴ ὄν）」としての「無」であり、「ウーク・オン」ではないことが確認されている（X, 282-284）[35]。

(3) 第三草稿（III, 242-275）

さて、この第三草稿では、第一草稿および第二草稿の叙述と異なり、「根源存在者の展開可能性」をめぐって「ポテンツ論」が展開されている。ただし、その展開の前提となるものは、第一および第二草稿とほぼ同じであり、その概要は以下のものである。ここではシェリングの叙述の順序に従い、⑶の1「ポテンツ論」に拠る展開と、それを再度「神の概念」を中心にして展開した⑶の2「神の概念」からの再考に分けて整理しておきたい。繰り返し述べているが、第三草稿の特色はこの「神の概念」からの展開にある。

⑶の1　「ポテンツ論」に拠る展開

【神から独立した原素材】

さて、先の「分離（Krisis）」の原因は「最も純一な存在者」の「意欲」から生じたものではない。すなわち、いわゆる被造物は「純一な神性の本質」から創造されるはずはなく、そこで性起した「基体」や「現実化の質料」は「神」から「独立した原素材（Urstoff）」である。もし、そうでないならば「神に対する被造物の一切の自由」は破棄されることになり、それは許しがたい見解である。この「原質料」の性起に関して、ここでは「ポテンツ論」が展開されている。「第一のポテンツ」は「否定の永遠の力」（A＝B）であり、それに対置される「第二のポテンツ」においてその「否定する力」が撃退され、より「高次のもの」（A^2）が現われる。すなわち、「一切の顕示の否定」と思われたもの、それは「それによって神が自己自身を拒絶し、自己のうちに閉じこもる神の力」であるが、それが「一切の顕示の根底」に置かれる「永遠の始源」であり、この「根源的否定」が、「全ての我々にとっての可視的世界の母、原萌芽」である。（III, 242-243）

【ポテンツの違い】

そもそも、この「否定のポテンツ」がなければ「肯定し開放するポテンツ」の「根拠」もない。すなわち、開放されうるためには、閉じ込められねばならない。このように「二つの力の産物」として「質料」があり、「一切の生命の根源力」として「収縮する力」と「拡張する力（die ausbreitende Kraft）」とがある。ただし、この「二つの力」が「等しいポテンツ（äquipotent）」であるとすると、そこから如何にして「何か把握しうるもの」や「持続するもの」が出現しうるのかが問題となる。というのは、「二つの力」が等しい強さのものであるか、一方の力が「優勢」であるとすると、両力が交互に廃棄し合うか、強い力が弱い力を廃棄するかということになり、いずれの場合も「感得しうるもの」は残らないことになるからである。そこで構想されるのが「先者（Prius）」と「後者（Posterius）」という「ポテンツの違い」である。すなわち、「拡張する力」が「収縮する力」によって包み込まれている状態が第一の状態である。そして、この第一の状態はその「第一のポテンツ」から独立した「第二のポテンツ」によって克服される。このようにして、「完全な閉塞と完全な拡張との間の質料」としての「産物（Erzeugniß）」が出現するのである。

（III, 246-247）

【独立自立的存在者：^{2}A】

さて、このようにして「暗い根源力」が否定され、内的に定立されることによって、「第二のポテンツ」が「独立的自立的存在者（unabhängiges, selbstständiges Wesen）」（^{2}A）として出現し、そこから「独自の世界」

が展開される。すなわち、「第二のポテンツ」において「否定的根源力」が斥けられることによって「渦巻き運動（wirbelnde Bewegung）」が起こる。それが「創造的諸力の始源」である。この「第二のポテンツ」は「暗い根源力」を包含する「肯定的原理」であり、またそれはここでは「永遠なる、否定する力を自己のうちに保持し、隠している然り（ewiges, die verneinende Kraft in sich haltendes und verborgendes Ja）」である。そして、さらにその「否定する力」が「かの高次のもの」（A^3）によって開放されることによって「他の世界」へと展開される。ここでは「第三のもの」は「第二のもの」に対して、ちょうど「第二のもの」が「第一のもの」に対するような関係にある。この「第三のもの」によって初めて「一息と同時に」、「全体」が「魂を吹き込まれる」のである。（III, 250-251）

【永遠の円環】

ところで、この「第三のもの」である「統一」（A^3）が「対立」の外にあるとしたら、「対立」も「統一」の外に存立し、そこには「矛盾」はない。しかし、このことは「諸原理の原初の均衡および未分」においては不可能である。そこでは、「自由な原理」は「低次の原理」から引き離されず、「低次のものから高次のものへ、高次のものから最高のものへの自由で生き生きとした進展」が妨げられている。その場合、進行することができないものは反作用を起こし、そこに「逆行する過程」が生じる。かくして「不死の生命」が「不死鳥」のごとく灰の中から蘇り、そこにまた「永遠の円環（der ewige Cirkel）」が生じることになる。（III, 251）

以上、この部分では、「根源存在者」の「展開可能性」が「ポテンツ論」を軸に構想されようとしているが、結局ここでも最終的に出てきているのは「永遠の円環」である。問題はそこから「顕存」への移行が如何にして整合的に展開できるかである。ところで、第三草稿においては以上のような「ポテンツ論」において構想しようとした内容を、シェリングはまた次のように「神の概念」から再考しようとしている。

(3)の2　「神の概念」からの再考

【存在するものでも存在しないものでもない神】

「存在する神（der seyende Gott）」に先行するものとして「混沌として矛盾に満ちた状態」が想定される。ただし、「神」は「存在するもの」になることはできず、永遠から「存在するもの」である。したがって、「矛盾の原状態」は「過去」として定立されるが、それは永遠から「過去」であったものとしての「永遠の過去」である。これを「歴史的」、すなわち「学的」に展開するのが『世界時代』の構想であり、「神」が「永遠の過去」として自己のうちにもっているものを「第一のもの」、「先行するもの」として取り扱うのである。（III, 254）

ところで、そもそも「神性の完全な概念」からすると、「神」はそれ自体では「存在するもの」でも「存在しないもの」でもない。しかし、それは「自然」への関係において「永遠に存在するもの」となる。このような「神」、すなわちそれ自体においては「自然なき（naturlos）」ものであり、「一切の欲求と欲望の外」にあるものが、如何にして「自然」を受け容れるのか。また「純粋に自己のうちに没入している」ものが、如何にして「根拠」も「誘因となる原因」もなしに「自己自身から外へ出ること」ができるのか。その「永遠の統一と静寂」そのものを如何にして破棄し中断できるのか。「純一な、それ自体では存在するものでも、存在しないものでもない神性」が如何にして「存在するもの」でありうるのか。ここでは、このような仕方で「神の概念」から「存在」の問いが立てられ、以下のように論じられている。(III, 254-255)

【隠された神と顕わな神】

そもそも「神」のうちにはいかなる「変化も変転(Wechsel und Wandel)」もない。したがって、「神」は「隠された神(der verborgene Gott)」であるということをやめるという仕方で、「隠されたもの」から「顕わな神(ein offenbarer Gott)」となることはできない。また、換言するならば「神」は自己において「超存在的神」であることをやめるという仕方で「存在する神」となることはできない。すなわち、「神」は自己自身において「存在するもの」でも「存在しないもの」でもなく、また「神」自身のうちの「運動」によって「存在するもの」となることもできないが、「現実的に顕存しつつ、自己自身においては存在するものを超えたもの」のままであらねばならない。かくして「神」はおよそ「自己のうちに」おいてではなく、「他者(ein Anderes)」との関係においてのみ「存在するもの」であり、あるいはそれになることができると言われるのである。(III, 256)

【存在しないものとしての他者】

ところで、この「謎に満ちた他者」はどこから生じるのか。それは「神性」に対しては「存在」としてのみあり、その本性上は「存在しないもの」であらねばならない。しかし、この「他者」は「全く存在しないもの（ein ganz und gar Nichtseyendes）」ではありえず、「最高のもの」に対して「存在しないもの」となるような「或るもの」であらねばならない。そもそも「神」が自らそして本質的に「安らえる意志（ein ruhender Wille）」（「純一な自由」）である場合、このような「他者」は「必然的にかつ直接的に」あらねばならない。すなわち、「直接的にかつあらゆる運動なしに」まさにその「純一さ」によって「他者」が定立されるのである。したがって、「神」は、その「特別の意志」によってではなく、その「単なる本質」によって「他者の原因」である。この場合、「純粋な神性」をAとし、かの「他者」をBとすると、「存在する生きた神性の完全な概念」はA＋Bである。このA＋Bという「統合（Synthese）」＝「生きた神」が「我々の第一の、我々の最古の思惟」であり、この「統合」の思想を「学的に」生み出そうとするならば、我々は「神」がこの「統合」そのものにおいて、自らその「永遠の過去」として定立する当のものから出発しなければならないのである。（III, 257-259）

【克服されたものとしての過去】

例えば、自己自身を克服しなかった人間は「過去」を持たず、むしろ決して「過去」から外に出ず、「過去」のうちに生きている。人間にとってためになり薦められることは、何かを自己の背後へもたらし、「過去」として立てることである。そのことによって「未来」が彼にとって明るくなり、何かを自己の前にもたらすことが容易となる。また、そのように「過去」を創造できた者のみが、本来の「未来」に向き合うように、また真の「現在」を享受する。決定的な「過去」に基づかない「現在」は可能ではなく、「過去」は「克服されたもの」として、「現在」の「根底」に存在するのである。(III, 259)

【大いなる決断の行為】

さて、「現実的に生きた永遠」とは「恒常的今(ein beständiges Nun)」であり、「永遠の現在(eine ewige Gegenwart)」である。そもそも「過去」に基づかない「現在」は考えられず、「永遠の過去」がその「根底」にない「永遠の現在」もない。「真の永遠」は一切の「時」を排除せず、「時」を自己のうちに含む。ところで、「自然的生命」において「先行するもの」は「後行するもの」に対しては常に「過去」となるように、「神的生命」においても「運動、前進」がある。ただし、「人間的生命」における「系列と連鎖」が分離可能であるのに対して、「神的生命」のそれは不可分離である。その場合、分離可能な「人間的生命」においては「低次のポテンツ」から「高次のポテンツ」への「移行の連続」が破棄される可能性があり、それが「病気」や「自然的死」や「精神的死」の原因となる。これに対して、「神」は「恒常的高まり」のうちにあり、一切の「後退」はその本性に反する。それゆえ「神」は「恒常的円環のなかで循環する生命(das in einem beständigen Cirkel umlaufende Leben)」であり、そこでは、全く同一の行為(大いなる決断の行為)(der Akt der großen Entscheidung)」において、「第一のポテンツ」、「第二のポテ

ンツ」、「第三のポテンツ」およびその「全体」が定立されるのである。(III, 260-261)

【最高なるものの意識化：自己到来】

そもそも「最高の存在」は「最も純一な知」であり、そこでは「存在するもの」と「存在」(「主体」と「客体」)とが一つであり、「純一な知」としての「最高の存在」は自己自身についてまだ「知るもの」ではない。この「最高の存在」は、その「純一な知」にとって「存在」である「他者」に対してのみ「存在するもの」としてあり、かくしてそれは「知るもの」としてある。換言するならば、「過ぎ去ったもの」を定立することなしには「意識化」はないゆえに、一切の「意識」は「意識なきもの」を「根底」にもち、そして、まさにその「意識化」において「意識なきもの」は「過去」として定立されるのである。もちろん、「神」が「ある時間の間(eine Zeitlang)」「無意識」で、それから「意識的」になるということは考えられない。「神」は、その「意識化の同一不可分の行為」において「意識なきもの」と「意識されたもの」とを捉えるのであり、後者は「永遠の現在的なもの」であり、前者は「永遠の過ぎ去ったもの」としてある。「神」のうちでは、このような「永遠の意識化」の行為のみが考えられ、それは「最高なるものの永遠なる自己到来(das ewige zu=sich=selber=Kommen des Höchsten)」に他ならないのである。(III, 262-263)

【見出し見出される永遠の悦び】

ところで、人は「神性の顕示」を解明しようとすることから始める。しかし、自己を「顕示」しようとする者は予め自己自身を持たなければならないし、また自己を発言しようとするものは、まず自己自身へ到らなければならない。そして、「他者」に顕わになるものは先に自己自身に顕わであらねばならない。すなわち、自己へ到るべき凡てはまず自己を求めなければならない。そもそも、凡てのもののうちには「求めるもの」と「求められる何か」があらねばならない。しかし、前者と後者とが一つであることはできず、両者はその「根元（Wurzel）」から常に相互に独立したままであらねばならない。それは、「求められる何か」と「求め見出す何か」が「永遠に」あらんがためであり、「見出し見出される永遠の悦び」があらんがためである。かくして生じる「意識」は「対立するものの分裂と克服」に基づく「意識」であり、それは「静止し死せる意識」ではなく、「永遠に生き生きとした意識、常に新たに生じる意識」である。（III, 263）

【永遠の意識と自然】

それでは、如何にして「永遠なるもの」がその「永遠性」を意識するようになりうるのか。ただ「空虚な抽象的永遠性」においてはいかなる「意識」も考えることはできない。「永遠の意識」は「時の区別」なしには不可能であり、それは次の言葉において言い表されている。すなわち、「私は、現にあったもの、現にあるもの、現にあるであろうものである」。この「永遠なるもの」は、「他者」＝「自然」において区別される。すなわち、まず①「自然」において「永遠の精神（der Geist der Ewigkeit）」は自己を「存在したもの」として認識する。というのは、「永遠の精神」は「自然」をその「永遠の過去」として、したがってまた自己を「永遠に存在するもの」であらねばならないものとして立てるからである。このことによって「永遠の精神」は「自然」を「永遠性」に基づく「完全に根底なき自然」として立てるのである。次に、②「永遠の精神」は、自己を「自然」において「存在するもの」として、「永遠に現在的なもの」として認識する。それは「永遠に過ぎ去ったものとしてあるものとの対立」においてである。さらに、③「永遠の精神」は、「自然」において自己を「存在するであろうもの」として認識する。というのは、「永遠の精神」は、自己を「自然」に対する「永遠なる自由」として、そしてそのことによって「自然」を「未来の意欲の可能的題材（Vorwurf）」として目撃するからである。以上のようにして「永遠の精神」は自己を、単に「存在したもの、存在し、存在するであろうもの」として認識するのみではなく、それと全く「同一のもの」として認識するのである。（III, 264）

【神性の身体としての永遠なる自然】

かくして「自然」が「神の最初の外的なもの」であるがゆえに、それを「神性の身体（der Leib der Gottheit）」として、また「存在を超えたもの」をその「身体」を支配する「精神」として観ることは極めて自然である。すなわち、なかんずく「永遠なる自然」は「身体、魂そして精神からなる全体（ein Ganzes aus Leib, Seele und Geist）」であり、この三つは互いに繋がれ、「不自由で不可分な状態」において一緒に「自然の輪（das Rad der Natur）」を形成している。これに対して、確かに「永遠の精神」は、この「自然」から自己を分離することはできないが、それに繋がれてはおらず、「自然に対する永遠なる自由」のうちに留まっているのである。（III, 264）

そもそも「永遠なる自然」は「敵対と不安の生命」であり、「絶えず焼き尽くし、再び不断に自己自身を産み出す火」である。この「永遠なる自然」は「宥和」を必要とするが、そのための手段は「その内にはなく、その外、それを超えた」ところにある。すなわち、「神の精神」によってのみ、「永遠なる自然」は再生することができ、「古い生命」から抜け出し、それを「過ぎ去ったもの」として立て、「新たな生命」へ移行することができるのである。（III, 265）

【自然の自由なる隷属】

さて、「永遠なる精神」が「自由に」何ものにも縛られず、「自然」を超えて持続するように、「自然」も強制されず、「自由意志で（freiwillig）」「永遠なる精神」に服する。かの「本質的純一さの光景と臨在」は「自然」に向かって、それを「自由」のうちへ立てる以外の他の働きをもたない。かくして、「自然」は「分開」へ屈するか、あるいはそれに抗し、「欲動と渇望の生命」に新たに帰することができる。しかし、「自然」はこの「自由な従属」（die Freiwilligkeit der Unterwerfung）によって「神的自然（göttliche Natur）」として確証される。そして、「自然」はその「固有の生命」を、それが「神とは異なる固有な生命」である限りにおいて「過去」として立てる。「自然」はこのように「原初から（uranfänglich）」従属しているが、それはそのことによって「自由」になり、「かの永遠に過ぎゆき、自己自身を焼き尽くす存在者の隷属（盲目的必然性）」から「不易の栄光」へ高められるはずであるという希望のもとにである。このように、まさに「自然」は「自由意志で」従属するがゆえに、再びかの「秩序」から離れ、「神から離反した独自の生命」へ還る可能性を自己のうちに保持している。「自然」はこの「従属」において「独自の自己運動の根拠」、すなわち「自由の源泉（ein Quell der Freiheit）」を保持する。このような「独自の生命」としての「自然」の登場において、「見出し見出され、克服し克服される永遠の悦び」が生じるのである。（III, 265-266）

【神性の永遠の生命：二にして一あるいは一にして二】

さて、シェリングはここで、以上は「神性の永遠なる生命」についての記述であり、「本来的歴史（die eigentlciche Geschichte）」は今から始めることができると述べている。そこではまず「神」において「同時に二である一」を把握し、また逆に「同時に一である二」を把握することから始まる。というのは、「神」が「永遠なる自然」と「一様（einerlei）」であるとすると、そこには単に「一」が存在することになり、また、逆に両者が完全に分かたれているならば、単に「二」のみが存在することになるからである。かくして「神性の永遠なる生命」における「統一」の概念は、「自由意志的統一（freiwillige Einheit）」であり、それは「二」を含む「一」である。（III, 269）

以上のように、第三草稿の第二部の後半に当たる部分では、整理されているとは言えないが、分量的にも内容的にも第一および第二草稿より多彩な展開叙述がなされ、しかもそれがこれまでの部分と同様に「神の概念」を中心として構想されている。すなわち、①「神性の完全な概念」からすると、「神」

はそれ自体では「存在するもの」でも「存在しないもの」でもないということから出発し、②それが「存在するもの」となるためには「他者」としての「永遠なる自然」が必須であることが確認される。ところで、③そもそも「神」は「恒常的円環のなかで循環する生命」であり、その「他者」の出現は「大いなる決断の行為」に拠ると述べられ、またさらにその展開は「最高なるもの」の「意識化」＝「自己到来」として捉えられている。ただし、④「永遠なる自然」は「永遠なる精神」に「自由意志で」従属する「独自の生命」としてであり、その両者の関係は「同時に二である一」、また逆に「同時に一である二」であり、またそのような関係において「見出し見出され、克服し克服される永遠の悦び」がそこに生じると考えられているのである。

この第二部の展開の中で特に注目すべきは「大いなる決断」という言葉であろう。シュレーターも以上の第二部の解明の最後の部分で次のように述べている。すなわち、シェリングの言葉を引用して、まずこれまで記述したものは「神性の永遠なる生命」についてであること、そして次に記述を企てている「本来的歴史」、すなわち、それによって「神が自己を顕示することを決断」した「自由な行為の帰結」については、まさに今から語り始めることができると。そして、さらにシュレーターは、ここで「思想の神話化（die Gedankenmythisierung）」という言葉を使い、シェリングが「抽象化」＝普遍化が困難な事態に衣を着せ、それを暗示するものとして「神性とその決断（die Gottheit und deren Entschlüsse）」という言葉を使っていることに注目している。（Nachlaßband ; Einleitung des Herausgebers, XXXII）

第五章

「根源存在者」の展開の可能化 ――第三部について――

シュレーターは、上述したような第二部に引き続き「この展開の可能化への問い（die Frage nach der Ermöglichung dieser Entfaltung）」が生じるが、第三部はその問いへの答えを与えるものだと述べている。そして、この第三部をまた次の三つに、すなわち、⑴この「問い」を準備する部分（I, 39-55 ; II, 67-73）、⑵「自然展開の可能化（die Ermöglichung der Naturentfaltung）」（I, 56-61 ; II, 73-85）、⑶「精神世界の可能化（die Ermöglichung der Geisterwelt）」（II, 86-106）に分けている。そして、さらに第三草稿（III, 275-295）においては、その第三部全体の内容が展開されていると述べている。以下、以上のようなシュレーターの整理に従って、この第三部の叙述内容について検討したい。

第一節　「展開の可能化への問い」の準備

ここでシュレーターが「展開の可能化への問い」を準備するものとして取り出すのは、第一草稿（I, 39-55）と第二草稿（II, 67-73）のみである。以下、ここでも彼の整理・研究に従い、両者の内容を比較検討したい。

(1)　第一草稿（I, 39-55）

さて、第一草稿ではここで「今から観察の新しい時期が始まる」（I, 39）と記され、まず以下のようにこれまでの展開の再確認がされている。

【収縮する意志】

「何ものも意欲しない意志」のなかには「区別」、すなわち「主観」も「客観」もなく、「最高の質朴（höchste Einfalt）」がある。これに対して「収縮する意志（der zusammenziehende Wille）」がその両者を分ける。というのは、「収縮する意志」が「何ものも意欲しない意志」において「自己を産む」からである。前者は後者とは異なるが、それから切り離すことはできない。それはちょうど「意志」と「心情（Gemüth）」との関係にある。すなわち、「意志」は「心情」のうちで産み出され、それに抱かれ保持されてはいるが、それとは異なったものである。ここで「収縮する意志」は「主観と客観との間の中間あるいは紐帯（die Mitte oder das Band zwischen Subjekt und Objekt）」である。それは自己を「上に向かって（nach oben）」は「客観」となし、そのことによって「愛」を引き留める。また、それは「下へ向かって（nach unten）」は自己自身を「主観」となし、「存在者」を「存在」へ「収縮する」。ただし、ここには「二つの意志」があるのではなく、「二つの意志から合生した一つの意志（der Ein aus der beyden zusammengewachsne Wille）」がある。この「意志」が「第一の活動する意志（der erste wirkende Wille）」であり、「第一の現実的なもの」である。ここで我々は、そこからあらゆる展開が始まり、我々の本来的仕事が始まる点に到っているのである。（I, 39-41）

【闇から光へ】

ところで、あらゆる「展開（Entwickelung）」が予め「包み込み（Einwickelung）」を前提とするように、「収縮（die Anziehung）」のうちに「始源」がある。したがって、「収縮する根本力」が「自然の本来的本源力にして根源力」である。また、「闇と閉塞」が「原時代の特性」であり、あらゆる生命はまず「夜」において生成し形成される。「夜」は「事物の豊饒なる母（die fruchtbare Mutter der Dinge）」であり、古人によって「混沌（Chaos）」と並んで「存在者」のうちの「最も古いもの」と名づけられている。我々が「過去」へ遡源すればするほど、それだけ我々は「不動の静寂」、「未分開」、「諸力の無関心な共存」を見出す。それはちょうど「原世界の山脈」が「永遠の無言の無関心さ」をもって「動的生命」をその足下に見下ろしているようなものであり、そこからの世界の多様な生命が展開される「存在者の原状態」は「無限の閉塞状態」であり、「究めがたい静寂と覆蔵状態」である。かくして、あらゆる展開に先行する「原状態」においては「否定的根源力」が支配している。したがって、「闇」が「光」に、「怒り」が「愛」に、「冷厳さ」が「温和」に、「剛毅」が「柔和」に先行する。(I, 42-46)

以上のような記述に続いて、これまでの記述と内実的には同じものであるが、また違った視点・概念、すなわち「統一(Einheit)」という概念を中心に今後の展開に繋がるものが模索されている。

【もう一つの統一】

そもそも「純一さ」は「主観と客観の絶対的統一」であり、そこには主観と客観の両者のどちらも存在しないが、しかもその両者は「力のうえでは(der Kraft nach)」存在する。すなわち、「純一さ」はその「可能性のうえでは」同時に「もう一つの意志」を包含しており、その「意志」は自己を「純一さ」のなかで産むことができ、それは「一切の客観的なものの力」である。この「もう一つの意志」である「収縮する意志」が、自己を「主観と客観との紐帯」とすることによって、「対立」と同時に現われるのが「統一のもう一つのあり方」である。というのは、「収縮する意志」が「主観と客観」の「両者の中間あるいは両者から合生したもの」であることによって、「二つの対立するもの」は「顕存的に等しい(existentiell gleich)」ものとなる。ただ、それらは「本質上は等しくない(wesentlich ungleich)」ものであり、「高次のものと低次のもの」として関係する。この「顕存的同等性(die exitentielle Gleichheit)」を、我々はこれまで「無差別（Indifferenz）」と呼んできたのであり、それは単なる「諸原理の一様性（eine Einerleyheit der Principien）」とは異なるものである。（I, 47-48）

【判断における繋辞の意味】

ところで、この「無差別」としての「もう一つの統一」の理解について、ここでは次のような「判断における繋辞の真の意味」という観点からも説明されている。すなわち、いかなる判断においても、また単なる反復的命題においてすらも、理解されるのは単なる「一様性」ではなく、「現実的二（eine wirkliche Zweiheit）」であり、その「二」なしには「統一」そのものが意味をもたない。例えば「神と一切とは一である」と言う場合、そこで判断されるのは単なる「一様性」ではない。その場合の「繋辞」＝「である」は決して判断の「単なる一部」ではなく、その「全本質」である。すなわち、判断は本来「展開された繋辞そのもの」である。最も単純な判断である「AはBである」において考えた場合、それは「Aであるところのものは、またBであるところのものである」ということを意味する。その場合の「繋辞」は主語ならびに述語の根本に存し、そこには「単純な統一」ではなく「二重化された統一」がある。したがって、「AはBである」という命題は次のような仕方で生じると考えることができる。すなわち、①「AはXである」、②「XはBである」、そして③この二つの命題が結びつけられることによって初めて「AはBである」という命題が生じるのである。ここには「繋辞の重複」があると言うべきである。したがって、ここに生起している「統一」は単なる「一様性」ではなく、「繋辞の重複」に裏づけられた「二重

化された統一」である。（I, 49-52）

【神の始源的生命における戯れる悦び】

以上のように「収縮する意志」によって生起した「もう一つの統一」は「二重化された統一」であり、それが「最初に顕存するもの（das erste Existirende）」である。それは上述したように「二つの意志」から合生した「二重存在者（Doppelwesen）」であり、それが「第一の活動する意志」である。それは先の「純一な統一」とは異なる「最も完全な統一」であり、そこでは以前は感じられなかったものが感じられるようになる「最も悦ばしい統一（die wonnigste Einheit）」である。また、これは「最初の自己集中、自己把握の瞬間」であり、この「瞬間」において「最初の非活動的存在者」が「活動するもの」となる。ただし、それは「自己のうち」のみであって、「外へ向かって活動するもの」ではなく、「まだ展開されてない生命」を自己のうちに蔵している「萌芽」のようなものである。したがって、ここではまだ「主観と客観との間の抗争」も「存在における諸力の確執」も考えることはできない。むしろ、それらは「愛らしい交互遊戯（holdes Wechselspiel）において互いに見出し見出されることを楽しんでいる」。古人はこの「神の始源的生命における戯れる悦び（die spielende Lust im anfänglichen Leben Gottes）」を知っていたように思われるが、彼らはこれを「智恵（Weisheit）」あるいは「神的力の汚れない鏡（ein unbefleckter Spiegel der göttlichen Kraft）」と名づけている。（I, 53-55）

以上、第一草稿のこの部分で確認されることは次のとおりである。①「収縮する意志」によってそもそもの「区別」が始まる。そういう意味でそれは「始源」であり、「事物の豊饒なる母」である。そこには②「現実的二」を含んだ「統一」、すなわち「判断における繋辞の意味」の分析においても明らかにされるような「二重化された統一」がある。そして、それは③「最も悦ばしい統一」であり、そこではまだ「抗争」も「確執」もない「愛らしい交互遊戯」であり、「神の始源的生命における戯れる悦び」である。以上、確認されたことは、いまだ第二部の終わりの部分の展開の域を出ていない。

(2) 第二草稿 (II, 67-73)

ここでも第一草稿と同様に以下のようにこれまでの展開の再確認がされ、次の展開への準備がされている。ここで注目すべきは「精神(Geist)」を中心とした展開およびそれに関連する「ポテンツ論」の記述であろう。

【光と闇、然りと否】

さて、「暗い予感と憧れに駆られ」、自己自身によって生まれた「意志」は、自己自身を「否定されたもの」すなわち「存在しないもの」として立てる。しかし、その「意志」が自己を否定するのは「存在者」へ到るためであり、したがってその「意志」は「直接的に」この「否定」によって「存在者」を「永遠に求め渇望する」のである。しかし、この「否定する意志(der verneinende Wille)」はこの「否定」によって「自由に湧出する存在者との対立」において自己を見出す。すなわち、その「意志」は自己を「温和に対立する峻厳」、「光に対立する闇」、「然りに対立する永遠の否」として見出すのである。(II, 67)

【精神の産出】

しかし、ここでこの「意志」はそれと知らずに、自分を「抗争」から救う「統一」を求める。この「統一」が「精神」である。それは深い段階の「精神」であり、そこでは「存在」と「存在するもの」、「二つの対立する意志」、「然りと否(Ja und Nein)」とが互いに区別されつつ、「ある存在者に属するもの」として認識される。この「精神」の産出によって目標が達成される。というのは、「精神」は「否定しつつ内へと還帰する力」と「肯定しつつ自己を拡張する存在者」との「統一」、しかも、その「両者の活動的で自由な生き生きとした統一」であり、そこでは「一切の原理が完結されている」からである。この「精神」を超える「産出」はなく、そこで「産出」は安らい、自己自身を捉え、「永遠」に達し、まさにそのゆえに「休止する」のである。(II, 67-68)

【三つのポテンツ:A=B、A^2、A^3】

次に、この「産出」と表現された事態は、また「ポテンツ」の「高まり(eine Steigerung)」として、次のように述べられている。「肯定する原理」そのものをAとし、「否定する原理」そのものをBとするならば、「第一の活動する意志」は自己をそのものとして否定する「存在するもの」、すなわちBとしてあるA(A=B)である。これが「始源」であり、「第一のポテンツ」である。しかし、このようにAが自己を自ら「否定されたもの」として立てるのは、ただ「真の存在者」を「自分から独立した自由な現実的存在者」として立てるためである。この「真の存在するもの」が「第二のポテンツ」＝^{2}Aである。そして、最後に「精神」はこの両者（「第一のポテンツ」と「第二のポテンツ」、すなわちA＝Bと^{2}A）を肯定するもの、すなわち「第三のポテンツ」＝^{3}Aとして登場する。この「三つのポテンツ」において「産出」は終わり、三つの段階を通って「産出する力」は「精神」に到達するのである。（II, 68-69）

【諸原理の自由な共属】

以上のような諸原理の「現実化の根拠」はそもそも「否定する意志」である「始源の意志」のうちにある。もし「永遠なる意志」である「否定の根源的力」が働くことを止めたら、すべては「無」に帰する。しかし、その「力」が「全体性」に達し、「精神の統一」において自己を認識するに従って、この一方的関係は終わる。というのは、「肯定する存在者」は、「否定する意志」から産み出され、それを超えて高まるために、その「否定する意志」を要求するからである。これに対して、「否定する意志」である「収縮する力」も、「自由に湧出し肯定する意志」によって「存在者への渇望」を充たすために、その「意志」を要求するからである。かくして「統一」あるいは「精神」は永遠に「対立」を要求する。というのは、「精神」は「対立を介した前進的高まり」によってのみ産み出されるからである。しかし、また「対立」は永遠に「統一」あるいは「精神」を要求する。というのは、「対立」は「精神」においてのみ自己自身を意識し、自己自身を捉え、自己を「永遠」として把握することができるからである。かくしてここに「最高の内的調和」、

「諸原理の自由意志的一致」がある。すなわち、「諸原理」はみな互いに「外的で自由」であり、その「固有の根」を自己のうちにもつ「固有の原理」でありながら、しかもそれらは関連し、「内的必然性」によって互いに結びついている。それはまさに「自由な共属性（freye Zusammengehörigkeit）」である。（II, 69-70）

【見出し見出される悦び】

ここには「永遠」のうちにある「静かな自己を感じない統一」ではなく、「現実的対立」があるが、その「対立」は「抗争」へと燃え上がることはない。そこには「互いに見出し、見出される最初の純粋な悦び（die erste reine Freude des gegenseitigen Findens und Gefundenseyns）」、あるいは相互に自己をもち、自己を感じる「飽くことなき悦び（die unermüdliche Lust）」があり、また「最も自由で、自己といわば戯れる生命（das freyeste, mit sich gleichsam spielende Leben）」がある。「諸原理」が到達したこの「統一」のうちでは「対立したもの」が「等しく活動するもの（gleichwirkend）」であり、しかも「矛盾」なく「一」＝A^3として立てられる。それは「最も美しく最も完全な統一」であると言われ、そこでは「対立するもの」が自由で、しかも「一」であり、その「自由な運動」は「統一」を破棄せず、「統一」も「自由な運動」を破棄しない。これは「より深い段階」の「統一」のあり方であり、「罪のない子供のころ（schludlose Kindheit）」に比せられる。（II, 70-73）

以上、第二草稿のこの部分でも第一草稿と同じく、「否定する意志」に始まる根源的動きは、結局いまだ「互いに見出し見出される最初の純粋な悦び」に留まっている。第一草稿との違いは上述したように「精神」に関する記述にあり、その「精神」の「産出」が、「対立」と「統一」との展開の要となることが強調されている。ただし、そこで到達される「生命」もまた「最も自由で、自己といわば戯れる生命」であると言われ、「罪のない子供のころ」に比され、新たな展開の記述とはなっていない。それゆえ、まさにこの部分はそれを「準備」するものとして位置づけられていると言えるであろう。

以上のような「『展開の可能化の問い』への準備」（I, 39-55 : II, 67-73）を経て、シュレーターに拠ると、この第三部では次に「自然展開の可能化」について構想される。以下、これまでと同様に第一草稿と第二草稿の該当箇所（I, 56-61 : II, 73-85）の比較検討を試みる。

第二節　自然展開の可能化

シュレーターに拠ると、この「自然展開の可能化」について取り扱っているのは第一草稿（I, 56-61）と第二草稿（II, 73-85）のみである。次に、その該当箇所を比較検討する。

（1） 第一草稿（I, 56-61）

【永遠の原像の産出】

「学」そのものと同じくらい古い教説として、「事物の本質」の「永遠の由来」に関する教説、すなわち、それが「外的に見え得る」ようになる以前に「永遠の原像（ewige Ur=Bilder）」のうちにあったという教説がある。すなわち、「根源存在者の生命展開」における「必然的契機」として、そのような「原＝像の産出」が考えられている。それは上述の「神の始源的生命における戯れる悦び」の現場における出来事であると考えられるが、繰り返し「一」のうちへ溶解する「二の戯れ（das Spiel der Zweiheit）」において、「諸力相互の様々な位置」に従って、その都度その「力」に相応しい「被造物」の「光景あるいは様相（ein Blick oder Gesicht）」が生起する。「イデア（Idea）」という美しい言葉がその原義であるが、それは「事物の原型的諸現象」であり、「物体的自然（physiche Naturen）」とは看做すことができないものであり、しかし、それはまたいわゆる「単なる悟性的存在者（bloße Verstandeswesen）」でもないものである。（I, 56-57）

【最も繊細な身体性】

この原初の「内的な熱狂の状態」において「物体的なもの（das Physiche）」は「精神的なもの」と固有の関係にある。この「生命の瞬間」は「最初の最も繊細な身体性（die erste, zarteste Leiblichkeit）」と結びつけられ、それによって「精神的なもの」はいわば直接的に覆われている。というのは、「収縮する根源力」が「閉じ込める力」であり、「肯定する根源力」が「閉じ込められた力」であるところで、「純一な存在者」は「最初の受動的性質」を受け取るからである。そこに「純一さの耐え難い輝き」とは異なる「すでに和らげられた光の存在者」＝「最も繊細な身体性」が生じる。この「最も繊細な身体性」においては「存在」と「存在するもの」、「身体的なもの」と「精神的なもの」とは全く一つであり、それらは「全く同一の存在性」の「二つの異なる光景(die zwey verschiedne Ansichten)」に過ぎない。この「瞬間」は、後に「質料と精神」として決定的に対立するものの「共通の誕生の場所」であり、ここで産まれる「最初の質料」は「精神的質料（eine geistige Materie)」である。（I, 57-58)

以上、第一草稿のこの部分で確認されることは、「神の戯れ」のうちにあった「根源存在者」＝「根源生命」の新たな展開への手掛かりとして、特に①プラトン的イデアに遡源される「永遠の原像」の産出ということと、②「最も繊細な身体性」＝「精神的質料」というものが構想されていることであろう。次に、第二草稿でのこの部分の展開内容を確認したい。

(2) 第二草稿（II, 73-85)

【最初の最も繊細な身体性】

そもそも「全生命」は「永遠の自己自身への憧れから（aus der Sehnsucht der Ewigkeit nach sich selbst)」

生じる。そして、その「自己を求めるが、自己を見出すことができないこと」において「永遠を渇望し、永遠へ到ることを求める意志」が「衝迫に充ちたあり方(eine darngvolle Art)」へと産み出される。この「意志」は「前進的高まり」を通して「永遠」に到ろうとする。すなわち、この「意志」は「永遠」を自己のもとへ引き寄せ、「永遠」が「外的存在」を認識し、その「固有の存在」として立てるように「永遠」に呼びかける。しかしながら、「永遠」のうちで「客観」である当のものは本質上「主観」と等しく、「外的なもの」すなわち「眼に見え得るもの」に対してはまた「最も純粋な精神」としてある。したがって、この「意志」の「前進的高まり」において「永遠」のうちで「分開(Scheidung)」が生じるが、その場合も「無差別」が破棄されるわけではない。そこでも「永遠」は常に「主観と客観とに対する同一の無関心」である。ところで、また「肯定し、自由に流出する原理」は、「対立する原理」＝「否定する原理」に縛られ、「和らげられた光の存在者」となる。また逆に「峻厳な、すなわち否定する力」は「他の原理の温和さ」によって和らげられ、変容させられる。ここに生じるのが「最初の最も繊細な身体性」である。この「最初の身体的なもの」はまた自己のうちに「身体的側面」と「精神的側面」とをもっている。(II, 73-76)

【中間概念としての自然】

ところで、多くの人は一切を直ちに「最高の概念」で把握しようとし、「一切の生命の無言の始源」を飛び越えようとする。これに対して、我々は「一切の存在を超えた無始源的永遠の神性」を立てながら、まさに「自然の先行性（die Priorität der Natur）」を「顕存」との関連において主張する。そもそも「単なる萌芽的（潜勢的）生命」が「活動する生命」に先行する。したがって、「顕存する神」そのもの以前に「自らは顕存しない或るもの」、「顕存の根底（Grund von Existenz）に過ぎない或るもの」がある。例えば、「顕存するもの」が「自由で意識的で最高の意味において叡知的存在者」であるとするならば、その「顕存の根底」に過ぎないものは同じ意味において「意識的で自由で叡知的で」あることはできない。（II, 76-79）

また、「神における自然的なもの」を認めないとしたら、かの「絶対的純一さ」あるいは「無差別」の外に何も認めないということになるであろう。というのは、この場合の「無差別」すなわち「最も純粋な神性」は一切の「存在」を超えてあり、「永遠な自由」そのものであるがゆえに、「自然なきもの（Naturlos）」であるからである。それはこの「永遠なる自由」を「無」と解釈することであり、このような仕方で哲学することの主な欠陥は「中間概念の欠如（der Mangel der mittleren Begriffe）」にある。それは例えば、道徳的意味で「自由でないこと」は直ちに「機械的」であり、最高の意味で「精神的でないこと」は「物体的」であると、また「叡知的でないこと」は「知性がないこと」と断じることである。しかし、「中間概念」こそまさに最も重要な概念であり、全ての「学」において唯一本来的に解明する概念である。この「中間概念」なしに、「矛盾律」に従って考えようとする者は、確かにソフィストのように議論することには長けているであろうが、真理を発見することには全く拙いと言える。（II, 79-80；

III, 286)

【精神的質料への変貌点】

この「中間概念」に拠って「質料のダイナミックな構成（eine dynamysche Construction der Materie)」を試みる者は、「質料」の「根源的状態」である「精神的状態」へと導かれるはずである。そこからすると「精神的質料」が「全ての物体的なものの内的原素材」である。また、「物体的事物」のうちには「非有機的なものから有機的なものへの前進」を考えることができる「変貌点（ein Verklärungspunct)」がある。すなわち、「精神的質料」はこの世界の一切の事物のなかに隠れており、その「解放」を待っている。そもそも「自然」から「永遠」へと進む一連の環について述べると、「下へ向かって」は「質料」が、「上へ、すなわち永遠に向かって」は「精神」がある。そもそも「精神」は「永遠に対しては自由な存在者」である。というのは、「精神」はその「固有の永遠から独立した根」をもっているからである。したがって、「精神」は「永遠」に対して「自由に」向かい、自己を「永遠の存在」と「直接的関係」のなかへ置き、そのことによって「質料」を超える。かくして「精神」はこの「質料に対して自由な精神」、この「質料において自由に創造し、働く精神」となるのである。（II, 81-85)

以上、第二草稿では、①「精神」の「前進的高まり」において「最初の最も繊細な身体性」が生じることが述べられ、そしてこの「身体性」を解明するものとして、②「自然の先行性」ならびに「中間概念」の重要さが確認され、さらにそこから③「精神的質料」への「変貌点」が探られ、以上を踏まえて「根源存在者」の展開を可能とする「精神」の働きが探られている。

以上の第二節の「自然展開の可能化」における第一草稿と第二草稿とは「最も繊細な身体性」を主張することでは一致している。その相違については第二草稿の「自然の先行性」＝「中間概念」の主張に注目すべきであろう。すなわち、ここでは内実的には同じ事柄であっても、シェリングにとっては、それを如何に概念的・哲学的に媒介するかが問われるのである。そのため、これ以降の展開でも繰り返しこの「中間概念」への言及が見られる。

第三節　精神世界の可能化

シュレーターの整理・研究に拠ると、前半の第三部では以上のように第一草稿および第二草稿において「自然展開の可能化」が考究されたのちに、さらに第二草稿において（II, 86-106）「精神世界の可能化」について構想されている。それは、第二節で述べた「自然展開」を受けて、その次の段階として構想されるものである。以下、その該当部分について、その展開の要となる「精神」に焦点を絞って検討する。

【永遠と自然との紐帯としての精神】

さて、「精神」は、「永遠なるもの」との関係によって、「質料」において「自由に創造するもの（frey-schaffend）」となる。「質料」は「対立する諸力の産物」であり、「自由な精神」は、その「諸力」が「分開される」ことによってのみ「生き生きとした統一」として立ち現われる。「精神」は「永遠なる存在」との関係において、「質料」に対して「盲目的精神」としてではなく、「自由な精神」として働くのである。（II, 86）

この「精神」は「永遠と自然との間の紐帯」であり、それは「永遠の存在」のうちに単に「可能性」として含まれているものを「質料」において「現実的に語り出そう」と努める。この状態において、いつかは「自然」において「現実的」となるはずの一切が、「永遠なるものの眼」の前を「閃光」として、あるいは「様相」として通り過ぎている。というのは、そこではまだ「恒常的な言葉」、「本来的に語る言葉」が欠けているからである。（II, 87-88）

【中間存在者としての精神】

ところで、「神に対する自由」をもつ凡ての者は「神から独立した根底」から出て来なければならない。そして、その凡てのものが根源的に「神のうちに」あるとするならば、それは「神自身において神そのものではない或るもの」から由来しなければならない。したがって、「精神世界の顕存」は「永遠から神のうち、あるいは神のもとにあり、しかも自らは神ではない或るもの」を前提する。かくして「精神」は、

「中間存在者（Mittelwesen）」として「永遠」に対して自由であり、「永遠なる存在」との「自由な働く関係」に入ることができるのである。（II, 91-92）

この「中間存在者」としての「精神」の登場は次のように考えられている。すなわち、まず「有機的自然」においては「諸力の相互展開と独立（die gegenseitige Entfaltung und Unabhängigkeit der Kräfte）」によって「物体的なものと精神的なものとの間の直接的交流」が現われる。そもそも「質料」はそれ自身においては「上に向かって」は「精神的」である。また、人間においても「下へ向かって」「物体的に」現われる当ものも「上に向かって」は「精神的」であり、それが最終的には「精神的存在者」となり、「永遠と時との紐帯」として現われる。このように「生命の過程（der Lebensproceß）」を通して「物体的なもの」から絶えず「内的な生命の精神」が昇ってくるのであるが、その「精神」はまさにこの「過程（der Proceß）」を通してまた絶えず「身体化」されるのである。ここに「中間存在者」として、「精神」があり、それによって「最下位のもの」と「最上位のもの」とが、あるいは「最深のもの」と「最高のもの」とが関係に入ることができるのである。（II, 93）

【生命精神の三つの段階】

ここではまた次のような「生命精神（Lebensgeist）」の三つの段階が考えられている。①最も深い段階においては、「生命精神」は、「物体と精神との間の中間存在者」として「魂の客観的なもの」を引き寄せ、それによって「物体」に対して自由となる。それから、②それより高い段階にあっては、まさに「生命精神」が「魂の客観的なもの」を引き寄せることにおいて、この「客観的なもの」に対して彼自身の「内奥のもの」を「投射（Gegenwurf）」し、それを認識へともたらす。この段階で「魂の永遠的なもの」と「下から上昇する精神」との間の「自由な関係」が生じる。そして、③最高の段階において、「解放」が「魂の永遠なるものそのもの」にまで伝わる。そして、「魂の永遠なる客観的なものとその永遠なる主観的なものとの間の自由な交流」が生じる。ここにおいて「永遠なるもの」を「感覚世界」に縛っている「ポテンツ」は克服され、「魂」はいわば完全に「精神世界」へと転置されるのである。（II, 96-97）

ここでは以上のように「精神世界」を可能にするものとしての「精神」についての記述を中心に取り出した。そこでは「精神」は、①「神から独立した根底」をもつ者であり、「永遠と自然との間の紐帯」あるいは「中間存在者」として位置づけられ、それゆえ「自由に創造するもの」であることが確認される。そして、そのような「精神」が、②そもそも「諸力の相互展開と独立」から生まれる「物体的なものと精神的なものとの間の直接的交流」のなかから「段階的」に生じることが述べられている。この部分の記述そのものはあまり明瞭ではないが、以上理解できる範囲で、「精神」に関する記述を中心に抽出した。

第四節　「根源存在者」の展開の可能化

上述したように、シュレーターは前半の第三部は「根源存在者の展開の可能化」を取り扱うものであると考えている。そして、第一および第二草稿においては、⑴その「展開の可能化への問いを準備する部分」（第一節）と、⑵「自然展開の可能化」（第二節）が、そして、第二草稿においては⑶「精神世界の可能化」（第三節）が取り扱われていると考えていた。そして、さらにこの第三草稿（III, 275-295）においては、改めてその第三部全体の内容が展開されていると考えている。以下、この整理に基づき、ある程度焦点を絞って、この第三草稿の第三部の内容について考察したい。

【魂の目覚め】

さて、「始源に立てられた自然」は、「神的実体の一部」ではなく、そのうちには「全神性」が住んでいる。その「自然」のうちでは、「隠され沈黙したまま」であるが、「神的統一」が「対立」（AとB）の「根底」に存する。すなわち、①「自然における否定する力」は「先行するもの」であり、「第一のポテンツ」としてある。そして、②「自然に拠って内的に立てられた存在者（A）」はそれに「続くもの、その限りで第二のポテンツ」としてある。しかし、③「自然のうちの最内奥のもの」は、①でも②でもなく、「秘密の紐帯」であり、「自然」そのものにおいてA^3であるところのものである。このA^3は「自然」および「精神世界」を超えてあるものであり、「魂」あるいは「智恵」と呼ばれるものである。この「最内奥の魂のような存在者（das allerinnerste, seelenartige Wesen）」こそ、それによって「自然」が「より高次のもの」へ直接的に関与し得る当のものである。ただし、その「高次のもの」に参与するためには、「低次のもの」は「それ自身のうちに隠されていた萌芽」を展開しなければならない。その場合、「低次のもの」は「高次のもの」を「抗しがたい魔術によって（mit unwiderstehlichem Zauber）」自己のもとへ引き寄せ、そこに「直接的関係」が生じる。かくして初めて、「自由のうちへ立てられた自然」はそのうちに隠された「魂のような実体」を展開する。すなわち、それによって、「自然」は「自ら創造する存在者」となり、今までは隠されまどろんでいた「魂のような存在者」が「目覚める」のである。（III, 276-277）

【精神の登場】

ところで、「魂」は「否定する力」を「突然かついわば一撃で」克服しようとはせず、その「抵抗するもの」を徐々に克服することを好むものである。したがって、「魂」は「段階的前進」を通して、最後には自己に一切の力を従属させ、自分が最初は懐胎され、保護されていた「母」を「魂を吹き込まれた存在者」へと展開する。この「最内奥のもの」である「魂」は、「対抗する諸力」が「相互的自由と独立」へ、あるいは「生き生きとした動的対立」へもたらされるような情勢においてのみ登場できる。それゆえ、「魂」はかの「内奥の全自然を通って進む分裂」の「覚醒」をもって始まる。すなわち、「諸力の未分」が「存在者」を覆い隠し、「分開」がそれを顕わしめる。それゆえ、当然「始源」においては、およそすべてのものは「未分」の状態にある。それゆえ、その「内奥」が「精神的なものとの均衡」にまでもたされるまで、「暗黒化する存在者」や「否定する力」がその「内奥」を覆っている。そして、徐々に「内奥」を「精神的なもの」の下へもたらし、「精神的なもの」を高めることが始まる。しかし、「諸力の分開」は決して完全なものとはならず、常に「或る統一」が残っている。この「前進的に上昇する形成」においても決して何か「制限なきもの」が現われることはない。「精神」はその「最高の解放」においても、「或る一定の統一あるいは形」のうちへ捉えられ、閉じ込められている。その「統一」あるいは「形」はまさに「精神」を通して、ちょうど「精神」がそれらを通してのように明らかとなる。このような仕方で「内から」解放されつつ、「光と意識」とを求める「自然の全道程」は「精神」によって指し示される。このような「高次の導き」なしには「無意識の深みから目覚める魂」はその「段階の歩み」を完成しない。というのは、その「最初の覚醒」においても「魂」は「暗い予感」に捉えられているからであり、その「魂」の「世界における本来の模範」は「精神」である。（III, 278-279）

【精神的身体的存在者】

「自然」の一般的状態は、この経過のなかでは「確固とした静止した状態」ではなく、「永遠の生成（ein ewiges Werden）」、すなわち「恒常的展開」のうちにある。しかも、この「展開」はその「目標」をもっており、それは「完全な精神的＝身体的存在者（ein vollkommenes geist= leibliches Wesen）」に達することである。「自然」は「展開の究極段階」においてのみ、その「最高の拡張（die höchste Expansion）」に達することができるのであるが、その展開のそれぞれの「瞬間」においても、すでに自己においてかつ自己のもとで、単なる「身体的存在者」ではなく、「精神的＝身体的存在者」である。したがって、「否定する力」、すなわち「本来物体化する力」はますます「精神的なもの」に服し、そこから「内的な天上の萌芽」が展開されるが、その経過のなかでは「自然」は「単なる身体的なもの」でも、「単なる精神的なもの」でもなく、「中間的実体」なのである。（III, 281-282）

【質料の内的精神的本質】

そもそも「自然の発展における事実」は、「不透過性（die Undurchdringlichkeit）」という一般的性質の前提のもとでは説明できない「個々の物体の内奥の形成の現象」をはっきりと示している。すなわち、「一切の質料の内的本質」は「精神的」である。「質料」は「諸力」から構成されており、その「諸力」は「何らかの精神的なもの」であることは否定しがたく、その限りにおいて「非物体的なもの」である。しかし、「始源」においては克服されていた「収縮し暗黒化する存在者」が再び浮上してくるということが生じる。また「質料」は、かの「原状態」へ近づき、いつかはおそらくその「原状態」のうちへ転置されるという「能力（die Fähigkeit）」をもっており、そのため多くの複雑な緩やかな「過程」を通らなければならない。したがって、「質料」が服している「驚くべき諸変化」を観察するならば、一切の「物体」は、「内奥の変貌点」を覆っている「衣服（Kleider）」あるいは「覆い（Verhüllungen）」として観ることが許されるであろう。（III, 282-283）

【生命過程の両面性】

そもそも「存在者」は、このように常に「溢れ出る」用意があり、しかも繰り返し「引き留められ」て、「同時に最も顕わなものにして最も隠されたもの（zugleich das Offenbarste und Verborgenste）」である。それゆえ、「全生命過程」は、我々が「質料」と呼ぶものと、我々が予感はするが認識しない「内的な側面」との間の「両面性（Zweiseitigkeit）」に基づいている。そこでは「物体的なもの」そのものから常に「内的な生命精神」が立ち現われ、またその「生命精神」は「逆転された過程」によって繰り返し「身体化（verleiblichen）」される。したがって、それによって「質料」が凝固する「外的な作用」がある場合、それに「対立するポテンツ」が存在しなければならず、それによって「凝集する力の作用」が破棄されるか、或る一定程度まで克服される。すなわち、「暗黒化するポテンツ」の「漸進的克服」によって、「低次の高貴なもの」が「より高貴なもの」へと変わるのである。（III, 283-285）

【精神世界の高まり】

さて、「自然」のうちにあるものと同一の「創造的諸力（die schöpferische Kräfte）」が「精神世界」の「存在者」のうちにもある。というのは、その「存在者」のうちにも「内的二（eine innere Zweiheit）」があり、まさにそれゆえに、「隠された統一」もその「根底」にあるからである。その「統一」は、「抗争する諸力」が互いに「対立」において現われる程度に応じて、現われ顕わにならねばならない。そこでは「高次のもの（A^3）」を自己のもとへ引き寄せたいという「憧れ」が、「精神世界」の「存在者」においても「諸力の展開と拡張の根底」となる。ただ、その場合「肯定する原理」ではなく、「否定する力」が「閉じ込められ隠された力」、「闇の隠された力」としてあり、それが「最内奥の深み」から呼び出され、「段階的に」働くものとなる。このように「精神世界の展開」においても、まず「否定する原理」が目覚めさせられるべきである。そもそも「全創造」は「否を超えて然りを高めること」へ向かっている。それゆえ「自然」において「否定する原理」が「肯定する原理」に服しているように、「精神世界」においてもそうである。ここでも「肯定する原理」が、その「対立物」である「否定する原理」が呼び出されることによって、「間接的に」高められるのである。（III, 287）

【自然の歴史と精神世界の歴史】

ところで、「自然の歴史」は「光の高揚（die Erhebung des Lichts）」によって、「精神世界の歴史」は「闇からの覚醒（Erweckung von Finsterniß）」によって生じる。そこでは「否定する力」を「外的に」もつ一切が「物体」であり、それを「内的に」もつ一切が「精神」である。繰り返し述べているように、「永遠なるもの」は「永遠なる自然の自由な自己自身とあたかも戯れる悦び」のうちにあった。それはまず「自然」のなかで生成し、また「精神世界」においても生成する。いかなる「存在者」も「直接的神的力づけ（unmittelbare göttliche Bekräftigung）」なしには、その「現存在の経過（Lauf seines Daseins）」を始めることはできない。したがって、「各々の新しい生命」は「新しいそれ自体で存立する時」から始まり、その「時は直接的に永遠に結びつけられている」。したがって、また「すべての生命に直接的に永遠が先行する」。ここから一切の「神的なもの」は「人間的」であり、また一切の「人間的なもの」は「神的」であると言われるのである。（III, 287-291）

以上が第三草稿の第三部の内容・概略であるが、ここでは「根源存在者の展開の可能化」として、まず①「自然の最内奥の魂のような存在者」の目覚めということが言われている。そして、②その「魂のような存在者」の「模範」となるものが「精神」であり、「自然の全道程」はそれによって導かれること、そして、そこから③「生命過程」は「両面的」であり、その「展開」は「精神的身体的」であることが述べられている。そして、最後に④「自然の歴史」および「精神世界の歴史」を貫くものは同一の「創造的諸力」であること、そこから「すべての生命に直接的に永遠が先行する」ことが確認されている。

第六章

「根源存在者」の展開の現実化 ――第四部について――

シュレーターに拠ると、この前半部の第四部に関しては再び三つの草稿は完全に並行する。第一草稿の最初の一〇頁(I, 61-71)は、第二草稿では二〇頁(II, 107-127)[36]に、第三草稿では四〇頁(III, 297-335)に拡大される。シュレーターは、ここの主題は「存在者の展開の有限な現実化」あるいは「現存在の現実的完全な生起」であると述べている。したがって、ここではこれまで考察された「根源存在者」の「可能性」が「現実性」へと移行するはずである。以下、このシュレーターの整理に従い三つの草稿の比較検討をしたい。

(1) 第一草稿(I, 61-71)

【純一さと対立】

さて、そもそも「最高の生命」は「現在の瞬間」に留まることはできない。というのは、「神」すら

「神性の覆い（die Hülle der Gottheit）」に過ぎないからである。「原初の純一さ」は「隠された仕方で本来的に顕存するもの」であり、「第一の活動する意志」はその「顕存の根底」に過ぎない。本来「純一さ」は自体的には「主観」でも「客観」でもない。それが今や「活動する意志」によって「両者」として立てられてはいるが、しかも依然として「本質的統一」のままである。しかし、「純一さ」は「対立との矛盾」によって、「より親密に、より鋭く」自己自身の「本質の統一」を感受するものとなる。また、「純一さ」は自己の「根源的自然の温和さ」を「収縮する意志の冷厳さ」との対立において感じる。したがって、もはやそれは「静かな柔らかに湧出する統一」ではなく、「活動的で収縮する統一」である。これが「あらゆる生命の宿命」である。それは自己を把握するために、まず「制限」を求め、「広がりから狭さ」を希求する。その後、「狭さ」のうちにあり、それを感じたのちに、再び「広がり」を再希求し、「静かな無（ein stilles Nichts）」へ還ろうとする。以前、「無」のうちに「生命」はあったが、しかしそのままそこに留まることはできない。というのは、「生命」はその「独自の自ら与えた生命」を破棄しなければならないからである。（I, 61-62）

【分開への要求】

このような仕方で「純一さ」は、「第一の活動する意志」において「顕存」へ到った後に、再びそこから出発することを要求する。今や「主観」と「客観」とは「活動する意志」に拠って「一」としてあり、まさしくそのことに拠って「顕存」が立てられている。かくして、この「両者の分開」への静かな要求が生じ、それが「活動する意志」を休息せしめない。「活動する意志」は「単純な存在者」ではなく、そこにおいて「愛と怒り」とが「同じ重さ（gleichgewogen）」である「二重存在者（Doppelwesen）」である。すなわち、「活動する意志」が自己のうちに「愛」を感じ、その「愛」の「意志」である限り、その「意志」に「分開への要求（ein Verlangen nach der Scheidung）」が生じる。しかし、「もう一つの意志」は「分開」を感じず、「顕存」が消失することを恐れ、再び「収縮する」のである。（I, 62-63）

【拡張と収縮の交替】

ところで、「顕存する意志（der existirende Wille）」はこの「もう一つの意志」を放置しない。というのは、まさに「両者の中間（die Mitte von beyden）」であるということに、その意志の「現実性」が基づくからである。かくして、その「意志」のうちで「抗争（der Widerstreit）」が生じる。すなわち「愛」がその「意志」を「分開」へ、「もう一つの意志」はそれを「収縮（die Contraction）」へと駆り立てることによって、「拡張と収縮の交替」が生じるのである。この両者の「抗争する意志」の間の「葛藤」において、「顕存する意志」はその「固有の自由」を失い、「最初の脈打つ点（der erste klopfende Punkt）」として、いわば「神性の鼓動する心臓（das schlagende Herz der Gottheit）」となる。それは「決して止むことのない収縮と弛緩」なかで「休息」を求め、そしてそれを見出すことがない。しかし、この「意志」は、こういう仕方で「窮迫と煩累」を感じれば感じるほど、それだけ多く「必然性からの解放と救済」を求めるのである。（I, 63）

さて、「収縮」の度に「活動する意志」には「愛」が「第一の意志」として感じられ、「活動する意志」は再び「拡張」へと決心する。しかし、また「分開」によって「活動する意志」にとって、「もう一つの意志」が「顕存への渇望」として、いつも新たに引き起こされる。まさに「活動する意志」が「両方の意志」であるということに、「顕存」は基づいている。それゆえ「活動する意志」はその「もう一つの意志」から解放されることはなく、「拡張」から直接的に「収縮」が生じ、ここには「逃げ道（Ausflucht）」はないのである。（I, 64）

【神の永遠なる自然】

この「最初の自ら運動する生命」が「神の原初の永遠なる自然（die uranfängliche ewige Natur von Gott）」であり、それは「常に語り出され、繰り返し取り戻され」、その「呼吸の恒常的交替」においてのみ「生命」をもつのである。すなわち、「愛の意志」が「存在」における「固有の生命」を呼び起こし「諸力を分開する」時には、「もう一つの意志」＝「怒りの意志」は「存在への権利」を喪失する。しかし「もう一つの意志」が「諸力」を「逃走」から呼び戻すと、「愛」は権利を失い、「開かれた点」が再び閉じられる。こういう仕方でこの「瞬間」における「永遠なる自然の生命」は「死と生との持続的交替」である。その場合、「永遠なる自然」は交互に一方の「意志」に生き、他方の「意志」に死ぬ。またそれは交互に「統一」から「固有の存在」へ出て、そして再びその「固有の存在」を失うのである。（I, 65-66）

【精神化と身体化】

ところで、「拡張」は「精神化（Vergeistigung）」であり、「収縮」は「身体化（Verkörperung）」である。したがって、「質料」はこの「瞬間」に一歩ほど「有限な形態化（endliche Gestaltung）」へ近づくのである。先の「静かな内省の最初の状態」にあっては、「身体的なもの」は「精神的」であり、「精神的なもの」は「身体的」であり、「両性質の抗争」はなかった。しかし、ここでは「質料」は「未決定の状態（ein Zustand von Unentschiedenheit）」にあり、いわば「精神性と身体性との間の争い」のうちにある。すなわち、先行する「瞬間」には「精神的＝身体的存在者」であったものを、「現在の瞬間」にはある程度「身体性」に近いものとして受け取り、「精神的なもの」に抗する「闇の質料」の「現実的産出」を「根源存在者」の「存在」のうちに認めねばならない。ここでは本来「身体化する力」である「収縮する力」が「精神化する力」と「公然とした対立」において働くのである。そしてこの働きにおいて「収縮する力」は「精神的なものに抗する質料」を産み出すことができるのである。（I, 66-67）

【調和的戯れから敵対性へ、そして統一から混沌へ】

さて、「根源存在者」はここでは「分開と統一との中間状態」にある。その両者はいずれも決定的とはならず、「抗争」状態にある。「二つの力」、すなわち「収縮する力」＝「否定する力」と「拡張する力」＝「肯定する力」とは、「存在の最初の状態」においては「平和的で相互的刺激の調和的戯れ（ein harmonisches Spiel friedlicher, gegenseitiger Erregung）」であったが、常に分離され、繰り返し「統一」へと呼び戻されることによって、ますます「激しい抗争」へと燃え立たされる。そして、その都度の「新しい統一」から繰り返し引き裂かれ、遂には「最高の敵対性（die höchste Widerwärtigkeit）」が生起する。その場合、その都度「否定する力」は「統一」と、「肯定する力」は「分開」と協調するが、いずれも持続的に「優勢（die Oberhand）」となることはなく、それぞれが交互に勝利し、克服される。この様々な「瞬間」を認識することが本質的である。その場合、「抗争」の始まりにおいては「収縮」はまだ克服されておらず、それは「拡張」に対して「優勢（das Uebergewicht）」であり、まだ「抗争」は「最高の激しさ」に燃え上がっていない。しかし、繰り返し「分開」が力を得て迫り、「収縮」と等しくなり、遂にはそれを圧倒する。この絶えず更新される「抗争」の「瞬間」において、「質料」は「両者の中間」として引き裂かれ、最後には「最小のもの」にまで分割され、「存在の最初の統一」は「混沌（Chaos）」へともたらされるのである。（I, 67-68）

【二つの次元の抗争】

ところで、この「分開と統一との間の抗争」は「二つの次元の間の抗争（ein Streit zwischen den zwei Dimensionen）」と見ることができる。その場合、①「収縮しつつ常に中心点へ作用する根源力」は「第一の次元」を立てる。そこには「多様性」や事物の「相互的自由や独立性」は存在せず、「破ることができない統一」や「すべての個別性を抑える必然性」のみがある。これに対して、②それに「反作用する力」、すなわち「第一の次元の圧迫を破棄し、それを破る力」が「第二の次元」を産み出す。この力は事物の「区別」や「相互に自由で独立した生命」を可能とする。というのは、「拡張する力」は「統一」をそこから逃げ去ろうとして「あらゆる方向へ」粉砕するからである。そして、その力は、「あらゆる側面へ」向かって「中心点」を去りつつ、しかしなお「否定する力」によって引き留められ、「個々の中心（einzelne Centra）」を形造り、その「個々の中心」は「敵対する諸力」に駆り立てられ、「固有の自立的生命」をもつように見えるのである。（I, 68-69）

【回転運動】

さて、「全自然」において注意を引くのは、それぞれの「自立的生命」が「固有の中心点」を回る運動を始めるということである。例えば「血」の循環運動もそうであるが、おそらく「神的混沌（göttliches Chaos）」を「滴虫類の混沌（das Chaos der Infusorien）」に比すことも可能であり、「最小のもの」と同様に「最大のもの」、すなわち「惑星の輪」の「回転運動（rotatorische Bewegungen）」におけるように、「回転」が「固有の生命」の「最初の形式と顕示」として現われている。ただし、「より大きな安息を憧れる自然」が、この「運動」から逃れ出て、「敵対する諸力」を分開することを極めて熱心に求める。そして、「自然」は遂には「二つの力」を例えば「伸縮する筋肉の対立」におけるように保つことに成功する。その「二つの力」は「回転運動」に従ってはいるが、前者は「外へ」、後者は「内へ」と向かうのである。（I, 69-70）

【最終的準備：栄光への道としての苦悩】

このように絶え間なく自己自身のうちで進んでいく「運動の輪」において、「質料」は完全にその「最終的準備（letzte Zubereitung）」を得ることになる。というのは、「二つの力」の「分離と再結合」によって、両者はますます「相互の感得」に到るからである。すなわち、「収縮する力」は、「他の力」との対立においてますます「精神的で活動的性質」を受け取る。これに対して「拡張する力」は、ますます「受動的なもの」、すなわち「従属的なもの」へと引き入れられる。こうして、「将来的な感得および表象可能性への根拠」が両者のうちに置かれる。ところで、あらゆる「物体的諸性質」の現象は単に「閃光（ein Aufblicken）」のようにのみ解することができる。「二つの力」は「一」として立てられ、「統一」へと呼び戻されるが、「客観的なもの」は現実的にはそこに達することがなく、いわば「飛躍（der Sprung）」において「外的なもの」に留まるに過ぎないのである。したがって、「客観的なものにおける争い」が「精神性と物体性との争い」と看做されうるならば、「存在するものと存在との間の争い」は「内面性と外面性との間の争い」と見られるであろう。（I. 71-72）

したがって、「存在者」は「分開と統一の絶えざる交替」を立てつつ、それは「外的」に劣らず「内的」に「矛盾」に引き裂かれねばならない。これが「あらゆる生命展開の帰結」である。そこでは「苦痛」は「何かある必然的なものにして普遍的なもの」であり、「自由への不可避的通過点」である。「苦悩」は、人間に関してのみならず、創造者に関しても「栄光への道」である。創造者は被造物を自らが通過しなければならなかったとは別の道を導くことはない。各々の「存在者」は自己をまず「存在」へ閉じ込め、その「闇」から「光輝」へと突破しなければならないゆえに、「神的存在者」もあらゆる「苦痛」から自由ではなく、その「解放の勝利」を祝う以前にまず「苦悩」しなければならないのである。（I, 72-73）

【神的狂気】

さて、「分開」が進行し、「諸力」はより一層大きな「分離」へもたらされる。「存在における諸力」が「分開」され、そのことによって「存在」と「存在するもの」とが分離されるという状況のなかで、その「中心点」から「自由」＝「原初の純一さの本質」が「焼き尽くす輝き」において「突然現われ出る（hervorbrechen）」のである。「純一さ」は「本質的統一」であり、「自由」のうちにある。これに対して、「収縮する意志」は「自由に創造する意志」となるために「自由の閃光」を把捉しようとするが、捉えることができない。かくして、それは「最高の内奥の抗争と矛盾の究極の状態」、一種の「狂気（Wahnsinn）」の状態に到る。古人も「神的狂気」について語っている。「自然の万物」は「正気を失った状態」にある。「被造物」は「分開と統一、意識と無意識との間の戦いの時代」に属し、いわば「狂気に駆られて（von Wahnsinn getrieben）」、さ迷っている。「ディオニュソスの車」が獅子や豹や虎に引かれているのも理由がないわけではない。「狂気のごとく自己自身において回転する始源の自然の輪」、「誕生の回転する輪」、「荒々しい自己自身を引き裂く狂気」が「万物の最内奥（das Innerste aller Dinge）」であり、それが「高次の知性の光によって支配され、いわば整えられ語りだされる（beherrscht und gleichsam zugutgesprochen durch das Licht eines höheren Verstandes）」ことによって、「自然および万物産出の本来の力」となる。（I, 74-78）

以上、第一草稿の第四部について、概略その内容と展開を追った。再度確認すると以下のようになる。すなわち、「根源存在者」は、①「純一さ」と「対立」との「矛盾」において展開・活性化し、②「活動する意志」によって「顕存」へと到るが、その「意志」はいまだ「愛と怒り」とが「同じ重さ」にある「二重存在者」であり、そこからまた「分開への要求」が生じる。かくして、③その「意志」のうちでさらに「抗争」が高まり、「拡張と収縮との交替」が生じる。そこに生じるのは決して止むことのない「神性の鼓動する心臓」である。また、④それは「神の原初の永遠なる自然」と呼ばれ、「常に語り出され、繰り返し取り戻され」、その「恒常的交替」においてのみその「生命」を持続する。その場合、⑤「拡張」は「精神化」を、「収縮」は「身体化」を意味し、先の「瞬間」には「精神的＝身体的存在者」であったものが、「現在の瞬間」にはある程度「身体性」に近いものとなり、そこに「闇の質料」が産み出される。ところで、⑥そもそも「二つの力」、すなわち「収縮する力」＝「否定する力」と「拡張する力」＝「肯定する力」とは、原初の状態にあっては「平和的で相互的刺激の調和的戯れ」にあったが、この段階では「激しい抗争」へと燃え上がる。そして、それは遂には「混沌」のうちへ引き入れられる。ところで、また⑦この「分開と統一との間の抗争」は「二つの次元の間の抗争」と見ることができる。「収縮する力」に拠って立てられる「第一の次元」では「多様性」や事物の「相互的自由や独立性」は存在せず、「破ることができない統一」や「すべての個別性を抑える必然性」が支配する。そして、それを破る「拡張する力」に拠って立てられる「第二の次元」では「区別」や「相互に自由で独立した生命」が生じるが、それはまたそれを「否定する力」＝「収縮する力」によって引き留められ、そこに「個々の中心」が形づくられる。かくして、⑧「最小のもの」から「最大のもの」に到る「全自然」において、それぞれの「自立的生命」がその「固有の中心点」を回る運動を始める。例えば、血液循環から惑星の運動に到るまで、すべては「回転運動」のうちにある。そして、⑨この「回転運動」において、「質料」は完全にその「最終的準備」を迎える。すなわち、その「回転運動」へと駆り立てる「二つの力」の「分離と再結合」によって、両者はますます「相互の感得」に到る。そして、「存在者」は、「分開と統一の絶えざる交替」のなかで、「外的」に劣らず「内的」にも「矛盾」に引き裂かれる。これが「あらゆる生命展開の帰結」である。そこでは「苦痛」は「何かある必然的なものにして普遍的なもの」であり、「自由への不可避的通過点」である。さて、⑩ここに生じているのは「最高の内奥の抗争と矛盾の究極の状態」であり、一種の「狂気」の状態である。古人も「神的狂気」について語っているが、「ディオニュソスの車」が獅子や豹や虎に引かれているように、ここでは「自然の万物」は「正気を失った状態」にあり、「狂気」に駆られている。これが「誕生の回転する輪」、「万物の最内奥」である。ただし、⑪それが「高次の知性の光によって支配され、いわば整えられ語りだされる」ことによって「自然および万物産出の本来の力」となるのである。

この第一草稿の第四部において特に着目すべきは、「最終的準備」段階において「回転運動」へ陥る「万物の最内奥」に関する記述であろう。ここでは、この「矛盾」に引き裂かれ、「神的狂気」と呼ばれるものこそ「誕生の回転する輪」であると述べられているが、そこからの「現実化」への一歩は簡単に「高次の知性の光によって支配され、いわば整えられ語りだされる」という言葉で締め括られているのみである。シェリング自身が、この言葉によってすべてが決着されたと考えているとは思われない。以下、この点を注視しつつ、第四部についての第二、第三草稿の記述について吟味したい。

(2) 第二草稿 (II, 107-127/140)

この第二草稿の第四部は、シュレーターに拠ると一〇七頁から一四〇頁に亘るが、印刷は一〇九頁の一七行で終わっており、これ以降は印刷されていない植字工草稿に拠るとしている。この第二草稿の第四部において最も注目すべきは、その最後の部分の欄外に「論文はここから完全に間違いに陥る（die Abhandlung gerate von hier an ganz ins Falsche)」と述べている点である。そこへと到る叙述はほぼ以下のとおりである。

【永遠の意志の目覚め：自己到来】

さて、人間の場合でも自分のうちに「力や能力」があるということだけでは充分ではなく、彼はそれを「自分自身のものとして認識」しなければならない。かくして初めて人間はそれを把握し、「行為と働き」へともたらすことが可能である。「永遠の意志」に関しても同様である。「今までは安らっていた意志」にとって、この「瞬間」は本来的意味での「目覚め、自己到来の瞬間（der Moment des Erwachens, des Zu=Sich=Selber=Kommens）」である。この「目覚めの瞬間」はこれまでの下からの「活動の最高の目標」であり、「全てのこれまで記述された過程の究極の結果」である。すなわち、この「瞬間」において、「存在するものと存在」を「発言する者」である「かの隠されたもの」が、以前は「無関心な意志（ein gleichgültiger Wille）」であったが、まさにこの「存在するものと存在」を「自己自身として知覚する」のである。（II, 109-110）

【内から外へ】

ところで、これまで我々が観ていた「統一」は「無言の働きのない統一（eine stumme, wirkungslose Einheit）」であった。確かに一切の「力」は「相互の喜びに満ちた働き」のうちにあった。しかし、この「働き」は発言されておらず、「働くもの」として立てられていない。また、その「働き」を稼動させる「決断（der Entschluß）」がそこにはない。すなわち、そこで働く「力」は自己を「自然を直接的に肯定するもの」として立てることを要求され、またその準備は整っているが、すなわち、すでにこのことは「内的」と

なってはいるが、「外的」とはなっていないのである。(II, 111)

この場合、「永遠なる存在」は「始源的存在へ引き寄せられていること」を感じている。まさにこの「引き寄せられること」において、「何ものも意欲しない意志」は「力」として、あるいは「発言する者」として感じられるようになる。すなわち、そこで「対立」が「働くもの」となり、「何ものも意欲しない意志」に感じられるものとなり、この「意志」は「顕勢態(Actus)」へともたらされ、以前は「単なる可能的意志」であった「意志」が「現実的意志」となるのである。(II, 111-112)

【最高の矛盾と決断】

さて、「何ものも意欲しない意志」のうちには、原初から直ちに区別はできないが、二種類のものがあった。まず「純一な意志」自体があり、それはそのような「意志」として「何ものも意欲しない意志」であった。ところで、今やこの「究極のもの」が「積極的に否定する意志」となっている。しかもそのうえ、その「意志」はなお「純一な意志」のままである。そこで、この「意志」のうちで「もう一つの対立する意志」が産み出される。それは自己を「存在するもの」および「存在」として欲する「意志」であり、「肯定する意志」、「無ではなく或るものを意欲する愛の意志」である。(II, 113)

したがって、今や「全く同一の意志」＝Xが、「二つの意志」、すなわち「否定する意志と肯定する意志」である。ただし、この「二つの意志」は「一つの意志の部分」ではない。というのは、その「意志」は「全体的かつ不可分的(ganz und ungetheilt)」に「何ものも意欲しない意志」であり、また「意欲する意志」でもあるからである。ここに「最高の矛盾」が開かれている。すなわち、「全く同一の意志」が「何も意欲しない意志」として、また「何かを意欲する意志」として「活動的（activirt）」である。したがって、ここでは「最高の矛盾」が必然的に「生命の最高の運動」であるがゆえに、そこからは「絶対的決断なしには（ohne eine absolute Entscheidung）脱け出すことができない」のである。（II, 114）

【自由な神的意志による決断】

ところで、「現在の瞬間」においては「二つの抗争する意志」は「均衡」を保っている。その両者である「意志」は全く一方であるか、全く他方であらねばならない。すなわち、全く「肯定」であるか、全く「否定」であるか、全く「愛」であるか、全く「怒り」であらねばならない。それでは、ここでその「矛盾するもの」のうちの完全に一方あるいは他方であるという「決断」＝「決定」は、如何にして可能であろうか。そもそも、「本性から（von Natur）」一方が他方に従属し、一方が勝利し他方が克服されるという前提は偽りである。「本性から」は、両者は「完全に同じ重さ（vollkommen gleichwichtig）」であり、「活動するものである同じ権利」を持っており、いずれも他のものに屈することはない。そもそも、すべては「神」が「最も自由な存在者」として現われんがためにそうあらねばならず、かくしてすべて「存在するもの」は「自由な神的意志」によってのみあるということが顕わとなるのである。（II, 118-119）

【二つの意志の完全な均衡】

さて、そもそも「矛盾」がなければ「自由」はない。「生命」がいわば頂点にある「諸力の衝迫」においては、「行為（That）」のみが「決断」できる。というのは、「自然の必然性」によっては「二つの意志」は分離できないからである。この「必然性」によっては「二つの意志」は、いずれも「他の意志」の前に現われ出ることができず、むしろ永遠に「志向的状態」に留まる。したがって、「二つの意志」は「自由な意志」によって分離されねばならない。その「決断」は如何にして可能であろうか。「二つの意志」はいずれも「固有の自立的意志」であり、自己を立て、「他の意志」を否定する「完全な自由」を持っている。しかし、まさに各々の「意志」が「等しく無制限」であるがゆえに、両者のいずれも、「他の意志」によって否定されることなしには他を否定することはできない。したがって、逆に他を立てなければ、自己を立てることはできない。「決断」を妨げる「根拠」は、「二つの意志の完全な均衡（die vollkommene Gleichwichtigkeit〈Äquipollenz〉der beyden Willen）」であり、両者のいずれも「他の意志」より「活動するもの」となるという要求をもたないというところにある。この「両者の均衡から現われ出る要求」は、「一方があれば他方もある」ということであり、「一方がない場合に他方がある」ということは不可能である。（II, 119-120）

【矛盾律から根拠律へ】

しかし、今まで見てきた「矛盾の関係（das Verhältniß des Widerspruchs）」によるならば、これとは逆の事態にある。すなわち、「一方がある場合には他方はない」のである。この「矛盾の関係」は破られねばならず、「根拠の関係（das Verhältniß des Grundes）」が代わりに登場しなければならない。すなわち、

「一方がある場合、まさにそれゆえに他方もある」のである。すなわち、一方が他方の「根拠」あるいはそれに「先行するもの」としてあるという関係である。したがって、「決断」は「同時性の廃棄（eine Aufhebung der Simultanität）」のうちに、あるいは両者が「継起（eine Folge）」において立てられるということのうちに存するということになるであろう。すなわち、それは「後行するもの」が立てられ、「先行するもの」が廃棄されるという関係であろう。あるいは、むしろそれは「後行するもの」が立てられると、「先行するもの」が同様に「先行するもの」として存立することであり、こういう仕方で両者が「異なるポテンツ」においてのみ、しかも同時にあるということである。すなわち、「先行する意志」が「後行する意志」に対して、その「根拠」として、したがって「第一のポテンツ」としてあるという関係である。（II, 120-121）

さて、「矛盾律」は「同じのものが同時に、或るものであり、またその反対のものではありえない」という規定において表現される。これに対して「根拠律」は「全く同一のものが或るものであり、またその反対のものでありうる」ということを表わす。ただし、前者の「同時に（zumal）」という表現は不充分である。というのは、「異なる時間においてあるもの」がなお常に「同時に」あるからである。例えば、「過ぎ去ったもの」はもちろん「現在的なもの」と「現在的なもの」として「同時的（zugleich）」ではありえない。しかし、「過ぎ去ったもの」として、それは「現在的なもの」にとって「同時的」でありうるのである。同じことは「未来」に関しても当てはまる。したがって、「永遠を破り、時の全体を開く最高の高まりにおける矛盾」はこのようにあり、「決断」がなされ、生起するはずのものに関しても同様である。（II, 122-123）

【大いなる決断】

そもそも、「神」のもとには「時」はないが、その「最高の自由意志」の「決断」によって、「諸力」の「同時性」は破棄され、まさにその同じ「瞬間」に「愛」が「二つの意志の一つ」に傾き、それが「先行する意志」となる。ただ、「克服なしに」は「始源」はなく、「否定する意志」が克服されることと、それが「先行するもの」となることは一つである。これら一切は「全く一つの不可分の行為」、「最高の自由意志的必然的行為」のうちに含まれており、「一種の奇蹟」によって生じている。これが「大いなる決断の経過」である。（II, 127-128）

ここではまた「同時性における存在の諸原理（Principien des Seyns in der Simultaneität）」が「継起における生成の諸ポテンツ（Potenzen des Werdens in der Succession）」であると言われるが、「決断」を受け入れなければ、「根源的均衡」のうちにある「諸力」は決して「永遠」から外へ出ることはできないのである。ところで、すべての「存在者」のうちには「三つの主要な力」がある。「第一の力」によって「存在者」は自己自身のうちにあり、自己自身を常に産み出し維持する。「第二の力」によってそれは「外へ」向かう。そして、「第三の力」はこの「二つの力」を自己のうちで一つにする。いずれの「力」も必然的であり、どれが取り去られても「全体」が一緒に破棄される。この「存在者の内奥」に働く「諸力」が、

「外的」には「諸ポテンツ」として現われ出るのであるが、それは「決断」をもってである。「最高の生命」に関しても事情は同じである。「神性の内的生命の諸原理」である「同一の根源力」が、「外的」には「諸ポテンツ」として、「決断」をもって登場し、「様々な時代の支配的力」となる。このように、「永遠なる者」は、その「自由意志」によってのみ、あるいは「自由な行為」によってのみ、自己を「顕存するもの」として立てるのである。ここからまた、「決断がなければ、無言の永遠と顕示なき神のみであろう。」と言われるのである。(II, 131-133, 135)

以上、この第二草稿の第四部の内容がシュレーターの述べる如く「根源存在者の展開の現実化」についてであるとしても、この部分の叙述は第一草稿の該当部分以上に不明瞭で混乱があり、最初に述べたように、この最後の部分の欄外に、この「論文はここから完全に間違いに陥る。」と記されている。再確認すると、この部分の概要は以下のとおりである。

「根源存在者の展開の現実化」の問題に関して、ここでもまず、①「永遠なる意志」の「目覚め」あるいは「自己到来」として記述が始められているが、そこで、これまでの展開と同様に、②その「意志」が、「何ものも意欲しない意志」であり、また「何かを意欲する意志」であるという「最高の矛盾」にあるということが述べられた後に、そこから、③この「最高の矛盾」は「生命の最高の運動」であるがゆえに、そこからは「絶対的決断なしには脱け出すことができない」ということが一旦確認されている。そして、改めて④両者は「完全に同じ重さ」であり、「活動的なものである同じ権利」を持っており、すべて「存在するもの」は「自由な神的意志」によってのみあると述べられ、⑤この両者の「同時性の廃棄」に関して、「矛盾律」から「根拠律」への発想の転換について言及されている。ただし、結局、⑥その「根源的均衡」が破られ、「先行するもの」と「後行するもの」という異なるポテンツの展開への移行は、「最高の自由意志的必然的行為」のうちに含まれており、それが「一種の奇蹟」によって生じている、これが「大いなる決断の経過」であると述べられているのである。すなわち、「同時性における存在の諸原理」が「継起における生成の諸ポテンツ」であり、「決断」を受け入れなければ、「根源的均衡」のうちにある「諸力」は決して「永遠」から外へ出ることはできないと結論づけられているのである。

以上のような第二草稿の第四部の内容を「間違い」と記したシェリングの真意は、結局その「根源的均衡」から外へ出ることが「奇蹟」や「決断」という言葉によってしか表現できないところにあると考えられる。そして、それは次に果たしてこれまで見てきたような「神の概念」を中心とした第三草稿の展開に拠って決着されるかが問われることとなる。以下、特にこの点に着目して第三草稿について考察したい。

⑶　第三草稿（III, 297-335）

上述したように、第三草稿の第四部に相当する部分は、第一および第二草稿と比べ、量的あるいは内容的にも最も多いものとなっている。そして、これまで見てきたように、この第三草稿の決着の視点は「神の概念」にあると言え、ここではそれが主に「神性（Gottheit）」という概念を中心に展開されている。ただし、それがこれまで三つの草稿の比較対照によって浮かび上がった「哲学と宗教」の問題を根本的に解決するものとなっているかが問われる。以下、これまでと同様にまず第三草稿の展開内容を、特に第一、第二草稿との比較において問題となる点を中心に明らかにしたい。

【永遠なる自由としての純一な神性】

さて、そもそも「純一な神性（lautere Gottheit）」のうちには「生成（Werden）」はなく、しかもそれは「外的存在」に対しては二様の仕方である。すなわち、①それは「自己自身において存在するものでも存在しないものでもないもの」として、「外的存在」に対しては「焼き尽くす否（verzehrendes Nein）」、「永遠なる怒りの力（ewige Zornes=Kraft）」であり、「自己の外」にいかなる「存在」も甘受しない。しかし、②また「神性」は、まさに「最高の純一さ」および「自由」であるがゆえに、「永遠の然り（ewiges Ja）」、「力づける愛（bekräftigende Liebe）」、「一切の存在者の本質（Wesen aller Wesen）」である。そもそも、「神性」は「全体的で不可分の神性」であり、しかも「永遠なる否」にして「永遠なる然り」であるがゆえに、一方でも他方でもなく、「両者の統一」である。しかし、「神性」はまさしく「一なるもの（das Eins）」として、「否でもあり、然りでもあり、両者の統一でもある」のである。すなわち、「否」として、「神性」は「自己のもとへ引き寄せ、自己の内へ引き入れる火」である。これに対して「然り」として、「神性」は「かの愛に満ちた防止の原因（Ursache jenes liebenvollen Abhaltens）」であり、これによって「統一」において「二」が保持される。この「引き寄せと反発（Anziehen und Abstoßen）」において、「神性」は「最高の意識」へと高められる。すなわち、「神性」は「永遠なる自由」であるがゆえに、「存在」に対して「否」として、「然り」として、そして「両者の統一」として関係するのである。（III, 298-300）

【矛盾関係から根拠関係へ】

ところで、「最高の考え得る矛盾」であるが、「神」が「永遠の否」として「能動的」である場合は、「永遠の然り」として「能動的」であることはできない。換言するならば、Bが「存在するもの」である場合、Aは「存在するもの」ではありえない。ただし、これはAが「存在するもの」である場合、Bは「同一のもの」として「存在するもの」ではありえないということである。すなわち、「今、存在するもの」としてはありえないとしても、「将来、存在するもの」としてはありうるということである。（III, 301）

ここから「矛盾の関係」は「根拠の関係」によって解決される。すなわち、「否としての神」と「然りとしての神」は同時に「存在するもの」ではありえない。しかし、前者は「先行するもの」あるいは「根拠」として、後者は「後行するもの」あるいは「根拠づけられたもの」として存在するのである。したがって、両者は「異なる時間」においてしかも「同時」に存在するとも言える。すなわち、「過ぎ去った時間」は「破棄された時間」ではなく、それはもちろん「現在的なもの」としては存在しえないが、「過ぎ去ったもの」として「現在的なもの」と「同時」であらねばならないのである。このようにして「神」が、「顕示」へと「決断」した「同一の行為」において、「永遠の否としての神」が「永遠の然りの顕存の根底」であることが、「同時」に「決断」される。換言するならば、「外的存在の永遠の否定」としての「神」が、「愛」によって克服されるべきであることが「決定」されるのである。（III, 301-303）

【可能性と現実性との間】

したがって、「神」が自己を「顕示」しようと欲した場合、「神」は自己を「永遠の否」として、「永遠の然り」として、そして「両者の統一」として「顕示」できる。この「顕示」は「時間」に従って、あるいは「継起（Folge）」において生起する。ここから「神の現実化」あるいは「本来的顕示の歴史」が始まる。「神」は最初「永遠なる自然」との関係において「存在するもの」となる。しかし、「神」はそもそも「永遠の存在」であり、それ自体では「存在するもの」でも「存在しないもの」でもなく、「存在に対する永遠なる自由」である。ところで、「神性」が「永遠なる自由」であるという場合、「永遠の存在可能」あるいは「自己実現可能」とともにすでに「現実的存在」あるいは「自己を実現すること」が立てられうるというわけではない。その「可能性」と「現実性」との間には「何か」があらねばならない。（III, 304-306）

そもそも、「神」は「現実的」ではなく、まさに「最も自由な存在者」として現われるために「現実的になる」のである。それゆえ、「自由な永遠」と「現実化の行為」との間には、「永遠から独立した根」をもつ「或る他のもの」が登場する。それが「自然」であり、この「自然」がなければ、前者は後者から区別されえない。この「永遠なる自然」において「最初に登場するもの」が「否定する意志」であり、それが「愛の意志」(「肯定する意志」)の「根拠」となり、そして最後には、この両者を超えた「最高の意味の精神」、「永遠なる自然」における「第三の原理」である「魂」が立ち現われる。我々はこの「顕示の継起」を「諸ポテンツの継起」と看做すことができるのである。(III, 308-309)

【決断】

さて、「永遠なる者」は「自己の意志」によってのみ「顕存する」。ただし、この「自己を顕示する決断」と「永遠の否としての自己自身を克服し立てること」は「全く同一の決断(ein und derselbe Entschluß)」である。「純一な神性」は、不可分な仕方で「永遠なる然り」、「永遠なる否」そして「両者の自由な統一」である。したがって、それが「永遠なる否」であるのは、同時に「永遠なる然り」としての自己の「根拠」である限りであり、また逆に、「神性」は自己を同時に「永遠なる然り」として立てる限り、「永遠なる否」としてあるのである。(III, 310, 313)

かくして、「神」は「存在」に対して「否定する力」であるが、それは「永遠の愛」としての自己自身の「根拠」にするためである。ただ、この「否定する力」は自己自身を知らない。すなわち、それは「永遠の然りの根拠」として自己を認識するものではなく、「永遠の然り」を否定し排除し駆逐しなければならない。この「否定する力」は「愛の意志」を「現在」から駆逐するが、それを「未来的なもの」、「隠されたもののうちに存在するもの」として立てる。すなわち、それは「永遠の然り」を可能性のうえで立てるのである。そこに「神の永遠の萌芽（der ewige Keim Gottes）」があるが、それはまだ「現実的神」ではない。（III, 315）

【矛盾・不安・苦痛と栄光への道】

以上のように「第一の顕存」は「矛盾そのもの」であり、この「矛盾」のうちにのみ「第一の現実性」がある。すべての「生命」はこの「矛盾の火」を通らねばならない。「矛盾」は「生命」の「最内奥のもの」であり、「永遠の生命の源泉」であり、この「矛盾の構築」が「学の最高の課題」である。この「矛盾」から由来するものとして「生成するもの一切」は「不満（Unmuth）」において生成する。また、「不安（die Angst）」が「すべての生きている被造物の根本感情（die Grundempfindung jedes lebenden Geschöpfs）」である。（III, 321-322）

かくして、「苦痛（Schmerz）」は、すべての「生命」における「普遍的なもの」、「必然的なもの」であり、「自由への不可避的通過点」であり、「苦悩（Leiden）」が「栄光への道」である。すべての「存在者」はその「独自の深み」を知らねばならないが、それは「苦悩」なしには不可能である。この一切の「苦痛」は「存在」から由来する。というのは、一切の「生ける者」はまず「存在」のなかへ自己を「閉じ込め」ねばならず、その「存在の暗闇」から「変貌（Verklärung）」へと「突破（durchbrechen）」しなければならないからである。（III, 335）

【聖なる狂気】

このように「一切の始源的根源的創造の根本力」は「無意識的必然的」であり、それはちょうど詩的作品において「霊感」が現われる場合、そこに「盲目的力」が働くことと同様である。古人は「神的な聖なる狂気(ein göttlicher und heiliger Wahnsinn)」について語っているが、「自己自身を引き裂く狂気」が「万物の最内奥(das Innerste aller Dinge)」であり、この「狂気」なしには「偉大なもの」は成し遂げられない。また「狂気」のないものは「非創造的」であり、「狂気」のないところには「正しい活動する生きた知性」もない。例えば、現実的に「狂気」が存在する人には二つのあり方がある。それは、①「狂気」を支配し、その「克服」において「知性の最高の力」を示す人と、②「狂気」に支配される「発狂者」とである。したがって、「神的な聖なる狂気」の場合も、それが「高次の知性の光によって支配され、いわば整えられ語りだされる」ことによって「自然および万物産出の本来の力」になるのである。(III, 337-339)

以上、第三草稿の第四部について、特に第一草稿および第二草稿との比較において問題になるところを中心に取り出した。そこではまず、①「純一な神性」が「外的存在」に対しては「焼き尽くす否」と「永遠の然り」であるということから出発し、②その「矛盾」が「根拠の関係」(根拠律)から解決されること、しかもそれがここでは「神の決断(ein Entschluß Gottes)」に拠ることが述べられている。ただし、それ以上にここで注目すべきは、③「不安」、「苦痛」、「苦悩」等に関する記述であり、それが結局「神的な聖なる狂気」という言葉の想起に及んでいるということである。そして、また④その決着は、第一草稿の第四部で述べられていたと同じ言葉、すなわち、「高次の知性の光によって支配され、いわば整えられ語りだされる」ということに帰せられているということである。

シェリングが「根源存在者の展開の現実化」に関して模索してきた事柄は、結局ここでも第二草稿と同じ「神」の「自己顕示の意志」＝「神の決断」において決着され、そしてまた第一草稿と同じ言葉、すなわち「高次の知性の光によって支配され、いわば整えられ語りだされる」という言葉において締め括られている。しかし、それがシェリング自身が第二草稿において「間違い」と記したことに対する決着であるのか、またそれが第一草稿および第三草稿において特に明記されている「神的狂気」としての「万物の最内奥」に由来する「不安」や「苦悩」からの解放を真に実現するものであるかどうか再考されねばならないあろう。

第七章

結論部について

ここでもシュレーターの整理・研究に拠るが、次に第一草稿においてのみ確認される前半の結論部（I, 78-96）では主に以下の内容が展開されている。

【自然の先行】

「純一さの原初の本質」は「神を超えた、神における神性であるところのもの」であるが、上述の「第一の現実的なもの」は「神」とさえ名づけられず、「神の永遠の萌芽（der ewige Keim Gottes）」である。それはまだ「現実的神」ではなく、「可能性上あるいは諸力の上で神（Gott der Möglichkeit oder den Kräften nach）」であるに過ぎない。この「神の萌芽すなわちその潜勢的状態」は、「包み込み」が「展開」に先行するように、「神」に先行しなければならない。そもそも「純一さの原初の本質」、すなわち「最も純粋な神性」は「自然なきもの（Naturlos）」であり、「永遠なる自由」である。それゆえ、「神」に「現実性」や「顕存」や「現存在」を帰そうとすれば、また「神」のうちに「自然」を認めなければならない。というのは、「現実性」のあるところ「自然」があり、「収縮する力」があり、「深みと閉鎖性（Tiefe und Verschlossenheit）」があるからである。かくして、「自然の先行性（die Priorität der Natur）」、すなわち「現実的神」に先立つ「神のうちの自然（Natur in Gott）」が主張されるのである。（I, 78-79）

【中間概念の欠如】

さて、「神」は「神自身の顕存の根底」であり、そこに「現存在の根底である限りの神（Gott, inwiefern er Grund seines Daseyns ist.）」と「存在する神（der seyende Gott）」との間の「現実的区別」が生じる。「存在する神」とは「自由な最高の意味で自分を意識した叡知的存在者」であり、これに対して「自己自身の根底」としての「神」は、前者と同じ意味で「自由で意識的で叡知的」であることはありえない。しかし、「自由でないもの」を直ちに「機械的（mechanisch）」と解し、「存在しないもの」を「全くの無（gar Nichts）」あるいは「叡知的でないもの」を直ちに「知性なきもの」とすることはできない。このような理解は「中間概念の欠如（der Mangel der mittleren Begriffe）」を意味する。（I, 79-80）

【スピノザの立場】

ところで、スピノザの「体系（das System）」は「理性（die Vernunft）」にとって「唯一可能な体系」であるが、彼も「自然としての神」について語っている。彼は我々の学的先達、先駆者であり、彼のみが我々が構想しようとしているかの「原時代（Urzeit）」を感じ取っている。すなわち、彼は「根源的諸力の力強い均衡（das mächtige Gleichgewicht der Urkräfte）」を知っており、それらを「延長する根源力」（=「収縮する力」）と「思惟する根源力」（＝「拡張する力」）」として相互に対立させている。しかし、彼はそれらの力の存在上の「同一性（Gleichheit）」を知っているが、一方の他方への「従属（Unterordnung）」を容認しているかどうかは疑わしい。我々のスピノザとの相違はそのことを明らかにする「ポテンツの概念（der Begriff der Potenz）」にある。すなわち、単なる諸力の「同置（Gleichsetzung）」を主張しているのではないところに我々独自のものがある。「神の自然あるいは実在的なもの（die Natur oder das Reale von Gott）」は「神の存在の第一のポテンツ」である。スピノザの場合、両根源力はその「不完全な対立」のために、一方の他方による「交互的刺激あるいは高揚」もなく、相互に「完全な無関心かつ無為」のうちにある。それゆえ、彼の「実体」は「永遠の同一性」に固執し、「展開」も「高まり」もない。したがって、それは「永遠のポテンツ」であり、決して「顕勢態」へと到ることはない。一言で言うとスピノザは「最も純粋な実在論者」である。(I, 81-83)

【自己展開する主体】

さて、すべてのいわゆる「体系」はその「原理」によって判定されなければならない。実際、「自己展開する主体」というものを前提とする「体系」を構想する限り、疑いもなくその「体系」はそこにおいて展開する「一つの主体」をもっている。しかしながら、この意味における「体系」の「原理」に関して、まさにそれゆえに「固定された概念（der feste Begriff）」が与えられるわけではない。というのは、その「原理」は「絶えざる運動、前進、高揚」において把握されているがゆえに、それぞれの「概念」

はただ「一瞬」妥当するのみであるからである。その「原理」は「生ける者（Lebediges）」として、「一つのもの（Eines）」ではなく「無限に多くのもの（unendlich Vieles）」である。したがって、その「生ける全体」においては、我々がいわば立ち止まったり、固定することができるような点はなく、「自己展開する主体」の「完全な概念」が与えられる以前に、「全体の展開」が待望されねばならない。というのは、この「主体」は、「始源」におけると同様に「中間」にも「終局」にも存在し、「全体における一にして一切（das Eins und Alles in dem Ganzen）」だからである。（I, 85-86）

【生き生きとした学の立場】

ところで、この「自己展開する主体」を「原理」とする「生ヽきヽ生ヽきヽとヽしヽたヽ学（lebendige Wissenschaft）」に関しては次のように言うことができる。各々の命題は、それが「命題」として語り出されることによって既に偽りである。例えば、「根源存在者は主観と客観との絶対的統一である」という命題が「それだけで妥当する真理」として語り出されるならば、それは明らかに偽りである。というのは、「根源存在者」は或る関係においては「統一」であり、他の関係においては「主観と客観との対立」だからである。しかし、またそれに矛盾する命題、すなわち「根源存在者は主観と客観との非統一である」という命題も偽りである。したがって「全体の生き生きとした連関」のなかで、二つの命題の各々は「真」として現われる。その場合、その「全体」はその「命題の位置」を決め、それとともにその「命題の妥当性の限界」を定める。それゆえ「体系」すなわち「生き生きとした全体の有機的連関」のなかにのみ「真理」

があり、各々の命題はその「体系」の外では偽りである。そもそも「諸体系の相違」は「一つの立場に固執すること（das Festwerden auf Einem Standpunkte）」によって生ずるのであって、この「一つの立場」が偽りではなく、この「一つの立場に留まること」が偽りなのである。（I, 86-87）

【実在 - 観念論：実在論の優先】

そもそも「純一さの最原初の本質」は、本来「観念的でも実在的でもない（weder ideal noch real）」。それが「内へ向かって」「最も純粋な観念的なもの（das reinste Ideale）」である場合には、それは「外へ向かって」は単なる「実在的なもの」として現われる。それゆえ、「全体」は明らかに「実在論」でも「観念論」でもなく、これらの「対立」はその後の「展開」のなかで現われるのである。ところで、かの「最原初の本質」のなかには「始源の可能性」はないが、繰り返し述べているように「もう一つの原理」（＝「実在的原理」）において初めてその「可能性」が現われ、そこに「体系の始源すなわち核心」が求められる。ここでは「実在論」が明らかに「観念論」に優先する。この「実在論の先行性（die Priorität des Realismus）」を認めない者は、先行する「包み込み」なしに「展開」を欲する者であり、果実やそこから生じる開花を「硬い覆い」なしに欲する者である。（I, 88-90）

【存在の二重性】

さて、かくして「収縮の力」が各々の物の「始源」に本来働く力であり、その力によって「閉塞されたもの」から「展開への最大の栄光」が期待される。したがって、我々はそこに「永遠の対立の存在」

を認めねばならず、その「対立の根拠」は世界より古いと言わざるをえない。すなわち、すべての「生ける者」におけると同様に、すでに「根源存在者」のなかに「二重性（Doppelheit）」がある。そして、この「二重性」が数え切れない多くの段階を通って我々のもとへやって来ており、それが「身体的なものと精神的なもの」、「闇と光」、「火と水」あるいは「男性的なものと女性的なもの」として現われるのである。そして、まさに古い教説は異口同音にかの「最初の一切を産み出す原理」を「二重の力の存在者」あるいは「二つの相矛盾する働きの仕方をもつ存在者」として表現しているのである。（I, 90-91）

【存在の根源力としての能動的暗黒：非合理的原理】

ところで、哲学はこれまで「不都合なもの」を取り除き、「理解できないもの」を「悟性」のうちへ解消しようとしてきた。しかし、哲学はまさにこの「把握しがたいもの」、すなわち、「すべての思惟に対する活発な抵抗」、「能動的暗黒（das aktive Dunkel）」、「暗闇への積極的傾向（die positive Neigung zur Finsterniß）」を解明しなければならない。そもそも「一切の思惟に積極的に対立し、活発に反抗する原理」が存在するということを否定する者は、「実在性それ自体（die Realität an sich）」を否定する者であり、「存在の根源力」を完全に否定する者である。この「野蛮な原理（das barbarische Princip）」は克服されるが否定されてはならず、「一切の偉大さの本来的基盤」であり、この「思惟に反抗する原理（ein dem Denken widerstehendes Princip）」がなければ世界は「無」へと解消される。そして、まさにこの「克服しがたい中心点」こそ「神の永遠の力（die ewige Kraft Gottes）」である。したがって、「第一の顕存するもの」のなかに「顕示に反抗する原理」、「非合理的原理、分析に抗う原理（ein irrationales, ein der Auseinandersetzung widersthendes Princip）」が存在するのである。（I, 91-94）

【汎神論の体系】

そもそも、「一切の力の均衡の原状態」にあっては「一」は「一切」であり、「一切」は「一」である。しかし、この「統一」は「非活動的統一」ではなく、「根源存在者において働いている力」によって立てられている。したがって、「実在論」がすべての目標に先立つ「優先」をもっているように、「汎神論」にも議論の余地のない「先行性」が帰属し、「汎神論」は「神」自身のうちで「より以前の古い体系」である。しかし、まさにこの「汎神論の体系」は「全一性と全閉塞の原状態（der Urzustand der All=Einheit und Allverschlossenheit）」であり、続く時代によって繰り返し駆逐され、「過去」として立てられるべきものである。（I, 96）

以上のように、シュレーターによって前半部の「結論」として位置づけられた部分の内容は結局これまでの展開の再確認であると言える。それは①「自然の先行性」ということで構想される「神のうちの自然」の確認であり、それが②「神の顕存の根底」として押さえられ、そこからそれは③スピノザとは異なる「自己展開する主体」による「生き生きとした学」の立場の主張へと繋がっている。そして、それはまた④「根源存在者」の「二重性」にまで遡源される「実在‐観念論」の立場の挙証となっている。

しかし、それはまた最後に⑤「汎神論の体系」と比肩され、結局その「全一性と全閉塞の原状態」が、続く時代に「過去」として立てられるべきであることが述べられることで終わっているのである。しかし、そもそも問題は何によってこの「原状態」が「過去」となるのかということであるが、これ以降の展開はシュレーターによると第二、第三草稿においては欠けている部分（I, 96-196）となる。

後半部について

シュレーターは、これ以降の第二、第三草稿には欠けている部分を六つの部に分け、整理している（第一部：I, 96-123）、（第二部：I, 123-132）、（第三部：I, 133-160）、（第四部：I, 160-169）、（第五部：I, 169-186）、（第六部：I, 186-196）。ここでは、これをそれぞれ、第一節「過去の生起」、第二節「神思想について」、第三節「時間論」、第四節「三つの体系」、第五節「必然性と自由」、第六節「学の沈黙」と題して解析したい。ただし、この後半部の内容はこれまでの部分以上に断片的であり、整合的でない。したがって、これまで以上の思い切った整理と、場合によっては切り捨てが必要であったことを予め断っておかなければならない。

第一節　過去の生起（I, 96-123）

ここでは第一部の結論部で立てられた問い、すなわち何によって汎神論的な「全一性と全閉塞の原状態」が「過去」となるのかという問いが、以下のような仕方で、さらに問い続けられる。すなわち、これまでの前半部の議論でも繰り返し出てきているように、「過去」が「過去」として立てられるということが、次のステップである「現在」の生起に繋がる。このことが如何にして可能かということが、この『世界時代』の根本的課題であり、それを改めて問うことが、この後半部の最初の課題である。

【不可分離的全体としての根源存在者】

「過去」の生起は、もしそういう「力」があるとしたらであるが、「根源存在者」の「外の力」に拠ってではない。というのは、「根源存在者」の「力」は何ものにも屈服せず、また何ものもその「根源存在者」の「統一」を破ることができず、そのうちの「諸力の同時性および等同性（die Simultaneität und Aequipollenz der Kräfte）」を破棄することはできないからである。しかも、「根源存在者」自身も「自己自身から」それを成すことはできない。というのは、「根源存在者」は「自己自身から」は「不可分離的全体（ein untrennbares Ganzes）」であるからである。すなわち、何ものも「根源存在者」から分離することはできない故に、この状態は変えることができないのである。（I, 96-97）

【分開と統合】

ここから次のような四つの場合が考えられている。すなわち、(1)「根源存在者」が「矛盾状態」のうちに留まっている場合。この場合には「根源存在者」は「分開」へも「統合（Einung）」へも到らない。(2)「分開」が現実に生起する場合。この「分開」の生起に関してはさらに次のような三つの場合が考えられ、(1)の場合と合わせて都合四つとなる。それは、①「高次の意志（der höhere Wille）」＝「愛」の優勢による場合と、②「活動する意志」が自己自身を破棄する場合と、③「分開」へと突き進む「高次の意志」の要求が「もう一つの意志」の存続において充たされる場合とである。(I. 97)

ところで、まず(1)のように「根源存在者」は「矛盾状態」のままに留まることはできない。というのは、「永遠の破綻」、「永遠の混沌」、「永遠の苦悩と不安」は不可能であり、あらゆる「矛盾」は自己自身によってその結末を見出すからである。また、(2)の①の場合のように「高次の意志」＝「愛」の優勢によって「分開」が絶対的に勝利することも不可能である。その場合、「収縮する原理」が否定され、また再び「顕示」のない「始源の純一さ」に戻ることになる。しかし、「純一さ」は「顕示への憧れ」を捨てることはできず、まさに「統一」として現われ出るために「対立」があることを欲するのである。それから、(2)の②の場合のように、「活動する意志」がそれ自身の生命である「我意」を破棄することも不可能である。というのは、そのことによって「始源」が廃棄され、一切が撤回され、それは「完全な逆行過程」となるからである。そもそも「神的なあり方（göttliche Art）」とは「撤回する自由」ではなく、「始めたもの

を貫徹し、最後まで導き通そうとする力」である。（I, 98-99）

【一にして二】

したがって、最後の⑵の③の場合のみが残る。すなわち、それは「根源存在者」に対して、また「顕存するもの」に対して、その「自由と顕示への憧れ」が他の仕方で鎮められる場合である。この場合、「解き難く思われる矛盾」が生じている。すなわち、「顕存するもの」は自己を「分開」しつつ、同時に「一」のままであるべきである。例えば、「一者」自身が「一」から「二」へ動くとしたら、「一」は消失してしまうであろう。ここでは「二」があるべきであり、それにもかかわらず「一」が存立すべきである。このことが可能であるのは、「統合する原理（das einende Princip）」がまさに自己のうちに留まることによって、「分開する原理（das scheidende Princip）」を立てることによってである。しかし、「統合する原理」自身が自己自身のうちに留まるのは、「分開する原理」を「自己の外（außer sich）」に立てる場合のみである。しかし、何ものも「まだ萌芽のうちに存する神の外」に存在することはできない。というのは、その「神」は「一切の存在者の本質」であり、そのうちに「一切の現実的なものの種子と可能性」が存するからである。したがって、「顕存するものの外に立てられた原理」は同時に「神のうちに」あらねばならない。このようにして、「神」は自己を自分のうちで「二重化（verdoppeln）」しなければならないのである。（I, 99-101）

【自己二重化：産出の概念】

この「自己二重化（Selbstverdoppelung）」とは「他者」を「自己の外」に立てつつ、それを「立てる者」はその「全体性」のうちに留まるということであるが、それがまさに「産出（Zeugung）」と呼ばれる出来事であり、そしてそれが「最高の矛盾の唯一可能な解決」である。「生きた存在者」においては「最初内的に創造する力」であったものが「外へ向かって」働き始め、「自分に等しい者」や「自分から独立した者」を産み出す。例えば、詩人や芸術家の場合、「産出する力」は彼らに帰せられるが、「産み出されたもの」は彼らから独立して現われる。そのような「産出の原型」が最も純粋に表現されるのは植物である。植物はその「現実的結実」において始めて「産出するもの」であるのではなく、「開花への移行」において或る程度すでに「産出するもの」である。というのは、植物はその段階ですでに「自分とは異なったもの」を産み出し、そのことによって「自己自身の単なる続行」を破棄しているからである。また、個々の感覚器官も「産出」を欲している。例えば、耳は絶えず聞こうとする。多くの人は音や言葉なしでは生きることができず、静かな場合は自己自身を刺激し、自己自身と対話しようとする。絶えず見ようとする眼の場合も同様である。一般的に自己を「自己自身の充実のうちに」抑制あるいは収縮できないすべての存在者は、「自己の外に」収縮する。「顕存するもの」はその「内面の増大する充実」において、その「内面」が語り出され、解放され、展開される「言葉」以外のものを求めない。そして、その「産み出され、あるいは見出された言葉」が「内的な不和」を解消するのである。（I, 101-103）

【最高の衝迫の瞬間】

さて、以上述べてきた内容から明らかなように「高次の意志」である「愛」が「一切の展開への原動力」であり、「根源存在者」を「閉塞性の破棄」へと動かすものである。この「純一さの本質」が「収縮する力」に対して「継続的分開」において顕示され、「内的」に感じられるようになればなるほど、それだけ「収縮する力」はそれがその「固有の真の根源的本質」であることを感じるようになる。「収縮する力」は、かの「高次の存在者の光」に対して自分が如何に「冷厳な盲目的本性」であるかを感じ、ますますそれに抗う気持ちを喪失するのである。(I, 103-104)

しかし、また「収縮する力」は「永遠の力」として「収縮するもの」であることを止めることはできない。それが「収縮」を放棄することなしに「分開」に服すれば服するほど、その「核心」は膨張し、その本質は同時に「憧れに満ちたもの」となる。その動きはもはや「荒れ狂う冬の嵐」のようではなく、「来たるべき春の息吹」のようである。「収縮する力」がその生命を「内的に」解放することによって、「怒り」は無力となり「収縮への能力」を失う。しかし、「外的には」それは「永遠なる力」として「創造するもの」＝「収縮するもの」であることを止めることはできない。かくして、今や「根源存在者」に関して「諸力の最高の衝迫の瞬間」が到達されている。そこでは「根源存在者」は「自己のうち」では収縮し産み出すことはできないが、「自己の外」で「自分に似たもの」、したがって「自分から独立した者」を産み出す。これが「永遠なる父の収縮の中心点」から「永遠なる子」が産まれる出来事である。(I, 104-105)

【父と子との共働：「現在」の生起】

今や「愛」の願いが満たされ、初めて「愛」は「収縮する力」が自己と一つであると認める。というのは、「愛」そのもの、すなわち「純粋な純一さ」それ自体は、産出することも創造することもできず、そのためには「産出する力」としての「収縮する力」を必要とするからである。その「収縮する力」は「愛」と等しく永遠であり、永遠に働き続けなければならない。永遠に「子」が「父」から産み出され、永遠に「父の力」が「子」によって展開される。この「父と子との共働」には、「克服し克服される永遠の喜び」がある。「子」は「父」の対立者ではなく、その「喜びにして愛」であり、「子」において「父の自己理解」が始まるのである。(I, 105-106)

かくして「子」の存在によって「諸力の無差別と閉鎖」へと向かう「統一」が、「存在しないもの」、すなわち「過ぎ去ったもの」として立てられる。そして、「子の産出」によって「父の暗い根源力」＝「収縮する力」が「過去」へと退き、「第一のポテンツ」として立てられるや否や、「収縮する力」に対する「愛」の「矛盾」は鎮まる。「子」は「調停者」、「解放者」、「救済者」であり、「父」は「子」においてのみ、あるいは「子」によってのみ「父」である。また、「子」は「父の存在の原因」であり、この「子」によって第二の時代＝「現在」が始まる。(I, 106-107)

【自然と精神界との生起】

ところで、「父の力」は決して活動することを止めない。「自然と精神界」とは単に「始源」のみならず、絶えず「父」から生起する。「父」は「自然と精神界」との「原統一（Ureinheit）」である。「父」の「収縮」なしには「自然」は存在することを止める。「自然」の存在は「収縮」によって、またそれによってのみ存立する。また、「精神的なもの」は「子」によって、その「収縮する力」が克服され、「内的なもの」として立てられることによってのみ生成する。この「子」によってのみ両世界は分けられ、本来的意味において一切のものは造られる。「子」が働くことを止めると、「自然と精神界」とは再び一つとなり、「原統一」へと還る。（I, 113）

【高次の統一：第三の人格】

さて、「父」は「孕んでいる過去（tragende Vergangenheit）」として「自然と精神界」との「対立」の「根底」にある。この「父の統一」、すなわち「最初の未分開のままにある統一」は「無意識的必然的統一」である。そして、先に述べたように「自然と精神界」とは「子」によって分けられる。そして、この「分開」から「もう一つの統一」が出現するが、それは「自由な意識的統一」である。「分開」は「永遠なる者」が自己を「統一と対立との統一（die Einheit der Einheit und des Gegensatzes）」として顕示せんがためにある。この「統一」は「現在においては隠されている統一」であり、「父ならびに子の人格」からは区別された「第三の人格」である。この「第三の人格」は「父」のなかに「包み込まれて」存在していた。それが「子」によって現実的に「展開され」、「父の無差別」は克服される。したがって、「第三の人格」は「潜勢的（potentiell）」には「父」から、「顕勢的（aktuell）」には「子」から出現する。この「第三の人格」によって初めて、「神」は「真に全体的で自己において完結した存在者」である。この「第三の人格」は「全体的神（der ganze Gott）」であり、それはその「最高の最も生き生きとした展開の状態」にある。この「第三の人格」のうちには「最高に現実化」された「原初の純一さ」、「主観と客観との絶対的統一」があり、それは「聖霊それ自体」あるいは「絶対的精神」と名づけることができる。（I, 114-123）

この後半の第一部（「過去の生起」）の展開は凡そ以下のような内容であった。すなわち、①「根源存在者」における「諸力の同時性および同等性」は、「高次の意志」＝「愛」によって「矛盾と争いの状態」へ転じられる。そして、次にさらにそこから抜け出る可能性として構想されているのが、②「根源存在者」が「自己二重化」を通して、「自分に等しい者」や「自分から独立した者」を産み出す「産出」の出来事である。そもそも「高次の意志」である「愛」が「一切の展開への原動力」であり、「根源存在者」を「閉塞性の破棄」へと動かすものである。しかし、また逆にその「閉塞性」へと向かう「収縮する力」も「永遠の力」としてあり続ける。この「高次の意志」＝「拡張する力」と「収縮する力」との拮抗において「諸力の最高の衝迫の瞬間」が訪れる。これが「永遠なる父の収縮の中心点」から「永遠なる子」が産まれる出来事である。かくして、③永遠に「子」が「父」から産み出され、永遠に「父の力」が「子」によって展開される。そして、この「子」によって「諸力の無差別と閉鎖」へと向かう「統一」が、「存在しないもの」、すなわち「過ぎ去ったもの」として立てられる。ここに第二の時代＝「現在」が始まる。この「父」と「子」との「共働」における「克服し克服される永遠の喜び」なかから「自然と精神界」は生起する。そして、さらに④この「父」の「統一」と「子」による「分開」から「もう一つの統一」が生じる。それは「統一と対立との統一」であり、「現在においては隠されている統一」である。そして、それは「父ならびに子の人格」からは区別された「第三の人格」＝「聖霊」である。この「第三の人格」は「最高の最も生き生きとした展開の状態」にあり、そのうちには「最高に現実化」された「原初の純一さ」、「主観と客観との絶対的統一」があるのである。

第二節　神思想について（I, 123-132）

シェリング哲学のみならずドイツ観念論全般に亘って言えることであろうが、その基本経験とも言うべきものはキリスト教的神へと集約できるであろう。したがって、シェリング哲学の葛藤も、これまでの解析でも明らかなように、第三草稿におけるように結局キリスト教的三一神論において決着されていると言える。ここではこの第一草稿において現われている限りでの神思想の展開について取り出して置きたい。

【進展運動】

さて、「神」は「静止している力」としては考えられない。「神」のうちには「生命と人格」があり、「進展運動」がある。しかも、「神」は自己から出発し、自己自身へ還る。したがって、「神」は同時に「運動の始源にして目標」である。ここにあるのは「算術的前進（arithmetische Progression）」、すなわち「外的多（äußeres Vieles）」ではなく、「一者から出発し、また常に一者であり、あるいは自己のうちに留まるところの「内的多（ein inneres Vieles）」である。（I, 123）

ところで、「永遠なる者」が「創造へと決断する行為（die Handlung, wodurch sich das Ewige zur Schöpfung entschließ）」が「一から二への最高の不断の運動（die stetigste Bewegung der Einheit in die Zweyheit）」として表現されるならば、我々にとって「二」を超える「一」は消失する。そして、さらに「対立から高次の統一、すなわち三への進展」の際には、「三」を超える「一と二」とが消失する。しかし、「進展」にもかかわらず「神」のうちには「変化」が存在すべきではなく、「二」とともに「一」が、「三」とともに「一」も「二」も存続しなければならない。このことは、これらの「時機」のそれぞれに対応する「異なる人格」なしには考えることができない。（I, 123-124）

【複数の人格からの帰結】

あらゆる宗教において、同じようにこの複数の「人格からの帰結」が予感される。それは「展開されると同時に鎮められる創造の状態（der Zustand der entfalteten und zugleich beruhigten Schöpfung）」を解明するためには必然的である。例えば、インドの宗教においても、最高神から第二の神であるブラーマが産み出され、そしてそれによって最高神のうちに隠されていた世界が初めて産み出される。また、ギリシャ神話においても、ウラノスの支配の次にクロノスの支配が続き、そのクロノスのうちには「絶え間なく自己自身のうちで回転する誕生の輪」や「黄金時代」の表象がある。それゆえ、人間には「自己と全世界との分離の最も激しい感情」のなかにも、かつて「全体のなかにあり、自ら全体とともにあったという予感」が残っている。（I, 124-125）

【キリスト教の理念】

しかし、あらゆる比較を超えて、崇高かつ唯一であるのは「キリスト教の理念」である。特に、それは「諸人格の多」と「存在者の一」を結びつけるあり方において勝れている。すなわち、「キリスト教の理念」において、かの「進展運動」が「存在者」から出で、それを通り、それへと進むこと、したがってその「存在者」はどこでも変化しないということが明らかとなる。このことに関してまた次のように言われている。「多くの自然」を認容することはギリシャ的であり、「一つの人格」のみを信ずることはユダヤ的であるが、「一つの自然」を「聖なる三」へと展開し、その「人格の三」を再び「存在者の一」へと集中することが、最も正しく、最も真なる教えである。（I, 126）

ところで、キリスト教の「神における諸人格の秩序」は「時間系列」のそれではない。「父の力」は「子」以前にあるが、まさにその「力」は「父」以前にもある。というのは、「父」と「子」との間には

「完全な交互＝関係」があり、「子」以前には「父」はなく、それ以前にあるのは「未展開の神性の閉ざされ隠された自然」のみである。これと「三人格」へと展開されたものとの間には「時間の系列」はない。「子」は「子」として必然的に「父」である限りの「父」に従属するが、「子」は他の関係においては「父」を超える。それはちょうど「聖霊」が「父と子」から出発し、両者を前提するように思われるが、他の関係においては両者を超えているのと同じである。それはそれぞれの「区別」が直接的に再び「存在者の無尽蔵の一（die überschwengliche Einheit des Wesens）」へ帰するからである。（I, 130-131）

以上のように、この第二節（「神思想について」）の展開は、第一節のそれを受けて、より一層キリスト教的神思想に踏み込んだ展開となっている。そこでは、①「神」は自己から出て自己へ還る「内的多」であることが確認された上で、その「神」が「創造へと決断する行為」ということについて言及されている。そして、②「統一」から「対立」へ、そしてさらに「高次の統一」へという展開のなかで、結局三位一体的キリスト教的神思想の優位性が再確認されている。ただし、③そういう展開の必然性は他の諸宗教、すなわちインドやギリシャの宗教においても確認されることが述べられ、そこで改めて③「キリスト教の理念」の卓越性が再確認されているのである。

第三節　時間論（I, 133-160）

ところで、『世界時代』の構想は、結局「世界（＝「存在」）」と「時代（＝「時間」）」の問題を一つの問題として解析し、解決しようとする試みとも言えるであろう。換言するならば、空間軸と時間軸とが交差するところから「存在」と「時間」の問題を捉えなおそうとする企てとも言えるであろう。もちろん、ここで展開されているのは独立した十全な「時間論」ではないが、キリスト教的三一神論に裏づけされたシェリングの「時間論」の一端を垣間見ることができる。

【聖霊の働き】

さて、「父」の「収縮する力」はそれ自体では「盲目的力」である。その「父」は「子」によって「精神的なもの」あるいは「意識的なもの」へ高められる。その限りで、その盲目的な「収縮する力」は克服され、「過ぎ去ったもの」あるいは「潜勢的なもの」として立てられる。その「抗争を決定するもの」は「父」のうちにも、また「子」のうちにもない。というのは、「子」は「父」を「分開」し、「父」における「無差別に向かう力」を克服すること以外の「意欲」あるいは「願望」をもたないからである。したがって、それを「決定するもの」は「父」のうちにも「子」のうちにもなく、両者の外の「聖霊」のうちにある。「父」と「子」も互いに自由で独立しているが、それと同じ意味で、「聖霊」は「父」および「子」から自由である。しかも、「聖霊」は同時に「両者の本質的で自由な意識的統一」である。この「聖霊」のうちには「父と子との共通の意識」が住んでいる。というのは、「聖霊」は、「原初の純一さ」が「父」と「子」によって実現された「存在者」として、「最も純粋な思慮」、「最高の自由」、「最も純一な意志」だからである。「聖霊」は自ら動くことなく、一切を動かし、一切を通って進む。したがって、それは「父」と「子」の「両者の共通の意志」であり、その「意志」のうちで両者は一つである。それゆえ、「父」は「子」に関して、「子」は「父」に関して、「聖霊の自由な意志」に従ってのみ働くのである。

（I, 132-134）

【時の生起】

ところで、「父の力」のうちに「抗争」がないとしたら、そこには「時」はなく、「絶対的永遠」があることになるであろう。したがって、ここに「存在を過ぎ去ったものとして立てる原理と存在を現在的なものとして立てる原理との間の争い」が生じる。あるいは、「存在」の「現在性」は「諸力の統一」に基づき、その「過去性」は「存在するものの存在からの解放」に基づくのであるから、そこに「一を立てる原理」と「二を立てる原理」との間での「持続的格闘」が生じる。この「格闘」のうちで絶えず「二」が、すなわち「存在するもの」は「現在的なもの」として、「存在」は「過ぎ去ったもの」として立てられる。しかし、「完全な二元化（die vollkommene Dualisirung）」（それは直接的に「究極の最高の統一」へと移行するが）は「未来的なもの」として立てられる。ここに、そこにおいて「過去」・「現在」・「未来」が動的な仕方

で互いに分けられ、しかも同時に結合される「時（Zeit）」が生起するのである。（I, 134-135）

【始源の始源】

そもそも「最原初の純一な本質」は「永遠そのもの」であり、そのうちには「時の先行規定（eine Vorherbestimmung der Zeit）」は決してない。それは端的に「時」を超えている。しかしながら、「顕存するもの」はもはや「純一で静止した永遠」ではなく、「実在的で働く永遠」である。というのは、「顕存するもの」のうちには既に「過去」・「現在」・「未来」が隠された仕方で「一」として立てられているからである。すなわち、「過去」は「存在」によって、「現在」は「存在するもの」によって立てられており、しかもかの「最高の究極的統一」＝「統一と対立との統一」はもちろん既に「閉じ込められ包み込まれた仕方で」その「顕存するもの」のうちに存在しているのである。（I, 136-137）

【具象的神話的表現】

この「顕存するもの」それ自体は「始源の始源（der Anfang des Anfangs）」に過ぎず、「現実的始源」ではない。それはちょうど植物の種子のように「始源の可能性」であり、「始源」そのものではない。「現実的始源」は「絶対的自由（die absolute Freiheit）」からのみ由来する。すなわち、それは「愛」がかの「最初の閉鎖された統一」において「分開」へと突き進むことから始まる。しかし、「愛」は「始源」を求めるがまだ見つけることはできない。そこから「混乱」と「全面的混沌状態」が生じる。この「愛の最初の働き」が「絶対的始源」である。ここには「永遠の根底なき深淵」以外のものはなく、「始源を求めること」は「永遠の自己自身から生起する探究」に他ならない。しかし、それは「学的」ではなく、「具象的あるいは神話的にのみ」考えることができる事態である。(I, 137-139)

【奇蹟としての世界の由来】

かくして「世界の由来」はただ「奇蹟（Wunder）」によってのみ説明される。すなわち、「子の誕生」まで一切が「奇蹟」であり、一切が「永遠」である。「何ものも意欲しない意志」が「最高のもの」であり、そこからの「移行」はない。その「何ものも意欲しない意志に続くもの」＝「或るものを意欲する意志」は「自己自身を産み出し、絶対的に生じ（sich selbst erzeugen, absolut entspringen）」なければならない。したがって、「永遠なるもの」における「憧れの始源」が「絶対的始源」である。「永遠なるもの」における「最初の分開」によって既に「内的時（eine innre Zeit）」が立てられる。というのは、「時」は「永遠なるもの」における「諸力の差別化」によって直接的に生じるからである。この「時」は、その「現実的始源」を見出し、語り出され、顕わとなるような「時」ではない。その限りにおいて、それは「始源のない時」であり、「永遠なるもの」のうちにあって、「外的」になることができない「永遠なる時」である。(I, 139-140)

【子の産出による現実的始源】

したがって、そこから「父の力による子の産出」によって「第一の現実的始源」があると言われる。「子の存在」は「始源」と一つである。この「第二の人格」が「諸原理の同時性」を破棄するが、この人格によってのみ、「存在」が「第一の時代あるいは第一のポテンツ」として、「存在するもの」が「現在」として、そして「両者の本質的で自由な統一」が「未来」として立てられる。この「第二の人格」によってのみ「永遠なるもののうちに隠された時」が語り出され、顕示される。すなわち、「永遠なるもの」のうちに「諸ポテンツ」として共存しつつ同時にあった「諸原理」が「諸時代」として出現する。「現実的始源」とは「時の始源」であるが、この「始源」は「始源」であることを止めることができるような「始源」ではなく、常に「永遠の始源」である。というのは、瞬間ごとに「神の子」が誕生し、「永遠」が「時」のうちへ開示され、語り出されるからである。この「産出」は「永遠の産出」である。(I, 141-142)

【直接的に永遠から生じる時】

ところで、世界万物が「時間」のなかにあるという錯覚がある。しかし、いかなる物も「外的時」はもたず、各々の物はその「時」を自己自身のうちにもっている。すなわち、それぞれの物が「内的な固有な自分に生まれつきで内在する時」をもっているのである。したがって、いかなる物も「時間」のなかで生じるのではなく、各々の物において「時」は「新たに、直接的に永遠から」生じる。「時の始源」は各々の物のなかにあり、そこに等しく「永遠の始源」がある。というのは、各々の物は、世界がそれによって生起するのと同一の「分開」によって生じるからである。ただ、自己の外に同じように「時」を自己自身のうちにもつ「他の存在者」が存在することによって、自分の「時」と「他の存在者」の「時」との比較が可能となる。この「異なる時の比較と計測」によって初めて「抽象的時間の幻像」が生じ

る。それは「我々の表象の単なる仕方」であり、必然的なものではなく、偶然的な表象の仕方である。(I. 142-144)

世界がそもそも「無限の時間」から存在するのか、「ある特定の時間」以来存在するのかという問いがある。これに対する明確な回答はまだ与えられていない。というのは、「無限の時間」という概念は「辻褄の合わない概念」である。「時間のすべての始源」は「既に存在した時間」を前提し、そこでは決して「時の始源」は考えられない。「人間的悟性」はその「根(Wurzel)」が引き抜かれない限り、堂々巡りをする。「時」は「すべての瞬間」において「全時(ganze Zeit)」であり、「過去」・「現在」・「未来」である。「時」は「過去」や「限界(Gränze)」から始まるのではなく、「中心点」から始まり、「すべての瞬間」において「永遠」に等しいのである。(I. 144-145)

【時の有機的原理としての聖霊】

さて、「聖霊」は「時の有機的原理(das organische Princip der Zeiten)」である。「聖霊」は「父の収縮する力と子の拡張する力との対立から自由である」。また、「聖霊」において初めて「父と子」とは「完全な同等性」に達する。というのは、「聖霊」は、永遠に「父から子を通って」展開され、両者を等しくその存在のために必要とするがゆえに、両者に「同じ権利」を与えるからである。「父の力」は「子」によって「過去」として立てられ、その「子による克服」の持続によって、一部はなお「現在的なもの」として、また一部は「未来的なもの」として立てられる。しかし、その場合の「子」に関する「父の意志」、また逆に「父」に関する「子の意志」は、そのまま「聖霊の意志」である。「聖霊」は「父の永遠の覆蔵性」がどの程度開示され、「過去」として立てられるべきかを認識する。したがって、「聖霊」は「時の分割者にして監督者」であり、「聖霊」のみが一切を、また「神性の深み」を究める。この「聖霊」のうちにのみ「来たるべき物の学」が基づき、「聖霊」のみが「未来」がそのもとに包み込まれている「封印」を解くことができるのである。（I, 149-150）

【神的生命の展開】

そもそも「神的生命」は「父と子との収縮する力と拡張する力との作用と反作用」とから生じ、一切の生命と等しく「展開の時間と時期」をもっている。ただ、神は「最も自由な存在者」であり、その「生命の展開の時期」はその「自由」に依存する。そもそも「神」は自己の外の何ものによっても規定されず、「神」のみが「諸制限」を自己自身に課すことができる。それは、「神」のうちの「本来的自由」や「思慮深い意志」によってである。神は「自由に」その「本質の一側面」が顕示されないように「隠し閉ざす」ことができる。もちろん、「父」は働くが、それはもはや「盲目的に収縮する力」によってではなく、「聖霊の意志」によってである。そして、それは同時に「父の意志」である「聖霊の自由な意志」よってである。（I, 151-152）

【可視的世界の生起】

また、「愛」によって最初の被造物を排除する「統一」が克服されると言われる。すなわち、「創造」

とは「神的利己の神的愛による克服」である。したがって、「自然」は「愛によって緩和され和らげられた神的利己」である。かくして「聖霊」による「父の力と子の力の共働」から「可視的世界の形態」が生じる。「暗い根源力」が克服される状況のなかで「存在するもの」が、その「力」の中から高められる。その「暗い根源力」はある程度まで克服されると、それ以上の展開は阻まれる。この「如何に事物が立ちどまる」かという課題は「如何に事物が展開される」かという課題に劣らぬ課題である。というのは、「停滞させる力（die retardirende Kraft）」が、「存在するもの」を「展開」の一段階に引き留め、そのことによって「個物」は把握しうるものとなる。したがって、「空間」は「反抗する力の中心点」から生じると言え、「拡張」に対する「絶えざる反抗」がなければ「空間」は可能とならないのである。（I, 155-156）

この第三部（「時間論」）では、第二部の三一神論的・キリスト教的理念の卓越性の再確認を受けて、充分明解であるとは言い難いが、主に「聖霊」の働きを中軸にした「時間論」が展開されている。そこでは、まず①「父」と「子」との「抗争を決定するもの」が「聖霊」のうちにあることが述べられ、その「抗争」がまた、②「一を立てる原理」と「二を立てる原理」との「抗争」に読み換えられ、それを「完全な二元化」＝「究極の最高の統一」へもたらす「聖霊」の働きにおいて、「過去」・「現在」・「未来」が動的仕方で分けられると同時に結び付けられることによって「時」が生起すると述べられている。ところで、③「最原初の純一さ」は「永遠そのもの」であり、「時」を超えた「始源の始源」に過ぎない。これに対してその「現実的始源」は「絶対的自由」に由来し、「愛」の働きがその「絶対的始源」であると述べられている。そこには「永遠の根底なき深淵」以外のものはなく、それは「学的」にではなく、「具象的あるいは神話的にのみ」考えることができる。したがって、④「世界の由来」は「全くの奇蹟」であり、「永遠なるもの」における「憧れの始源」が「絶対的始源」であり、そこに既に「内的時」が立てられる。この「時」は「永遠なるもの」における「諸力の差別化」によって直接的に生じる「永遠なる時」である。この「永遠なるもののうちに隠された時」は「子」によってのみ語り出され、顕示される。ところで、⑤世界万物が「時間」のなかにあるという錯覚がある。そもそも、すべての物は、世界がそれによって生起するのと同じ「分開」によって生じるのであり、「時」は「新たに直接的に永遠から」生じる。したがって、「時の始源」は各々の物のなかにあり、そこに等しく「永遠の始源」がある。そして、⑥「聖霊」は「時の有機的原理」である。すなわち、「過去」・「現在」・「未来」を最終的に統べるものは「聖霊の意志」であり、「聖霊」のみが「未来」がそのもとに包み込まれている「封印」を解くことができる。かくして、⑦「神的生命」は「父と子との収縮する力と拡張する力との作用と反作用」とから生じ、一切の生命と等しく「展開の時代と時期」をもっている。それは「盲目的に収縮する力」によってではなく、「聖霊の自由な意志」よって展開される。そして、⑧「創造」とは「神的利己の神的愛による克服」であり、「可視的世界」は「聖霊」による「父の力と子の力の共働」から生じるのである。

第四節　三つの体系 (I, 160-169)

さて、「体系構想」はドイツ観念論に通底する基本構想であるが、ここではシェリングは従来の「体系」を振り返りつつ、彼独自の「体系構想」を打ち出そうとしている。すなわち、次のように始められている。

【三つの原体系】

「原時代の体系」は「全一の体系(das System der All=Einheit)」であり、「汎神論」である。これに対して「現在の体系」は「対立」に基づく「二元論」である。しかし、この「現在」そのものが「過渡期」に過ぎず、「究極の最高の体系」は「対立」と「統一」とがそこにおいて再び一つにされる「展開された統一」であり、「二元論」は決して「最も完全な究極の体系」ではありえない。ここに「三つの大きな原体系(drey große Ursysteme)」」が考えられる。(I, 160-162)

【流出論から原初の二元論へ】

「最原初の純一さ」=「純粋な永遠」においては、いかなる「行為」も「活動」も考えられない。そこで唯一想定されるのは単に「永遠の湧出、流出(ein ewig Ausquellen, Ausfließen)」である。ここに属するのは「あらゆる体系のなかで最も古い体系」である「流出論」である。この時代は「神話時代」に比することができる。ある意味において、すべての「体系」はこの「流出の体系」をその「始源」に必要とする。というのは、「永遠に続く第一のもの」は「永遠における運動」によってではなく、「独自の力から（aus eigner Macht）」のみ生じることができるからである。それはちょうど「溢れ出るもの」が自己自身を、自分がそこから溢れ出るものから切り離すようにである。（I, 161-162）

この「第一の純一さから自由で絶対的に湧出する意志」が「顕存への意志」である。この「意志」は「何ものも意欲しない意志」に対立し、ここに「最も繊細で最も純粋な二元論」が生じる。この「二元論」は後の時代＝「現在」に属する「二元論」と混同すべきではない。ここで考えられている「二元論」はいわば「神話時代から英雄時代への過渡期」に属する。ここでは既に「実在的なもの」が活動しているが、それはまだ「観念的なもの」へ服している。（I, 162-163）

【汎神論】

ところで、さらに「顕存への意志」が「第二の原理」として支配的となることによって、「最初の沈黙的統一」が「発言された現実的統一」として現われる。ここで「汎神論」が「支配的体系」として登場する。先の原初の「二元論」は「展開の必然的法則」によって「汎神論」へ移行する。すなわち、「二元論」は「必然的通過点」として「汎神論」を要求し、それを通って初めて「本来的現実的二元論」となることができる。（I, 165-167）

【高次の二元論】

この「一から二への移行」において「高次の二元論（ein höherer Dualismus）」が生じる。「汎神論の原理」は「父の閉鎖する力」であるが、この「父の力を開き分開する原理」が「二元論の原理」である。それは「父」と異なり、「父」から「自由」であらねばならない。そして、「統一と対立との統一」が「現実的」となったものが「最高のもの」であり、それに「二つの抗争する体系」は従属する。キリスト教の教説は「二つの原理」を「同一の存在者の二つの異なる人格」として認識し、最も完全な仕方で「二」と「一」とを結合する。そこでは「一」と「二」と、そしてまたこの「両者の統一」がそれぞれ「自立的なもの」として現われる。ここに「一切の人間的体系の抗争の完全な解決」がある。それは「神的存在者の三一性の概念」において顕示されている。（I, 167　-169）

この第四部（「三つの体系」）では「二元論」と「汎神論」と「高次の二元論」という「三つの体系」について述べられている。①「最原初の純一さ」においては、いかなる「行為」も「活動」も考えられず、古来そこで想定されてきたのは「流出論」である。ただし、ここではその「流出論」を基に、「何ものも意欲しない意志」と「顕存への意志」とに拠る「最も繊細で最も純粋な二元論」がまず想定されている。次に、②「顕存への意志」が「第二の原理」として支配的となることによって、「汎神論」が登場する。すなわち、原初の「二元論」はその「必然的通過点」として「汎神論」を要求する。そして、最後に登場するのが、③「高次の二元論」である。そこでは「統一と対立との統一」が「現実的」となる。そして、それを最も完全な仕方で展開するのがキリスト教の教説である。

第五節　必然性と自由（I, 169-186）

本書第Ⅱ部において明らかとなるが、「自由」と「体系」の問題は、シェリング哲学の根本課題であり、その解決をめぐってシェリングの思索は展開されると言っても過言ではない。ここではそれが「必然性と自由」の問題として以下のように展開されている。

【必然性と自由との対立】

さて、「汎神論と二元論との間の抗争」は、「道徳的関係」においては「必然性と自由との間の抗争」と看做されうる。一切の「必然性」は「存在」からのみ由来しており、決して「存在するもの」と看做されないもののみが、「超自然的、否それどころか超神的自由」のうちに生きている。そもそも「自由」は、「愛」や「意志の純粋性」と同様に「最高なるもの」である。この「自由」は「行為の自由」ではなく、「純一さ」のうちにのみ認めることができる「内的運動（die innern Bewegungen）」であり、それは「必然性」と対立しない。しかし、「顕存への意志」が「顕勢態」へと到ると、それはすでに「決断

された行為」であり、そこでは「区別」が始まり、「自由」あるいは「必然性」が認められねばならない。(I, 169)

そもそも「第一の活動する意志の収縮」によって、「原初の純一さ」が「存在」を被せられる。この「収縮」は「根拠づけられない行為（die ungründliche That）」に比せられ、それによって「人間の本質」は「一切の個々のあるいは時間的行為」以前に「内的に規定された本質」へと「収縮する（sich zusammenziehen）」。それが「性格（Charakter）」と呼ばれるものである。確かに、我々は自分の「性格」を自ら選んだとは言えないであろうが、その「性格から帰結する行為」を「自由な行為」とは言えるであろう。しかし、それは「自己のうちで必然性」である「自由」であり、「対立」があるところのみに生じる「自由」ではない。したがって、「普遍的道徳的判断」はすべての人間のうちに「ある領域（eine Region）」を認める。そこには全く「根拠」はなく、「運命」であり「必然」である「絶対的自由」がある。(I, 169-170)

【無底的自由】

かくして、すべての人間にとって「永遠の無底（der Ungurnd der Ewigkeit）」が身近にある。ただ、人間はそれが「意識」の前にもたらされると「慄然とする（sich entsetzen）」。我々は、その「深みから由来する行為」以前の「根拠」を挙げることはできない。その「行為」は「そうあるが故にそうある（sie ist so, weil sie so ist.）」。それゆえ、その「行為」は「端的（schlechthin）」にあり、その限りにおいて「必然的」である。この「無底的自由（die grundlose Freiheit）」の前で大抵の人は「恐れる（sich scheuen）」。

それはちょうど「魔術（die Magie）」や「一切の把握し難いもの」、そして特に「霊的世界」の前で「恐れる」場合と同じである。彼らは「無底からの行為」に気づくと、その前で「圧倒される（niedergeworfen）」ことを感じるのである。（I, 170-171）

【必然性の先行】

ところで、「自由」は「自由」として生成し現われ出るために、その「反対物」のうちに自己を閉じ込めなければならない。「道徳的自由」が成立する以前には「必然性」が先行する。というのは、「分開」や「決断」が生じるところでのみ「道徳的自由」が認められる場合、それに対して「未分開の状態」、したがって「必然性の状態」が先行しなければならないからである。この意味において「宿命論」が「二元論」に先在するのである。（I, 174）

そもそも「諸力の始源的均衡」のうちには「神的自然の必然性」がある。それは「精神的誕生の始源」であり、「夜」と呼ばれ、そこから人間は初めて「自由の喜ばしい光」のなかへと生まれる。「展開」には「包み込み」が先行し、「包み込み」は「展開の否定」である。それと同様に「自由」には「自由の否定」が先行しなければならないのである。（I, 174-175）

ところで、その「均衡」から脱け出すために、その「均衡の外に存在し、一切の動機から独立した、すなわち悟性なき恣意」が案出され、「機械的な仕方で」かの「均衡」が破棄される。しかし、厳密に観察すると、それは「絶対的偶然（der absolute Zufall）」以外のなにものでもない。（I, 175）

【高次の二元論】

「諸力の均衡」は「生きた力のある均衡」であり、そのなかに「収縮する力」がある。そして、それは「本来的自由の一つの構成要素」であり、その「均衡を克服するもの」としての「もう一つの構成要素」は「恣意」ではなく、「ある全く特定の原理」である。それは「第一の原理に動的に対抗する原理」である。ここに「均衡のうちに存在している対立」よりずっと「高次の二元論」が登場する。それは「均衡を立てる第一の力」と「均衡を克服する第二の力」との間に生じる。そこに「深い最高に動的で力強い過程」が生起し、そこでは人間のみが「道徳的に自由な存在者」として現われる。（I, 176-177）

【自己二重化】

ところで、この「高次の二元論」によって「道徳的に自由な者」が如何にして登場するのか。そもそも「愛への渇望」が「存在者」を「自己二重化」へ駆り立て、それによって「第一の自我」が「第二の自我」を産出する。すべての「自由な存在者」は「自由」になるために、この「第二の自我」を必要とする。しかし、人間のような「迷いに晒された存在者」は、この「第二の自我」をそれ自身のうちで働かせる代わりに、「自己の目的と自己自身の自由のための手段」とする。これは「真の関係」の「転倒」であり、そのことによって結局、かの「産出と自己二重化」は制限される。そして、それらは「自我性」の「高まりの手段」として働き、もはや「自我性から解放するもの」とはならない。それどころか、人間がかの「産出力」を完全に失うポイントが到来する。しかし、逆に「第一の自我」が「第二の自我」

を「自己の現実的解放の手段」として使用するところ、すなわち、「第二の自我」そのものを自己のうちで働かせるところでは、「第二の自我」は「第一の自我自身の誕生」を助けるものとなる。というのは、かの「産出の活動」は「永遠の決して止むことのない活動」であり、それは「神および人間のうち」で瞬間ごとに新たに生じなければならないからである。(I, 177-178)

【道徳的自由】

さて、「第二の自我」の働きは「第一の自我の分開」である。その「分開」によって「第一の自我」は「存在するもの」として「自己の存在」から解放され、「精神的なもの」へと高められる。すなわち、「第一の自我」は「存在」から解放されて、「自由」となる。しかし、「第一の自我」は「決定的に分開される」のではなく、瞬間ごとに「分開」が生じ、新たに「精神的なものへの変容」が生起する。したがって、「第一の自我」は滅却されず、その「統一力」は存続し、瞬間ごとに働く。もし、「分開」がなければ、「第一の自我」は「意識なく盲目的に収縮する力」であるが、「分開活動の瞬間」に「意識」へと高められ、瞬間ごとに「自由なるもの」として現われる。すなわち、それは背後に「永遠の無底（der Ungrund der Ewigkeit）」以外の何ものもたず、そこから「直接的に」生起した「存在者」として目撃される。そして、この「存在者」が「分開活動そのもの」において、その「分開」に「身を任せる（sich hingeben）」か、あるいは自分に生じた「自由」を、その「分開」に「反抗する」ための「手段」にするか、その可能性に「道徳的自由」は基づいている。本来、この「第二の自我」に「身を任せること」が「決心すること

=自己を開くこと（das sich=Entschließen（se résoudre）sich=Aufschließen, Oeffnen）」であり、「決断」であり、「拒むこと」は「決心」ではない。（I, 179-180）

ところで、「第一の自我」が「道徳的に自由」であると称されるのは次のような意味においてである。すなわち、「自由」に対して「善と悪との等しい可能性」が要求されるという意味においてであるが、ただし、それは「根源的に」ではなく、ただ「第一の自我」にとって「諸力の分開」に際して「永遠の目撃（ein Blick der Ewigkeit）」が生じる限りにおいてである。（I, 181）

【神の自由な意志による決断】

また、神のうちにあっては「第一の自我」、すなわち「子」による「恒常的分開」において把捉される「父」も、「道徳的意味」において「自由」であると称される。議論の余地はないが、「諸力の根源的均衡」を破棄せしめるのは「父の自由な意志」である。したがって、その「自由な意志」が「創造」であり、その「自由意志で」神は「彼自身の生命」を破棄するのである。ここから、「その命を見出す者は、それを失うであろう。そして、その命を失う者は、それを見出すであろう。」という教えが理解される。（I, 181）

そもそも、「創造」は「神の決断」によってのみあるが、この「決断」は「永遠の止むことのない決断」である。すなわち、常に「永遠の父の自己性」が「愛」において克服され、開かれ、「被造物」へと溢れ出る。そして、日々新たにこの勝利が告げられ、夜毎この奇蹟が更新されるのである。（I, 185）

ところで、「人間的悟性」は「選ぶこと」や「奸計」によってあらゆる可能的なもののなかで「最上のもの」を見て取ることができると考えている。しかし、「神」に、多くの可能な世界のなかで最上の世界を選ぶ「自由」のみを認めることは、最も劣った「自由」を認めることに他ならない。そもそも、「選択は苦悩であり」、「選択は照らされず、開かれてない意志の帰結」である。すなわち、「選択」は「自由」ではなく、「自由の欠如」「未決定性」である。これに対して、「欲することを知っている者は直ちに行動する」のである。(I, 185-186)

この第五部では、「必然性と自由」の問題から、人間の「無底的自由」の思索において「絶対的偶然」という言葉に行き着いているということ、そしてそれがまた結局「神の決断」という言葉において決着されているということに注目すべきであろう。

すなわち、まず①人間の「道徳的自由」の出発点となる「必然性と自由」の問題が、「必然性」と対立しない「超自然的自由」あるいは「超神的自由」にまで遡源され、そこから再考される。そして、そこから②「永遠の無底」に臨む人間の「無底的自由」について考究される。その「深みから由来する行為」には「根底」=「理由」はなく、その「行為」は「そうあるが故にそうある」。その「行為」は「端的」にあり、その限りにおいて「必然的」である。③そのような「無底的自由」が、「始源」の「均衡」から、如何にして性起したかという問いに対して「絶対的偶然」という言葉が提示される。そして、④その「均衡」が破られるところに現われる「高次の二元論」において、人間のみが「道徳的に自由な存在者」として登場すると考えられており、その「道徳的に自由な存在者」としての人間は、背後に「永遠の無底」以外のものをもたず、そこから「直接的に」生じる「存在者」であり、創造の「分開活動」に「身を任せること」が「決断」であると述べられている。ただし、そこへ到る文脈はあまり明瞭とは言えないが、⑤結局そのような「存在者」を創造するのは「神の決断」と呼ばれるものでしかないのである。

第六節　学の沈黙（I, 186-196）

最後に、第六部では、本書の主題である「シェリング哲学の躓き」に直結する「学の沈黙」と呼ばれる事態へとシェリングの思索は踏み込んでいる。ここでは、この「学の沈黙」ということを述べる際のシェリングの立ち位置に着目すべきであろう。というのは、次に取り出すように、それは単なる否定的事態の表明ではなく、シェリングは少なくともそこから新たな形而上学の可能性を構想していると考えられるからである。

【霊的経験】

さて、「人間的知」のうちには、そこで「一切の対立」が解消される「究極の変容点」がある。確かに或る体系は常にこの「展開の究極点」の近くにあるが、いずれの体系も「最高のもの」ではなく、すべての体系が生命の様々な形成段階と同じように必然的である。したがって、「唯一真なる体系」が展開されるべきであるならば、いずれの体系も無視されてはならない。しかし、その「唯一真なる体系」は誰にも現存するわけではない。それは「絶えざる止むことのない産出」のうちにあり、「一切の生命のその最初の静寂な始源から現在に到るまで、否それどころか最も遠い未来に到るまでのかの偉大で莫大な過程」のうちにある。しかし、どれだけの人がこの「過程」のなかへ「自己を放棄する（sich hineingeben）力、能力、自己否定（Selbstverläugnung）」を充分にもっているであろうか。というのは、「困難な内的闘い」なしには、すなわち「自分自身の自己からの分開」なしには、「真理」は勝ち取ることができないからである。つまり、「理論的にその過程に参加する（theoretisch ihn mitmachen）」ことだけでは充分ではなく、「一切の生命の過程」を「実践的に経験する（praktisch erfahren）」ことが求められる。すなわち、「霊的経験なしには（ohne geistige Erfahrung）」ここでは何も理解できないのである。（I, 186-188）

【学の沈黙】

ここで「学の沈黙」ということが言われる。この「学の沈黙」は、すべてが「極めて個人的に（so unendlich persönlich）」進行し、或る何かを「本来的に知ること」が不可能であるということを我々が認識する場合に必然的に登場する。この「学の帰結」はかの「ソクラテス的なもの」とあまり異なってはいない。ソクラテスは「何も知らないということを知る」ということを誇っていた。しかし、その「無知の知」は彼の探究の「始源」ではなく「目標」であった。ただ、「無知」には「知識の欠如から（aus Mangel an Wissenschaft）」そうである場合と、「認識と諸対象の過剰のために（wegen Ueberschwenglichkeit der Erkenntiniß und der Gegenstände）」そうである場合とがある。「ソクラテス的なもの」はこの後者の意味の「無知」を誇っても良かったであろう。（I, 188-190）

【真の形而上学】

さて、形而上学はまさに「高次の全体（höheres Ganze）」を求めていると言うことができる。それは「二元論」と共に存立し、根本においてそれと一つである「有神論」において構成される「高次のもの」である。ただし、形而上学がそこから何も導出できず、またそれ以上何も展開できない場合には、結局は自己自身の無能を明らかにし、その存在を断念しなければならないことになる。しかし、形而上学にとって、この「自己断念」はありえず、「真の形而上学の要求」に繰り返し目覚めなければならない。その場合、形而上学は「高次の立場の前での畏れ」を拭い去り、その「高次の立場」を「究極的なもの」としてではなく「始源的なもの」として承認しなければならない。したがって、形而上学は、今後は「汎神論」が「必然的萌芽」であり、そこから「真の有神論」が「本来歴史的で、歴史的時代に属する体系」として展開されうるということを理解しなければならない。（I, 190-191）

【神の存在証明】

また、形而上学は従来三つの「神の存在証明」を挙げている。それは①「存在論的証明」と②「宇宙論的証明」と③「自然神学的証明」とである。①はいわゆる「神の本質」に「存在」が属するということに基づく証明であり、「神」自身が「内的に必然的な存在者」であるということである。しかし、そもそも「神」は自己自身のうちに留まり、「外的な存在への移行」はあり得ない。すなわち、「原初の純一さの状態」においては、すべての「顕存」は飲み込まれており、「神性」は「あまりに純粋」であり、そこから「存在するもの」が発言されることはない。したがって、形而上学はこの「存在論的証明」に満足せず、「現実的に顕存するもの」を要求するのである。(I, 192-193)

②の「宇宙論的証明」は「一切の顕存するものの偶然性」からそれの「究極的無制約的原因」を推論し、「最初の顕存するもの」を証明するものである。しかし、形而上学は「無制約的原因」として「必然的に顕存する存在者」のみを認めるので、この「全く異なる道で得られた理念」をかの「存在論的存在者の理念」と結びつけることを迫られる。ただし、その際、両者の間の連関や真の統一を指摘することはできない。したがって、形而上学は「存在論的証明」の補充のために「宇宙論的証明」を必要とし、また「宇宙論的証明」の補充のために、それと全く関係しない「存在論的証明」を必要とするのである。(I, 194)

しかし、また形而上学は「必然的に顕存する最初の存在者の理念」に満足せず、「自己意識的人格的な目的と意図に従って行動する存在者」を要求する。ここで形而上学はまたかの「宇宙論的存在者」を「包み込まれたもの」として観なければならず、それらの概念の「継承と高まり」を「存在者そのものにおける継承と高まり」として観なければならない。（I. 194-195）

この新しいまったく他の証明が、③「自然神学的証明」である。形而上学は、以前は「事物の偶然性の普遍的性質」にしがみついていたが、今はその「事物の内奥のもの」、それら「相互の連関」へと突き進み、そのうちに「目的と意図に従い自由と思慮をもって働く原因」を認識する。そして、「世界創始者」としての「人格的で自由な叡知的存在者」へと遡及する。しかし、この「自由で叡知的存在者の概念」が、「必然性の根拠」が与えられず、宙に浮く場合には、形而上学はこの第三の「自然神学的証明」からまた「第二の宇宙論的証明」に遡らねばならないのである。（I. 195-196）

これら「三つの証明」は以上のように「鎖の環」のように関係し、そこでは続くものは先行するものによって産み出される。しかし、そのことは形而上学の機械論的処置においては明らかにされない。しかし、その「根源的連関」は明らかであり、「三つの証明」は本来「全く一つの存在者の展開の異なる契機」に過ぎない。先立つものは一切の後のものを要求し、後のものは以前のものを前提する。それらのいずれも、「神の完全な理念」をその「現実性」において産み出すという目的のためには不充分である。それは、それらを「生きた動的な結合」へともたらす我々によって踏み出された道においてのみ可能である。（I. 196）

以上のように、この第一草稿の最後に当たる部分で、「学の沈黙」ということが表明されている。すなわち、ここではまず、①「人間的知」のうちに「一切の対立」が解消される「究極の変容点」があるということが言われている。しかし、「始源」である「過去」から「現在」へ、さらに「未来」へと到る「一切の生命の過程」が「人間的知」に開かれるのは、そこへの「自己放棄」や「自己否定」に拠ってであると言われ、結局それは「霊的経験なしには」何も理解されないということが述べられている。そして、そこから、②「学の沈黙」という言葉が発せられているのである。ただし、この「学の沈黙」はソクラテス的無知に比較され、その「無知」は単なる「知識の欠如」ではなく、「認識と諸対象の過剰」であると述べられている。そして、③「真の形而上学」は自己断念をせず、「高次の立場」に臨んで、それを畏れず「始源」として、「汎神論」や「有神論」の展開を取り込むべきであり、そこからまた、④従来の三つの「神の存在証明」、すなわち「存在論的証明」、「宇宙論的証明」、「自然神学的証明」も再把握されると述べられているのである。

以上、第二、第三草稿では欠けているとされる後半部を、シュレーターに従い六つの節に分けて整理し考察した。そこで確認されるのは、結局前半部の内容以上の展開というよりむしろ、まず①「学の沈黙」とシェリングが呼ぶ事態への必然性である。そもそも、この「学の沈黙」という事態の解決を求めて、第二草稿および第三草稿の構想があったと言える。しかし、これまで見てきたように、②第二草稿の哲学的媒介の企ても、第三草稿の「神の概念」を基軸にした展開の試みも結局は挫折しているのである。ただし、③この第一草稿には、荒削りで充分な整合的な展開がされているとは言い難いが、第二、第三草稿にはない新たな思索への手掛かりがある。特に「そうあるがゆえに、そうある」としか言い得ないような「無底的自由」に関する記述や、「永遠から直接的に」生じる「時」の展開としての「時間論」、さらには「学の沈黙」を巡るソクラテス的無知の「認識と諸対象の過剰」としての再考には、本書において取り出そうとしている「新たな始源」からの哲学の再構築に繋がるものがある。

第Ⅰ部　まとめ

以下、第Ⅰ部での展開を章ごとにまとめる形で確認・整理して第Ⅱ部の展開へと繋ぎたい。

一、第一章では、『世界時代』の「序」に当たる部分について、三つの草稿（I, 1-16 : II, 1-20 : III, 199-206）の比較検討を行った。そこで明らかになったことは、上述したように、①シェリングは「学」を「根源存在者の展開の歴史」において構想しようとしていること、②そのような「学」の構想のためには人間のうちに「超世界的原理」を認めなければならず、それとの「対話」の現場に入るためには脱我的経験が必須であること、そして最後にしかも彼は、③あくまで「神智学」とは異なる「学としての哲学」の立場を構想しているということであった。このそれぞれについて、さらに敷衍するならば次のように言えよう。

①にまさにドイツ観念論者の一人としてのシェリングの本来の体系的学の構想の立場がある。言うまでもなく、シェリング哲学の当初からの哲学的根本衝動は、この「体系志向」に他ならない。ただし、ワルター・シュルツの述べるような「ドイツ観念論の完成[37]」が後期シェリングにおいて如何に実現されるかについては再々考されなければならない。それから、②において単なる人間内在的な立場を破る「魂」

への参入の必然性が主張される。すなわち、彼の場合、ベーメに代表されるような宗教の現場に直接身を置く神秘主義的経験の必然性が示されている。それは一切の「意欲」や「思念」の「沈黙」を要求する哲学以前の「直接経験」の場へ入ることを要求するものである。そして、しかも特に③においてシェリング哲学固有な立ち位置が示されるのであるが、あくまで彼は「神智学」とは一線を画する「哲学」の立場を主張する。すなわち、彼は「神智学」のような「沈黙」を要求する「直接経験」の場に留まり、そこから「直接語る」のではなく、その「神智学」が提供する「豊かな内容」を如何に媒介し哲学するかが肝要であると考えているのである。[38]

二、次に第二章においては「思想の深淵としての『過去』」という表題のもと、「序」に続く部分について、第一草稿（I, 17-25）と第二草稿（II, 21-27）との比較検討を行った。

ここで述べられている「過去」＝「本来的過去」とは、無論「存在するもの」を前提し、そこにおいて時間系列上無限遡及される「過去」ではない。それは、その「過去」を幾重あるいは幾千年にも亘って覆うものを取り去っても、なお基礎づけ、根拠づけることができない「深淵」としての「過去」である。ここで注目すべきは、そのような「深淵」としての「過去」への遡源そのものが、「我々を焼き尽くし滅ぼす」という言葉に表現されているように、単なる人間的内在の立場を破るものを含んでいるということである。ただし、そこにまさにシェリング哲学の根本的葛藤がある。すなわち、それは、繰り返し述べているように、超越の次元に属するもの、すなわち「沈黙」を要求する宗教の次元に属するものを如何に哲学するかという葛藤である。

ところで、この「深淵」としての「過去」とは、上述したように、無論「存在するもの」を前提し、そこにおいて時間系列上無限遡及される「過去」ではない。むしろ、そこから「存在するもの」自身も性起し、その「存在するもの」と「存在しないもの」との「力動的」関係の中で「顕存」の本質そのものが顕わとなる「過去」であり、そのような意味での「深淵」である。その「深淵」においては「存在しないもの」としての存在理解が開かれ、さらには「中心存在者」としての「現存在」＝「実存（Existenz）」の「不安（Angst）」（VII, 381）においては、後の「積極哲学」において明らかになるように「無（Nichts）」への問いが開示されるのである。[39]

三、続く第三章においては、シュレーターの言う「根源存在者の本質構造」に関して、前半の第一部の三つの草稿（I, 25-30 : II, 28-51 : III, 209-238）を比較検討した。上述したように、「根源存在者」が「永遠なる自由」を本質とし、「無にして一切」であり、また「貧」と呼ばれるような「何ものも意欲しない意志」であるということについては、三つの草稿ともほぼ一致している。ただし、それに続く部分では、それを展開する視点に相違あるいは揺れがある。それを再度整理すると次のように言うことができるであろう。

すなわち、(1)第一草稿のこの部分では、「根源存在者の展開の歴史」としての「学」の立場を叙述展開するに当たって、その内容はいまだ荒削りで哲学的に充分整理されているとは言い難いが、当初のシェリングの構想が一番良く残っており、例えばそのそもそもの出発点にある脱我的経験に関する記述を明確に取り出すことができる。特に注目すべきは、この脱我的経験を通して初めて、「根源存在者」は否定即肯定のダイナミックな展開をするものとなるということ、すなわち、それは「無にして一切」である「意志」として出会われるものとなるということである。

これに対して、⑵第二草稿では、「無制約者」としての「根源存在者」の本質構造ではなく、そこから展開されるはずの「矛盾」と「対立」の問題に視点および関心が移っている。それは上述したように宗教の次元に属す事柄を如何に哲学するかという根本課題がシェリングの思索の前に立ちはだかったからだと言える。すなわち、そこには批判主義的経験の立場を踏まえた「哲学すること」を目指すシェリング哲学の根本動機が働いており、このような意味での「哲学と宗教」の問題が、この『世界時代』の構想の揺れの根本にあると言えるのである。この点については、第Ⅱ部において『哲学と宗教』（1804）および『哲学的経験論の叙述』（1830）について考察する際に改めて詳しく吟味したい。

そして、⑶第三草稿では、⑴と⑵の両者を統合する視点として結局「神の概念」が持ち出されている。確かにシェリングが述べるように「神の概念」は容量が大きく、一言で語り尽くせないものであるが（III, 209）、本来「哲学」は宗教の次元から「直接的」に語る「神智学」とは飽くまで一線を画す必要があると彼は考えているはずである。ところが、シェリングが想定する「神の概念」は最終的にはキリスト教的三一神論に帰着している。そこに、ここですでに現われている叙述展開の迷いあるいは思索の揺れが見られ、それが結局は彼の哲学的「躓き」へと繋がるものと言えるのである。
四、第四章においては「根源存在者の展開の可能性」について、前半の第二部の三つの草稿（I, 30-39; II, 51-66 ; III, 239-275）を、第一節「永遠なる憧れ」と第二節「二つの永遠なる意志」に分けて比較検討した。「根源存在者」の最原初の動きは、①「願望」や「憧れ」に端を発し、②そこにおいて「懐胎」され「産出」される「もう一つの意志」が「顕存の始源」として押さえられるが、③その「もう一つの意志」は「何ものも意欲しない意志」と等しい「永遠なる意志」であり、その両者は「見出し見出される永遠の悦び」のうちにある。以上のような展開の流れは、三つの草稿ともほぼ一致している。ただ、第一部における展開と同様に、この第二部においても、それぞれの草稿の叙述の視点のずれ、あるいはその根本にある迷いが見受けられる。

したがって、ここでもシェリングの思索の根本的葛藤に繋がる言葉を取り出すことができる。すなわち、①シェリングはこの「根源存在者の展開」を飽くまで「学的に」遂行しようとしている。それを典型的に言い表す言葉は、上述したように第二草稿の「学の根本かつ主要規則」に拠ると「一旦定立されたものはともかく常に定立され、二度と破棄されえない」という言葉に見出される。それから、②その「根源存在者」の動きの「根源的謎」を、シェリングはできるだけ「人間的に」あるいは「具象的に」分かり易く表現しようとしているが、最終的にはそれは「魔術的」であると述べている。もちろん、③シェリングはそのような事態を「学的に」展開する手掛かりとして、「自然」や「存在しないもの」という概念に言及している。しかし、先の「学の根本かつ主要規則」に従い整合的に展開しようとするならば、結局は「根源存在者」の動きは「永遠の円環」のなかに陥るというところへ、また、そこからの脱出は「大いなる決断」に拠るというところへ帰着しているのである。

五、第五章においては、前半の第三部（I, 39-61 ; II, 66-107 ; III, 275-297）を、第一節「展開の可能化への問い」の準備、第二節　自然展開の可能化、第三節　精神世界の可能化、第四節「根源存在者」の展開の可能化というシュレーターの整理に沿って考察した。

そこではまず、①「根源存在者」が、「収縮する意志」＝「否定する意志」に始まる根源的動きのなかで、そこではまだ「愛らしい交互遊戯」あるいは「互いに見出し見出される最初の純粋な悦び」にあることが確認された（第一節）。それから、②そこからの展開を概念的・哲学的に媒介するものとして、プラトン的イデアに遡源される「永遠の原像」の産出ということと、そして「最も繊細な身体性」＝「精神的質料」というものに触れ、またそこから繰り返し彼が言及する「自然」という「中間概念」の必要性が述べられていた（第二節）。そして、さらに③「精神世界」の展開を可能にするものとして、「神から独立した根底」をもち、「永遠と自然との間の紐帯」あるいは「中間存在者」としての「精神」の位置づけが明確にされた（第三節）。そして、最後に④すべての「生命過程」は「両面的」であり、その「展開」は「精神的身体的」であって、「自然の歴史」および「精神世界の歴史」を貫くものは同一の「創造的諸力」であること、それゆえ、「各々の生命」に「直接的」に「永遠」が先行することが確認されているのである。

六、第六章においては、「根源存在者の展開の現実化」に関して、第四部の三つの草稿（I, 61-77 : II, 107-140 : III, 297-335）について比較検討した。ここでは、特に第二草稿の最後の部分の「間違い」の記述の意味するものが決着されたかどうかが問われねばならない。というのは、それが『世界時代』の構想そのものの「躓き」に繋がるからである。

さて、この部分の三つの草稿のいずれも、①「根源存在者」あるいは「神性」の「純一さ」から出発し、②その「永遠なる自由」に基づく「否定」と「肯定」との「根源的均衡」を取り出し、そして、③それを支える「等しい重さ」であり、また「同等の権利」をもつ「二つの意志」の「矛盾」からの解放として、「決断」という言葉が繰り返されている。この「決断」という言葉のうちに、第一草稿の荒削りの展開に始まり、第二草稿の哲学的媒介の試みが、第三草稿の「神」あるいは「神性」の概念を中心にした展開へと帰趨する原因を見ることも可能であろう。ただし、上述したように、それが「万物の最内奥」である「狂気」に届くような「不安」や「苦悩」からの解放を成就するものであるのか、またそれがドイツ観念論者の一人としてのシェリングの哲学の決着であるのかどうかは、さらに問われねばならないであろう。またその最終決着は、『世界時代』の構想以後のシェリング哲学の展開に俟たれるものと言われるであろう。

七、第七章においては、第二、第三草稿において欠けている部分、すなわち前半の結論（I, 78-96）に当たる部分について検討した。その内容は上述したように、前半部の展開の再確認であった。それは、①「自然の先行性」ということで構想される「神のうちの自然」の確認であり、②スピノザとは異なる

「自己展開する主体」による「生き生きとした学」の立場の主張であり、③「根源存在者」の「二重性」にまで遡源される「実在 - 観念論」の立場の挙証であった。

この前半の結論部に当たる内容で特に注目すべきは「非合理的原理」や「分析に抗う原理」の積極性に関する叙述であろう。それは彼の「実在 - 観念論」の基盤を構成する主張であり、確かに彼の哲学の独自性を挙証するものであるとも言える。ただし、それはまさにのちに「消極哲学」として清算される内容の哲学でもあり、そこではそのそもそもの「始源」を求めての思索はまだ充分確認されない。

八、これ以降の叙述は、シュレーターによると第二、第三草稿においては欠けている部分（I, 96- 196）であるが、この後半部を第八章において、これもシュレーターの整理に従い六つの部分に分けて検討した。それは凡そ以下のとおりである。

⑴この後半の第一部（I, 96-123）の表題は、「過去の生起」とした。ここでの展開で最も注意すべきは「産出」という概念を介して、彼の思索が父 - 子 - 聖霊というキリスト教的三位一体的展開へと転じていることである。そこには彼の哲学が「有神論的キリスト教的哲学」と言われる所以があると言える。ただし、そこではまたシェリングの思索が、そういうキリスト教的ロゴスを使ってしか展開できない事態に直面しているということを見逃してはならないであろう。先にも述べたように、彼の思索の固有性は、飽くまでそういうキリスト教的・宗教的次元に属する事柄を、如何に哲学的に媒介するかにある。すでに「一切の展開の原動力」に「高次の意志」である「愛」を認めるところにその問題が伏在しているのである

が、最終的にはそれが「神の決断」に属する事柄として「学の沈黙」へと繋がる事態を引き起こしていると言える。

(2)次に第二部（I, 123-132）の表題は「神思想について」とした。この第二部の展開は、第一部のそれと等しく、キリスト教的神思想に依存した展開となっており、それをさらに前面に出した叙述となっている。「一」から「二」への移行、すなわち、「過去」から「現在」への移行は「神」の「創造へと決断する行為」であり、そこからさらにその「二」から「三」への進展、すなわち「対立から高次の統一」への進展を主導するものは「神」うちにある「生命と人格」であり、それも結局はキリスト教的三位一体的神思想によって決着されているのである。

(3)第三部（I, 132-160）はその内容から「時間論」とした。この第三部における「時間論」において、今回の提題に関連して最も注目すべきは、「時」の「現実的始源」についての叙述であろう。すなわち、それは、その「現実的始源」は「絶対的自由」に由来し、「愛」の働きがその「絶対的始源」であるが、そこには「永遠の根底なき深淵」以外のものはないという叙述の箇所である。そして、またそこからの展開をシェリングは「学的」にではなく、「具象的あるいは神話的にのみ」解明することができると述べている点は極めて興味深い。そこに「学的」に展開することに対するシェリングの思索の限界を看取することもできるであろう。また、そこで述べられている「人間的悟性は、その根が引き抜かれない限り、繰り返しそこへと還る」という叙述からは、逆に新たな次元からの「時間論」の展開が予想されていると考えることもできる。

(4)第四部（I. 160-169）の表題は「三つの体系」としたが、その展開でにおいても注目すべきは、結局またシェリングの思索の拠りどころがキリスト教の教説にあるということであろう。すなわち、その「高次の二元論」を宗教の次元から構想しようとしていることに注目すべきであろう。それは「学的」思索の「躓き」であるとも言えるが、逆にそこでまた「学的」には根拠づけられない次元からの新たな思索の可能性を開くものとして積極的に解することもできるであろう。

(5)第五部（I. 169-186）は「必然性と自由」という表題とした。ここでの「無底的自由」についての思索は、『自由論』のそれと符合し、主体的・実存的存在理解を開くものとしての「無底」に究極する。ただし、それは飽くまで字義どおり「無底」であり、一切の形而上学的根拠づけを拒むものである。また、その性起はシェリング述べているように「絶対的偶然」としか言い得ない出来事であるが、それをまた「神の決断」という言葉において決着しなければならないところに、彼の哲学の「躓き」があると言えるであろう。

(6)第六部（I. 186-196）の表題は「学の沈黙」という本書の提題に直結するものとした。ただし、ここで注目すべきは「学の沈黙」ということが単なるネガティヴな発言に終わっていないということである。そこでは「霊的経験」における人間の「自己放棄」や「自己否定」ということが述べられているが、それは「圧倒される」ものとの出会いにおいて言葉を失うという事態＝「沈黙」を指示しており、むしろ逆にそこが新たな思索の「始源」となることを意味する。もちろん、シェリングの思索を主導するものは、飽くことなき形而上学的要求であると言える。ただし、形而上学は「霊的経験」において一旦「自己放棄」＝「自己否定」し、「高次の立場」から、すなわち「汎神論」や「有神論」を展開しうる次元から再出発する必要がある。そこに、宗教の次元からの哲学の再構築の可能性を探ることもできるであろう。

以上、本書第Ⅰ部では、最終的にはその提題である「シェリング哲学の躓き」に繋がる内容に焦点を当てて『世界時代』に関する三つの草稿を比較検討し、その解析を行った。ここで明らかになった事柄を最後にもう一度確認して置きたい。

一、シェリングはこの『世界時代』の構想においても、ドイツ観念論者の一人として、最後まで「学としての哲学」の完成を目指している。それがこの『世界時代』の基本構想である「根源存在者の展開の歴史」としての「学」である。ただし、彼の思索の根底には、常にその「学としての哲学」のなかへ媒介し切れないものへの眼差しがあり、むしろそれが、いかなる批判を受けても、彼独自の思索を貫く根本動因となったものでもある。それが本文で述べたように非合理性の強調や実在性の先行性の主張となっているが、それはシェリング哲学の最終決着とはなっておらず、それはさらにそのそもそもの「始源」を求めて宗教の次元に踏み込んでいるのである。しかも、あくまで彼の思索の根本的葛藤はそれを如何に哲学的に媒介するかにあり、そういう意味でその思索の根本に伏在する問題は「哲学と宗教」の問題であると言えるのである。

二、さて、この宗教の次元に属するものを整合的に表現しようとして、この『世界時代』の構想においてシェリングが行き着いた事態が「狂気」と呼ばれる「回転運動」である。この「誕生の回転運動」と呼ばれるものが「最終的準備」段階に入った「根源存在者」の「過去」の根源相であると言えるが、そこからの「現在」への一歩について、すなわち、その「現実的始源」について、シェリングは、それは「絶対的自由」からのみ由来すると述べている。また、「愛の最初の働き」が「絶対的始源」であり、そこには「永遠の根底なき深淵」以外のものはないと述べている。そして、この点を特に留意すべきであるが、シェリングはその事態は「学的」にではなく、「具象的あるいは神話的にのみ」解明できると言っている。こういう表現および文脈のなかで「神の決断」という言葉も使用されるのであるが、まさにそこに今回の提題である「シェリング哲学の躓き」＝「学の沈黙」ということに繋がる事柄が含まれており、それがこの『世界時代』の構想が未完に終わった原因でもある。

三、ところで、上述したように、ここでシェリングの言う「学の沈黙」は、またソクラテス的「無知」に比肩されている。そして、その「無知」は単なる「知識の欠如」ではなく、「認識と諸対象の過剰」であると言われている。それは「霊的経験」における人間の「自己放棄」や「自己否定」に通じ、圧倒されるものとの出会いにおいて言葉を失うという出来事＝「沈黙」を指し示している。すなわち、そこでは「神智学」がそうであるように、その「沈黙」＝「脱我」が新たな思索の「始源」となる。ただし、その新たな思索とは、まさに「無底」からの思索であり、もはや従来の西洋形而上学的思索の地平からのそれではない。それは「何故そもそも或るものがあるのか、何故無ではないのか」という形而上学的問いを再喚起させ、そこに「無」＝「無底」からの主体的・実存的存在理解が開かれる。そして、それはあらゆる「理由」＝「根底」を拒み、「そうあるが故にそうある」としか言えない存在理解を開くものであり、シェリングの「積極哲学」の構想もここから捉えられるであろう。

第Ⅱ部

『世界時代』以前と以後について

第Ⅱ部　序

ここでは第Ⅰ部における『世界時代』の構想の解析を受けて、それ以前と以後のシェリングの思索の大きな流れを確認し、その根本課題について考察したい。『世界時代』の構想以前の思索においては、もちろん本書の第Ⅰ部で整理し解析した事柄は充分顕わとなってはいない。ただし、それへと繋がる彼の思索の萌芽は見出される。また、それ以後の思索においても、『世界時代』の構想の「挫折」が克服されていない限りにおいて、明確な思索の方向性は定められていない。ところで、『世界時代』の構想の解析で洗い出された彼の思索の根本的葛藤は「哲学と宗教」の問題にあった。それは、換言するならば、宗教の次元に属し、「学の沈黙」へと導く事柄を、如何に哲学的に媒介するかという問題であった。そこでは、シェリングの思索は、内実的には結局そもそも「宗教とは何か」、そして同時に「哲学とは何か」を問うことへ向かっており、そして、しかもその狭間において、キリスト教的生に限局されない根源的宗教的生を取り出す可能性を開いていると言えるであろう。以上の諸点について、この第Ⅱ部では、『世界時代』の構想以前と以後の著作に現われた彼の思索を追うことによって明らかとしたい。

さて、シェリング哲学は、第Ⅰ部の『世界時代』の構想の解析で明らかになったように、まず①「学としての哲学」として「体系志向」を基本とする思索によって遂行されながら、決して「体系」としては完結せず、常に繰り返しその出発点に回帰している。それはしばしばシェリング哲学のネガティヴな評価に繋がっている。[40] しかし、②そこにはむしろ彼固有の哲学のあり方を見ることも可能である。彼の哲学が繰り返し回帰するところは宗教の次元に属する。すなわち、彼の哲学は根源的に宗教の次元に関わり、常にそこからそこへと還帰しているのである。しかし、それがまた彼の哲学の不安定性の要因ともなっている。というのは、「宗教の次元に関わり、常にそこからそこへ」ということには、そもそもその学が「学以前のもの」によって開かれ、それが「学としての哲学の本性（die Natur der Philosophie als Wissenschaft）」を規定し、そしてその学的展開を経て、さらにその「学以後のもの」へと徹底されることを意味するからである。そこでは、③「学としての哲学の本性」が明らかにされるとともに、それ以前さらにはそれ以後のものとしての根源的宗教的生が開示される。シェリング哲学には、以上のような宗教との根源的関わりのなかで、そもそも「哲学とは何か」あるいは「宗教とは何か」を再考する手掛かりとなるものがある。

ところで、シェリング哲学がフィヒテやヘーゲル哲学と近接しつつ常にそれらと一線を画し、それらと異質なものを主張し続ける理由の一つを、まずこの「学以前のもの」に如何に関わるかということに求めることができるであろう。ただし、それはあくまで彼の学以前の根本経験と言うべきものであり、必ずしも「学としての哲学」の射程内にあるものとは言えない。むしろ、その根本経験こそ、上述したように彼の哲学の不安定性・未完結性の根源的要因であり、後には「何故そもそも理性であるのか、何故非理性ではないのか（warum ist denn Vernunft, warum ist nicht Unvernunft?)」（X, 252）という問い[41]を惹起し、究極的には第Ⅰ部の『世界時代』の構想の解析で顕わになった「学の沈黙」へと導く当のものであると言える。ただ、しかしこの根本経験はさらに後には「脱我」として「積極哲学」の出発点となり、彼の哲学の特異性・卓越性を際立たせるものとなるはずのものでもある。したがって、この第Ⅱ部では①シェリング哲学の宗教の次元に属するものへの関わり、すなわちその「学以前のもの」への関わりの軌跡を辿ることを第一の課題とする。そして、②その軌跡を主に「直接性」、「主体性」、「実存性」、「無底性」、「脱我性」等の言葉において辿りたい。そして、できうれば、③その思索が「学以後のもの」として、如何なる根源的宗教的生を開きうるかを明らかとしたい。

第一章

直接性（直接経験）――『哲学と宗教』について――

シェリングの『哲学と宗教』[42]（1804）は、まさにその表題どおり、彼における「哲学と宗教」の問題を考究する大きな手掛かりを与えるものである。ここでは特に彼がこの著作において述べている次の三点に注目しておきたい。それは、まず①彼は「哲学と宗教」とが「一つの共通の聖域（Ein gemeinschaftliches Heiligthum）」をもっていたと考え、その「聖域」に属するものを飽くまで「理性と哲学」とに返還要求しようとしているということである。それから、②彼が「絶対者」に唯一適合する「器官（Organ）」として、ここでは「知的直観（die intellektuelle Anschauung）」の立場を主張していることである。そして以上の点から、③この『哲学と宗教』におけるシェリング哲学の立場、特に宗教の次元に属するものに関する彼の哲学のあり方が明らかとなるということである。（VI, 16, 20, 23）

第一節　反省と知的直観

さて、①に関して言うならば、彼はその返還要求を独断論的・悟性的あり方を批判し、さらに批判主義的・経験論的あり方を超えるという仕方で遂行しようとしている（VI, 17）。それが「学としての哲学」として貫徹されうるかどうかは暫らく措くとして、この基本姿勢は「理性」の権利回復を主張する最晩年の「顕示の哲学（die Philosophie der Offenbarung）」の講義のなかでも維持されていると言える。（XIII, 171）(43)

それから、②に関しては次のように述べている。すなわち、「観念的にして直接的に実在的である」ところの「絶対者の本質」は、「反省（Reflexion）」の立場において「外から（von außenher）」接近することは不可能である。それはそもそも「魂の本質が絶対者と一つであり、絶対者そのものである」からである。それ故「絶対者」は「魂の即自態そのもの（das Ansich der Seele selbst）」を捉える「知的直観」によってのみ接近可能である（VI, 22-23）。ここで注目すべきことは、この「知的直観」はまさに「反省」によって媒介されない「直接性」を要求するものであるということ、そしてそれがまさしくここでの哲学のあり方を根源的に規定するものとなっているということである。

したがってこの場合、③哲学とは飽くまで「根源的なもの」へ「間接的（indirekt）」に導くものであるに過ぎず、そのあり方は「消極的（negativ）」であると言わざるをえないのである。それは「反省」の立場における哲学は「差別」や「対立」を前提とするからであり、「絶対者」に関する「積極的な認識」をもちえないからである。（VI, 26）

ただし、この『哲学と宗教』においては単に哲学の立場の「消極性」のみならず、「知的直観」から、出発する哲学のあり方を示唆するものがある。そのような哲学の立場は差し当たりここでは「絶対者」と一つである「魂」にまで遡源することにおいて開かれると言うことができよう。それはもはや「反省」を事とする「悟性」における哲学ではなく、「知的直観」において開示される「根源知（das Urwissen）」あるいは「原理性（die Urvernunft）」（VI, 42）に還ることにおいて開かれる哲学の立場であると言える。そこでは宗教の次元に属するものを哲学することにおいて、「理性と哲学」の立場そのものの再把握を余儀なくされている。すなわち、「理性」および「頽落した理性（gefallene Vernunft）」としての「悟性」はその媒介機能を疑われ、再度その「絶対性における理性」、すなわち「原理性」への立ち返ることを要求される。そして、それを端的に開くものとして「知的直観」の立場が主張されているのである。（VI42-43）

第二節　思惟する者の捨象

以上のような意味での「知的直観」に先行するものとして、『私の哲学体系の叙述』（1801）[44]における「思惟する者が捨象されること（vom Denkenden abstrahirt werden）」がある。そこでは、すでにその「思惟する者の捨象」によって到達される「絶対理性（die absolute Vernunft）」の立場が主張されている。その「絶対理性」は、自然哲学と超越論的哲学という哲学の「対立的極」を自己の内に含む「無差別点（Indifferenzpunkt）」であり、それはまた「主体的なものと客体的なものとの全き無差別」とも呼ばれている。この『私の哲学体系の叙述』もまさにその表題どおり、シェリングが彼固有の哲学を叙述しようとした最初の試みであった。ただし、その「絶対理性」に立つ哲学の立場からは「差別（Differenz）」の根拠に関する問いは充分答えられなかったのである。（IV, 107-108, 114-115, 128）

この点に関して『哲学と宗教』においては改めて哲学のあり方が再考され、それが「独断論と批判主義（Dogmatismus und Kritizismus）」の否定・克服として再構築されようとしたと考えることができる。そこでは「絶対者の自己客観化」の問題にまで遡源し、そこから「自由」による「離落（Abfall）」として「絶対者からの有限な事物の由来およびそれらの絶対者に対する関係」が考究されている（VI, 28）。ただし、まだそこでは宗教の次元に属するものを如何に哲学するかについては充分答えられているとは言えない。確かに「自由」の問題が「魂」における主体的選択の問題として構想され、またそこにおいてすでに「自我性の滅却（die Ablegung der Selbstheit）」の必然性についても論じられている（VI, 51-53）。しかし、それらは批判主義的経験の立場を踏まえた哲学の立場から充分明らかにされているとは言えないのである。この問題を引き継ぎ、まさにそれを「人間的自由の本質」の問題として、しかもその「自由」を中心とした学的体系構想の問題として考究したものが『自由論』（1809）であると言える。

以上のように、『哲学と宗教』は、まさにシェリングが、「哲学と宗教」とが「一つの共通の聖域」をもち、そこから哲学すべきことを明らかにした論文であると言える。この論文では、特に「差別」の積極的根拠の問題が、「絶対者からの有限な事物の由来およびそれらの絶対者に対する関係」の問題として立てられ、それが「自由」による「離落」という観点から解明されている。それは『私の哲学体系の叙述』における認識論的あるいは存在論的問題が、宗教の次元に属する「離落」の問題と重ね合わされ論述されていることを意味する。このシェリングの「離落」の発想は「原像からの離落」としてのプラトン的理解の導入と考えることもできよう。しかしまた、「絶対者」の「自己認識」および「自由」の問題を中軸とした「離落」の理解に、ベーメ的に解釈されたキリスト教的堕罪の思想を重ね合わせることも強ち否定できないであろう。すなわち、そこにベーメ的なルチフェルの堕落の理解を見ることも可能であろう[45]。ここでシェリングはその思索の根源に立ち還っていると言えるであろう。本書では、そこ

を宗教の次元として押さえ、シェリング哲学をそこからの新たな思索の可能性を開くものと考えるのである。(46)

第二章

主体性・実存性・無底性――『自由論』について――

『自由論』におけるシェリングの思索から、その基本的立場を取り出し、主に彼の「無底（Ungrund）」の理解に焦点を絞って、その問題点を整理すると次のように言えるであろう。すなわち、『自由論』においては、①「自由の体系」の問題から出発し、特に「悪（das Böse）」において無限遡及される「自由」の問題が、一方では「実在‐観念論」のダイナミックな展開において、神の存在構造そのものの変更を迫るものとなっている。すなわち、その展開は、「神のうちにおいて神自身ではないもの」＝「神のうちの自然」から出発し、第一の創造である「自然の国」の展開、第二の創造である「歴史の国」の展開を通して、「実在‐観念的」に神が自己実現していくダイナミックな「過程」として捉えられている。そして、それと同時に、他方では②「人間的自由」の問題、すなわちその「主体性」あるいは「実存性」の問題の徹底において、特にここでは「中心存在者（Centralwesen）」（VII, 410-411）の理解を通して、「無底」という新たな次元からの存在理解が開かれている。本章では特に①の展開を踏まえて、②の「無底」

に究極するシェリングの思索に注目したい。

第一節　自由と体系

さて、『自由論』の基本的立場は「意欲が根源存在である（Wollen ist Urseyn）」（VII, 350）という言葉を最終表現とする「実在 - 観念論」であり、その立場における「体系志向」が彼の「学としての哲学」を成り立たしめる根本要因となっていることは否定しがたい。すなわち、そのような「根源意志（Urwille）」に貫かれた形而上学的体系の構築こそシェリング哲学を駆り立てる根本動因であると言っても過言ではない。ただし、シェリングの思索には常にそのような哲学の立場を破るような不安定性の要因もあると言わざるをえない。それを先の『哲学と宗教』においては彼の哲学以前の「直接経験」のうちに見たのであるが、その「直接性」において指示されようとした事柄が、この『自由論』においては「叡知的本質（das intelligible Wesen）」を基盤とする「自由」の問題を介して「主体性」＝「実存性」の立場から追究され、そこから再把握されようとしている。すなわち、その「主体性」＝「実存性」の徹底の極において、従来の目的論的・形而上学的枠組みを破るような「無底」理解が示唆されているのである。

ところで、「無底」は「根底」と「顕存するもの」との区別に始まる神の自己顕示以前と以後のところへ、それぞれ「無差別」および「愛」として一応位置づけられる（VII, 406）[47]。もし「無底」がこのような位置づけに終わるとしたら、それは先の「意欲」あるいは「根源意志」を最終とする「実在‐観念論」の延長線上において捉えられることになる。もしそうであるならば、上述したように「悪」の問題を介して徹底遡及された「自由」の問題が、再び消極的・過程的な思弁のうちで捉えられることとなり、その「無底性（Grundlosigkeit）」を見失うこととなる。ここにすでに『世界時代』の構想におけるシェリングの形而上学的体系構築の「挫折」に繋がる問題が伏在していると言えるであろうが、彼の「無底」理解にはそのような形而上学的把捉のみでは尽くされないものがある。それが本書で追跡しようとしているテーマであり、ここでは「人間的自由」の問題の徹底追究、すなわちその「主体性」あるいは「実存性」の徹底において開かれる「無底」理解について考究したい。

第二節　中心存在者

さて、このような「無底」理解を探る手がかりを与えるものとして、『自由論』には「中心存在者」としての人間存在の規定がある。これはほぼ「精神」としての人間存在と同義であり、これについてシェリングはおおよそ次のように述べている。

一切の「自然存在者」はその存在を「根底」のうちに、すなわちいまだ「光」＝「知性」との統一に達していない「始源的憧れ」のうちにもっているに過ぎない。したがって「自然存在者」のうちでは、その「中心」が「光」へと変貌されていない。このような「自然存在者」をシェリングは「周辺的存在者（peripherische Wesen）」と呼んでいる。これに対して人間のうちでは上述したように「諸力の分開」が進んで、遂には「始源的暗黒の最内奥最深の点」が「光」へ変貌されている。この場合、人間の意志は「一切の特殊意志の中心」として「根源意志」と一つである。ここからシェリングは「人間のみが中心存在者であり、それゆえまた中心に留まるべきである」と言うのである。（VII, 363, 410-411）

シェリングによると、そもそも「人間は時のなかで生まれるのであるが、しかも創造の始源（中心）へ創り出されている」（VII, 385）。そして、その「創造の始源（中心）」へと創り出されている人間の為す「永遠の叡知的行為」について次のように述べている。

> それによって時間のなかの彼の生が限定されている行為は、時間にではなく永遠に属している。その行為は時間上ではなく、時間を貫いて（その時間に捉えられることなく）本性上永遠なる行為として、生に先立つ。その行為によって人間の生は創造の始源にまで達する。したがってまた人間は、この行為によって創造されたものの外に立ち、自由であり、自ら永遠の始源である。（VII, 385-386）

以上のように、「中心存在者」としての人間の為す行為が「創造の始源」にまで達するということ、そしてその行為によって「自由」であり、自ら「永遠の始源」であるということは「中心」において生きる者の無底的あり方を示している。「無底」において生きるということは「最深の深淵」と「最高の天」とを、その底なきところから生きることにほかならないが、人間が今・ここで行う行為が、それが如何なる行為であれ、「永遠から」、すでに「創造の始源」から行為していたものとして、無底的に領解されるのである。

第三節　我性に死に切るということ

ところで、このような「中心存在者」としての規定からまた人間精神の立場における「悪」の必然性について次のように述べられている。

生そのもの不安（die Angst des Lebens selbst）は人間を、彼がそこへと創り出された中心から駆り立ててしまう。というのは、この中心は一切の意志の最も純粋な本質として、すべての特殊意志にとって焼き尽くす火だからである。この中心において生きうるためには、人間は一切の我性に死に切らねばならない。それゆえその自己性の安らいを求めるために、この中心から周辺へと歩み出ることはほとんど必然的企てである。それゆえ罪と死の普遍的必然性がある。その場合、死とは浄化されるために人間の意志が通過しなければならない火としての我性の現実的死滅である。(VII, 381)

上述したように人間の精神は「我性」がそれになったものとして「透明な物体(durchsichtiger Körper)」(VII, 399)に譬えられるが、それにとっては「悪」が必然的である。そして、それは「我性の現実的死滅」である「死」によってのみ浄化される他ないのであり、その点がここでは「中心存在者」としての規定から説明されている。ところで、またここでは「中心存在者」としての人間精神のもう一つの可能性が示されている。すなわち、人間はその「我性」ゆえに「中心から周辺へ」と歩み出ることがほとんど必然的であるが、しかし先に引用したように「人間のみが中心存在者であり、それゆえまた中心に留まるべきである」とも言われていた。そして、またこの「中心」に留まり、「中心」において生きうるためには「一切の我性に死に切ること(aller Eigenheit absterben)」が必要であるとここでは述べられているのである。

以上のように『自由論』における叙述・展開は、「自由」の問題、特に「悪」の問題を介して「人間的自由」の問題を根源遡及するものとして極めて興味深い。そこでは「自由」の問題が、デカルト以降の近代哲学の問題を踏まえ、特にカントにおいて明確にされた「叡知的本質」に基づいた「主体性」の問題として徹底究明されている。そして、その主体的自由の問題がここでは究極的には「根源意志」にまで掘り下げられた「自由」の「無底性」（VII, 350）として露わにされていると言える。ところで、そもそも『自由論』の根本課題は「自由」を中心とした学的体系の構築であった。それは「自由」と「体系」という根本的に矛盾するものを一つにする試みであった。確かに、『自由論』においては「人間的自由」の「無底性」が究められていると言える。ただし、その「人間的自由」がまた最終的には神の世界創造の「過程」のなかに（X, 120-125）、その途中的あり方として位置づけられるとしたら、彼が言う「決して割り切れない剰余（der nie aufgehende Rest）」（VII, 360）や「一切の有限な生命に附着する悲哀」（VII, 399）等は、結局その目的論的思弁において、その「理由」＝「根拠」＝「根底」を与えられ、割り切ることができるものとなり、慰められるものとなる。そこでは「悪」の問題を通して究められた「自由」の問題が、結局のところ「有底化」することとなる。

以上、『自由論』におけるシェリングの思索を、①「自由と体系」の問題、②「中心存在者」としての人間存在の理解、そして③「我性に死に切る」ということを中心に取り出した。これらはいずれも最終的にはこの『自由論』における「全探究の最高点」としての「無底」に究極するのであるが、その「無底」への必然性をここで確認しておきたい。それは特に人間「精神」における「積極的悪」の徹底追究において顕わになると言ってよいであろう。すなわち、その「積極的悪」の問題は「神のうちにおいて神自身ではないもの」＝「神のうちの自然」にまで遡源される。しかし、それがこの「神のうちの自然」と

「顕存する神」との「区別」を究極処とする「絶対的二元論」に終わるとしたら、「積極的悪」の問題を中核とする「自由」の問題に答えるものとしても、「体系」の問題には答えることができない。ここから最終的には根源的な「二」を許容しつつ、同時に体系的統一的視点である「一」を見失わないような「無底」の立場への必然性が考えられるのである。

ただし、この「無底」は上述したように我々に「一切の我性に死に切ること」を要求した。それは単なる人間内在的な立場を破った宗教の次元への参入を我々に要求するものであった。その点がこの『自由論』ではとくに「中心存在者」としての人間存在のあり方から解明されているのであるが、留意すべきは、さらにそこに「無底」から生きるあり方、すなわち「創造の始源（中心）」にまで達する「無底的自由」の立場が開かれていることである。つまり、人間はその生を「創造の始源（中心）」から、すなわち「無底」から生きる可能性を与えられている。それは「生きることと愛すること」において「最深の深淵」と「最高の天」とが「無底」から現成することであり、しかもそれらが「神的同一性」においてて出会われることに他ならない（VII, 408）。このような主体的・実存的「無底」理解において初めて、我々は宗教の次元から哲学する積極的パースペクティヴを与えられると言えるのである。

無底的自由――『シュトゥットガルト私講義』について――

「無底」は上述したように単なる形而上学的概念ではない。その究極的理解は主体的・脱我的参与を要求する。「無底」はそういう意味で勝れて宗教の次元に属するものである。そもそも宗教の次元にあっては哲学的に媒介し切れないものとの出会いが常にある。したがって、そこでは哲学は根源的否定に直面しつつ哲学することを要求される。そのことがまた「無底」が『自由論』以降の著述では積極的に「体系の中心」に置かれなかった理由の一つでもあろう。しかし、繰り返し述べているように、シェリング哲学の固有性はまさにそのような宗教の次元との関わりにある。というのは、第Ⅰ部の『世界時代』の構想の解析において確認したように、その関わりは彼の哲学に根源的揺れを惹き起こすものであると同時に新たな活力をもたらすものでもあるからである。

さて、『シュトゥットガルト私講義』(1810)[48](以下、『私講義』と略す。)も『自由論』と同様に「体系」の問題の考察から始まっている。そこではまずその本来の課題は「世界の体系」を見出すことであると述べられている。ただし、シェリングによると「体系」は「捏造（erfinden）」されえず、「自体的に、特に神的悟性（göttlicher Verstand）のうちにすでに現存しているものとしてのみ見出されうる」[49]（VII, 421）。この「神的悟性」のうちに現存する「体系」ということについては『自由論』のうちでもすでに論じられている（VII, 337）。そして、その問題はそこでは「等しきものは等しきものによってのみ認識される」という命題を介し、脱我的経験を通して、最終的には「無底」において決着されるはずのものであった。すなわち、上述したように、『自由論』においては、「無底」は「自由」を主張する際の「区別」、つまり「根底」と「顕存するもの」との「区別」としての「二」の立場も、また「体系」を主張する際の統一的視点としての「一」の立場も同時に可能ならしめるものであった。換言するならば、そういう「二」にして「一」、あるいは「一」にして「二」の成立する現場として「無底」はあった。ただし、そこで現れているのは単なる矛盾論理ではなく、宗教の次元からのみ可能な勝れた現実把握の論理である。すなわち、それはそういう論理成立の現場に脱我的に身を置くことによってのみ理解可能な実存的論理である。

第一節　体系の原理

ところで、『私講義』では「無底」という概念そのものは消えている。そして、ここでのシェリングの思索はより形而上学的原理の探究に向けられている。すなわち、その「原理」は、ここではまず①「絶対的同一の原理」、②「実在的なものと観念的なものとの絶対的同一」、そして③「絶対的なもの」すなわち「神」として押さえられる。

さて、まず①「絶対的同一」とは単なる「一様性（Einerleiheit）」ではなく、「有機的統一（organische Einheit）」であると言われる。それは例えば人間の身体に譬えられる。身体を構成する諸器官および諸機能は「一様」ではなく、厳然とした「区別」を保ちながら「全体」としては「一つの生命」を形成している。「絶対的同一」とはそういう「有機的全体」のことである。次に②「実在的なものと観念的なものとの絶対的同一」とは、その両者の間に「本質的統一」と「現実的対立」とを同時に見る立場である。「実在的なもの」と「観念的なもの」とは「本質上同一」である。しかし、それは「形式」としては互いに異なっており、「実在的なもの」は「観念的なもの」になることはできず、逆に「観念的なもの」は「実在的なもの」になることはできない。すなわち、両者のうちには「一つのまさしく同一の事柄」が定立されているが、それが各々の「形式」のうちへ「個体化され」、「固有な本質」を形成しているのである。このことによって、両者は「顕存への同等の権利」を得ているのである。それからシェリングは「私の哲学の原理」は、③「絶対的なもの」＝「神」であると言う。哲学はそもそも「神」のうちで生き活動し、神学はその「哲学の抽象態」である。したがって、「神学」は「神」を単に「一つの特殊な客観」とするが、哲学はそれを「万物の最高の解明根拠」とする。問題はそのような「神」＝「絶対的なもの」の認識に如何にして到達するかということであるが、この問いに対する答えはないとシェリングは述べている。というのは、「神」＝「無制約的なもの」の存在は証示されず、それはそこにおいてのみ証明が可能な「場（Element）」である。したがって、幾何学が空間を前提するように、哲学は「神」を前提し、それなしには哲学は全く存在しない。宇宙はそもそもこの「絶対的なものの開示」であり、哲学はその「宇宙の精神的叙述」あるいは「絶対的なものの前進的証明」である。（VII, 421-424）

以上のように、この『私講義』において「哲学の原理」として想定された①「絶対的同一」、②「実在的なものと観念的なものとの絶対的同一」、③「絶対的なもの」＝「神」は、たしかにいずれも形而上学的体系の原理として構想されたものであると言えるが、そこにシェリングが言う「私の体系の原理」という彼の哲学の固有性に当たるものが、言葉の端々に見出される。それは例えば、①の「有機的統一」の主張に見られる力動的生命的立場は、特に諸原理間の相互依存的関係を指示しており、換言するならば「多にして一、一にして多」と言いうるような立場であり、それは結局上述したような「生きることと愛すること」において初めて理解されるような立場である。また、②の「実在的なものと観念的なものとの絶対的同一」とは、『自由論』においてはまさに「実在論と観念論との交互透入」ということであり、その「交互透入」が成立する現場が「無底」であった。それから特に③の「絶対的なもの」＝「神」という主張、そしてそれを「無制約的なもの」＝「場」とする考え方には、本書で繰り返し述べている宗教の次元に属するものを看取できる。ただし、それを「原理」と呼び、「解明根拠」とする考え方は形而上学的である。第Ⅰ部でも述べたようにシェリング哲学には常にこのような根源的揺れがあるが、そこに単にネガティヴなもののみではなく、彼固有のポジティヴなものを見出すのが本書の目的である。

第二節　根源存在者の意志

この『私講義』において、以上のように「哲学の原理」として想定された①「絶対的同一」、②「実在的なものと観念的なものとの絶対的同一」、③「絶対的なもの」＝「神」は、総括的には「根源存在者（Urwesen）」と呼ばれる。

さて、まずこの「根源存在者」は、第一節で述べたような意味での「絶対的同一」であり、そして「絶対者」＝「神」であるということが、ここでのシェリングの思索の出発点である。それから、その「根源存在者」の「同一から差別への移行」は、単なる「同一の廃棄」を意味せず、「根源存在者」自身が「二重化」されることを意味する。その場合、「生きた現実的根源存在者」は「分離」と「統一」との全体であり、「一にして二（Eins und Zwei）」というあり方にある。すなわち、「根源存在者」は「一」のまま「二」であり、また「二」にして「一」である。ただし、ここではまだ現実的な「差別」への移行は生じていない。（VII, 425-426）

この現実的差別への移行は、シェリングの場合、もう一つの手続きを必要とする。それは次のような「ポテンツ論」であり、これが彼の消極哲学の展開の基本形式であると言える。シェリングによるならば「実在的なもの」、すなわちBが「第一のポテンツ」である。ただし、このBはそれだけで単独に存在することはできず、「潜勢的」にAを自己のうちに含んでいる。それゆえ、シェリングは「第一のポテンツ」をA＝Bという形式において表現する。それから「観念的なもの」すなわちAが「第二のポテンツ」であるが、このAもまた単独で存在することはできない。「第二のポテンツ」では「第一のポテンツ」（A＝B）がそのまま「ポテンツ」に退いており、その場合の「第二のポテンツ」は「第一のポテンツ」（A＝B）のうちに「潜勢的」にあったAがBに抗して高揚したものであり、^{2}Aという形式において表現される。このようにAとBとは相互に前提し合いつつ、一層高い「統一」へと高まっていき、最後には^{2}AとA＝Bとによって「第三のポテンツ」（^{3}A）が立てられる。（VII, 427）

以上のような「ポテンツ」の概念の観点から考察された「実在的なもの」と「観念的なもの」との間

には「先行性（Priorität）」と「後行性（Posteorität）」との差異が現われる。「第一のポテンツ」は本性上、「第二のポテンツ」に先行する。すなわち、「実在的なもの」は本性上「先者」であり、「観念的なもの」は「後者」である。ただし、この「第一のポテンツ」の「先行性」はまだ「観念的あるいは論理的先行性」であり、「現実的先行性」ではない。この「ポテンツ論」は一旦動き始めれば、その後は自ずと目的論的運動が始まるが、問題はその発端がどこにあるのかということである。（VII, 427）

さて、その「先行性」が現実的なものとなり、両者が差別化される「根拠」は「根源存在者」そのもののうちにある。すなわち、それが「根源存在者」の「意志」である。手段は既に与えられており、一方は本性上「先者」であり、他方は「後者」である。「根源存在者」が「ポテンツの分離」を意志すれば、「第一のポテンツ」の「先行性」は現実的となる。すなわち、「根源存在者」は「自由意志で」自己自身を「第一のポテンツ」へ制限するのである。受動的制限は不完全で力の相対的欠如を意味するが、自己を自ら制限し、一点に封入し、しかもこの一点を全力で固持し、それが一つの世界にまで膨張するまで離さないことは、最高の力であり完全である。ゲーテの言葉にもあるように「偉大なものを欲する者は自己集中しなければならない」のである。（VII, 428-429）

以上のような主張からシェリングは「世界の解明根拠」は「神の自由」のうちにあると言う。すなわち、「神」だけがその本質である「絶対的同一」を破り、「顕示への空間」を開くことができるのである。ところで、この「神」の「絶対的自由」はまた「絶対的必然」であると言われている。というのは、「絶対的自由の行為」にはそれ以上の「根拠」はなく、「絶対的自由」は「そうあるが故にそうある」からである。「絶対的自由」は「端的に」あり、そしてその限りにおいて「必然的」である。一般的には「自由」は選択的自由であり、それにはある疑いが先行し、最後に決定が下されるところに「自由」があると考えられている。しかし、自分が意志しているものを知っている者は「選択なしに」直ちに行為する。一切の「選択」は「不明瞭な意志の帰結」であり、自分の意志していることを知らない者が「選択」をするのである。（VII, 429）

以上のように、ここでは「根源存在者」から如何にして「差別」としてのこの世界が生じるかが論じられ、それが「ポテンツ論」を介して、最終的には「根源存在者」の「意志」に帰着せしめられている。ここで特に注目すべきは、①「ポテンツ論」の展開と、②結局は「世界の解明根拠」が「神の自由」に帰せられているということ、すなわち「根源存在者」の「意志」においてすべてが決着されているということである。①は上述したように彼の消極哲学の基本的展開形式であり、その「先行性」と「後行性」、あるいは「先者」と「後者」とは、シェリングの「実在 - 観念論」をも「消極哲学」として清算する基本的関係構造を表わすものである。また、②はまさにそれ以上の言説を拒む根源的事態の表明であり、「そうであるからそうである」としか言い得ない宗教の次元に属する事柄である。したがって、この事態あるいは事柄を如何に哲学的に媒介することができるのかということが次に問われるのである。

第三節　人間精神の三つのポテンツ

ところで、「根源存在者」はその「意志」の立場を究極とするものではない。上述したような「絶対的自由」にして「絶対的必然」と言われる「意志」のうちには、その「意志」を通して、その「意志」以前あるいはそれ以上のところが現われ出ている。ここではそれを形而上学的原理として捉えるあり方が前面に出ているが、それは究極的には上述したような「有機的統一」あるいは「場」としての「絶対的同一」として表現されるものでもある。そこには宗教の次元へと踏み込んだシェリング哲学固有のあり方を看取できる。それを取り出す手掛かりになるものが、以下のような人間精神の「三つのポテンツ」である。

(a) 精神としての人間の自由

さて、シェリングによると人間精神のうちには「三つのポテンツあるいは側面」がある。「第一のポテンツ」によって人間は「実在的世界」へ向けられている。人間は決してこの世界から解放されることはない。この「第一のポテンツ」に対向しているのが「第三のポテンツ」の「精神の最高の変貌の側面、その最も純粋な精神性の側面」である。これによって人間は「観念的世界」へ向けられている。そして、さらにこの二つのポテンツの「中間のポテンツ」によって、すなわち「第二のポテンツ」によって人間は「実在的世界」と「観念的世界」の「中間へ（in die Mitte）」へ歩み入る。そして、そこから「自由に」自己のうちの「両世界の紐帯」を回復したり、分離したりする。（VII, 465）

以上のように、この世界のうちにあるすべての他の存在と同じように、人間存在も「実在的なもの」と「観念的なもの」とから構成されている。すなわち、人間はそのうちに「闇」と「光」との両原理をもち、「実在的世界」と「観念的世界」との両世界に跨った存在である。しかし、人間はそもそも「精神」としてあり、「精神」として「自由」である。すなわち、「精神」としての人間は「実在的なもの」と「観念的なもの」との両原理から解放され、「実在的世界」と「観念的世界」との「中間」に立っている。そして、その「中間」のところから両世界の「統一」と「分離」とを「自由に」為しうる。この「精神」としての人間において初めて「実在的なものと観念的なものとの絶対的同一」が、すなわちその「生きた対立」と「生きた透入（lebendige Durchdringung）」とが、すなわちその「一にして二」あるいは「二にして一」が把捉される。

(b) 三つののポテンツ

さて、シェリングは人間精神の「三つのポテンツ」を、それぞれ(1)「心情（Gemüth）」、(2)「精神」、そして(3)「魂（Seele）」と呼び、以下のように説明している。

（1）「心情」が人間精神の「闇の原理（das dunkle Princip）」であり、この「心情」自身のうちには、さらに「三つのポテンツ」がある。それは①「憧れ（Sehnsucht）」、②「渇望（Begierde）」そして③「感情（Gefühl）」である。①の「憧れ」は「人間的自然の最も暗いもの、そしてそれゆえ最も深いもの」である。それは「心情」をなお一層引き下げる「内的重力」のようなものである。そして、「憂鬱（Schwermuth）」はその「憧れ」の最も深い現象形態である。この「憂鬱」によって「人間と自然との共感」が媒介される。それゆえ、そこからすべての生命には「打ち消しがたいメランコリー」が付き纏っていると言われる。次に②「心情」の「第二のポテンツ」は「渇望」であり、それは「心情」のうちの「精神」に匹敵するものである。「精神」は「自己自身から燃える炎」に譬えられるが、その「最も深い本質」がこの「渇望」のうちにある。それゆえ、「精神」をその「最も深い根」において捉えようとする者は、この「渇望」の本質を知らなければならない。それから、③「心情」の「第三のポテンツ」は「感情」であり、それは「心情の最高のもの」である。「学」をこの「感情」に基礎づけようとする者は、それを「最深の段階の最高のポテンツ」に基礎づけるものである。以上の「三つのポテンツ」から成る「心情」が「人間の実在的なもの」を構成する。この「心情」が欠如した「精神」は不毛であり、如何に偉大な精神であれ、何も産み出すことも創造することもできない。（VII, 465-466）

以上のように、「心情」は「精神」の淵源を指示している。そのなかでも特に「憧れ」は暗く一切の光の届かない「深淵」を指し示している。この「深淵」から由来するものとして、「精神」は完全に「光」のなかへ揚がり切ってしまうことができない。そこにこの同じ「深淵」から由来するものとしての全ての生命に通ずる悲哀感・メランコリーがある。しかし、またその淵源は遠くプラトンの「質料」に比せられる「波立ち沸き立つ海（ein wogend wallend Meer）」に求められる（VII, 360）。ここに由来するがゆえに、「精神」は豊かで創造的である。この「心情」自身のうちにすでに「実在的なもの」と「観念的なもの」とがある。すなわち、「憧れ」はその「実在的側面」を示し、また「感情」はその「観念的側面」を示している。「渇望」はその「中間」にあって、その両方向への緊張のなかで「自己自身から燃える炎」である。しかし、その両方向への関係全体がいまだ「暗闇」のうちにある。それゆえ、「渇望」は「盲目的で無意識的」である。

(2)「精神」が人間精神の「第二のポテンツ」である。この狭義の「精神」が人間のうちの「人格的なるもの」、それゆえその「意識性」を形成している。先の「心情」のところで「精神の最も深い本質」を「渇望」のうちに見出した。しかし、そこでは「渇望」はいまだ「無意識的」なものであった。ところが、この「第二のポテンツ」では、それが「意識的渇望」となる。この「意識的渇望」こそ「精神の最内奥のもの」である「意志」である。このような「精神」においても次のような「三つのポテンツ」が確認される。（VII, 466-467）

まず、その「実在的側面」を示す「第一のポテンツ」は「我意、エゴイズム」の「ポテンツ」である。

これは「人間の個性」に関わるものであり、「盲目的」なものではあるが、それ自体は「悪」ではない。ただし、「我意」が「精神」のうちで支配的となるとき、それは「悪」となる。それから、このような「実在的側面」に対抗する「観念的側面」を表わすのが、その「最高のポテンツ」である「悟性」である。この「悟性」と「我意」とから、その「中間のポテンツ」として「本来的意志」が産み出され、それは「無差別点」において現われる。ただし、この「我意」と「悟性」との「中間」にあることが人間の自由を決定するのではなく、上述した「最深のポテンツ」である「心情」と、次に考察する「最高のポテンツ」である「魂」との「中間」にあることが、人間の「自由」を決定する。（VII, 467）

ところで、一般的には「精神」は人間における「最高のもの」である。しかし、「精神」とは「病気」に罹りうるものであり、「誤謬」あるいは「悪」を犯しうるものである。「誤謬」とは単なる「真理の欠如」ではなく、「何か或る最高に積極的なもの（etwas höchst Positives）」であり、「精神の欠如」ではなく、「転倒した精神（verkehrter Geist）」である。また「悪」は「善の単なる欠如」あるいは「内的調和の単なる否定」ではなく、「積極的不調和」である。「悪」は「身体」から来るのではなく、「身体」はそこから或る者は「蜜」を、他の者は「毒」を吸い取る「花」のようなものである。「精神」が「身体」によってではなく、逆に「身体」が「精神」によって影響される。「悪」は「最も純粋な精神的なもの」であり、「最高の腐敗」は「最も精神的な腐敗」である。（VII, 468）

以上のように、狭義の「精神」の立場における「誤謬」や「悪」が「積極的なもの」であるということは、この立場が「心情」とは異なり、もはや「盲目的」あるいは「無意識的」な立場ではないことを意味する。もちろん、その「精神」の「第一のポテンツ」である「我意」のうちにはまだ盲目的必然性が支配している。しかし、「精神」とは、その「我意」が「意識的原理」である「悟性」との「同一」にまで高められた立場である。したがって、「精神」とは一方ではどこまでも「利己的」であるけれども、他方ではそれを「意識」した立場であると言える。その「意識」が生ずる以前のところ、すなわち盲目的必然性が支配するところには「善悪の区別」は存在しない。しかし、その「意識」の生起に拠って人間は盲目的必然性から解放された「意志」を獲得する。「誤謬」や「悪」は、この「意志」の立場から為される「積極的なもの」である。

(3)「魂」が人間精神の「第三のポテンツ」である。ただし、「精神」豊かな者でも「魂」の欠如した状態でありうる。「魂」は人間における「神的なもの」であり、「非人格的なもの」である。「魂」は「本来的に存在するもの」であり、「人格的なもの」はそのもとに「存在しないもの」として属する。また、「心情」あるいは「精神」の病気はありうるが、「魂の病気」はありえない。「魂」は「善そのもの」であり、「悪しき邪悪な偽りの魂」というのは存在しえない。あるいはまた、「魂」は「人間のうちなる天」＝「それによって人間が神との関係にあるところのもの」であり、「心情」や「精神」とは異なり、もはや自己のうちに「段階」や「ポテンツ」をもたない。（VII, 468-469)

それから「理性（Vernunft）」については次のように述べられている。一般的に「悟性」と「理性」との間には対立があると考えられているが、両者は本来同一のものであり、ただ異なった仕方で見られたものに過ぎない。また、一般的に「理性」は「悟性」より高次のものであると考えられている。これはある意味では正しいが、「悟性」のもとには「能動的なもの」あるいは「活動的なもの」があり、「理性」のうちには「受動的なもの」あるいは「犠牲的なもの」がある。そこから「悟性的人間」は必ずしも「理性的人間」ではないと言われる。シェリングによるならば、「理性」とは「高次のもの、魂のもとに服した悟性」である。（VII, 471-472）

さて、以上のようなシェリングの「精神」についての叙述を整理すると次のようになる。

⑴「心情」①「憧れ」②「渇望」③「感情」
⑵「精神」①「我意」②「意志」③「悟性」
⑶「魂」

この整理のもとで再度、人間の「自由」の問題を考察すると以下のようになる。シェリングにとって、まず人間とは「精神」である。そして、その「精神」の本質は「我意」と「悟性」との「中間のポテンツ」として産み出される「意志」のうちにある。しかし、その「意志」の立場における「自由」は単なる狭義の「精神」の立場においては汲み尽くされない。上述したように、「心情」と「魂」との両極の「中間」に置かれることによって「自由」は「底なきもの」となる。『私講義』では、この「自由」が、①「神からの自由」と、②「自然からの自由」との二重の側面から考察される。①の「神からの自由」は、「精神」がその「根」を「心情」の指示する「深淵」のうちにもつことによって可能となる。また、②の「自然からの自由」は、人間のうちに「善そのもの」である「魂」が喚起されることによって可能となる。すなわち、その「魂」のもとに「我意」を捨てて帰属することによって可能となる。というのは、上述したように「魂」は「非人格的なもの」、すなわち「神的なもの」であり、ここに「神的なものは神的なものによってのみ認識される」という命題が成立し、その「魂」のもとに帰属するということのうちには、後に『エアランゲン講義』において明らかにされるように、必然的に脱我的経験が含まれるからである。

　さて、「絶対的同一」とは「実在的なもの」と「観念的なもの」との「生きた対立」と「生きた透入」のことであった。そして、その「生きた対立」と「生きた透入」とが成立する現場が「無底」であった。『自由論』においては、その現場に立つということが「中心存在者」ということを通して明らかになった。そして、「中心存在者」であり、その「中心」に留まるためには「一切の我性に死に切ること」が要求された。そして、この『私講義』では同じ状況が「心情」と「魂」との「中間」に立つということを通して明らかになった。すなわち、その「中間」としての「無差別点」に立つということは、単なる「精神」の立場の否定を意味した。そして、それは究極的には「精神」の根基である「我意」の否定を意味した。その「我意」の否定は「魂」のもとに服することであり、「神との関係」に入ることを意味した。そして、それが「自然からの自由」を可能とした。しかし、また他方では「神からの自由」を可能とする「深淵」への帰属も、究極的には単なる「精神」の立場に踏みとどまることを否定すると考えられる。すなわち、その根基である「我意」の否定を通さなければ「真の創造の源泉」である「波立ち沸き立つ海」へ入ることは不可能である。そして、そういう両極への「我意」の否定を通して初めて、人間は「無底的自由」へと到ることができると言えるであろう。

脱我性 ——『学としての哲学の本性について』——

『自由論』におけるシェリング哲学の基本的立場を破り、新たな存在理解への道を開くものは「生そのものの不安」と呼ばれるような実存的経験であると言ってよいであろう。しかも、その新たな存在理解を開くのは、その「不安」からの逃避ではなく、上述したように「中心存在者」としてのあり方の徹底であり、そしてそのために通過しなければならない「一切の我性に死に切ること」であった。また、『私講義』において明らかになった「精神」としての「自由」、すなわち「自然からの自由」と「神からの自由」としての「無底的自由」も、「精神」の「根基」である「我意」の否定による「魂」への帰属によって開かれるいわば脱底的自由であった。そして、まさにこのような意味での脱我的経験を主題的に取り扱うものが『エアランゲン講義[50]』の一つである『学としての哲学の本性について（Über die Natur der Philosophie als Wissenschaft）』（1821）である。

第一節　絶対的主体

ところで、『学としての哲学の本性について』も、いわゆる「体系志向」の問題で始まっている。つまり、まず「学としての哲学」は「人間的知の体系」でなければならないと述べられている（IX, 209）。そして、そのような「体系」を可能とする原理として構想されるのが、「永遠なる自由（die ewige Freiheit）」と「智恵（Weisheit）」とを本質とする「絶対的主体（das absolute Subjekt）」である。（IX, 220, 223）

シェリングは、まずこの「絶対的主体」の「運動」を「無知の知」から「知ある無知」へと到る三段階において構想する。すなわち、①「無知の知」のうちにある「絶対的主体」は、その「智恵」に拠って「客体的産出」＝世界創造をする以前の状態にある。次に、②「絶対的主体」はその本質の発現によって「客体的産出」を行い、自ら「客体」となり、「対象的」となる。そして、その産出創造された「客体」の「形」あるいは「形態」を通して「知的」となる。そして、③一旦「客体」へと発現した「絶対的主体」は、そこにおいて一切の「形から形へ」あるいは「知から知へ」と究め尽くさねばならない。そして、再度自己をその「絶対性」において見出すことができるような「無知の至福」へと還帰しなければならない。しかし、その「無知」は一切の「知」を究め尽くした「無知」であるから「知ある無知」と呼ばれる。この場合、「絶対的主体」は単に①の段階へ還帰してしまうのではない。「知ある無知」は①

と②の立場を総合する立場として成立しており、そのことを可能とするのが「運動」の原理である。①→②→③の「全運動」によって、「絶対的主体」は「客体として主体であり、かつ主体として客体である」。ここにおいて初めて「絶対的主体」は自己をその「絶対性」において認識する。しかし、そのことは当然ながら「永遠なる自由」と「智恵」とをその本質とする「絶対的主体」にとってのみ可能である。(IX, 220-226)

第二節　深淵的自由

さて、シェリングはこのように「学としての哲学」を可能ならしめる「原理」として「絶対的主体」の「運動」を構想している。そして、その「運動」は「無知の知」から「知ある無知」へと到る「絶対的主体」の自己認識の運動として一旦自己完結していた。つまり、それは「永遠なる自由」と「智恵」とを本質とする「絶対的主体」にとってのみ可能な認識であった。ここでは次にそのような認識が我々人間にとって如何にして可能であるかが問われる。シェリングはこの問いを「如何にして我々はかの永遠なる自由を体得できるのか (Wie können wir jene ewige Freiheit innewerden ?)」(IX, 221) という問いとして立てている。

そして、彼はこの問いに答えるために、まずエンペドクレスまで遡源されるという古き教え、すなわち「等しきものは等しきものによってのみ認識される」という命題を提示する。例えば、我々が光を見ることができるのは我々の眼うちに太陽のような光があるからである。それが「等しきものは等しきものによってのみ認識される」(IX, 221, VII, 337) ということであるが、それと同じように我々が「絶対的主体」を認識することができるためには、我々のうちに「絶対的主体」に等しきもの、すなわちその本質である「永遠なる自由」と「智恵」とがあらねばならない。このことに関連してシェリングは次のように述べている。

(a)人間のうちにのみ「かの深淵的自由 (jene abgründliche Freiheit)」がある。人間は「時の只中にいるのであって、時のなかにいるのではない (mitten in der Zeit nicht in der Zeit)」。
(b)かつて「始源」であり、「力」であり、「一切のものの絶対的中心」であったという「暗い記憶 (eine dunkle Erinnerung)」が人間のうちで明らかに働いている。(IX, 227)

この(a)「深淵的自由」と(b)「暗い記憶」とを手掛かりに、人間は自己のうちに「永遠なる自由」と「智恵」とを探すことができる。ここで叙述されている事柄は、まさしく『自由論』において考究された境位と符合している。すなわち、『自由論』においても先に引用したように「人間は時のなかで生まれるのであるが、しかも創造の始源 (中心) へ創り出されている」(VII, 385) と述べられていた。そして、その「中心」において生き、「無底」から生きるということは、まずその「実存」の「根底」にある「我性に死に切ること」を要求する。『学としての哲学の本性について』においては、それが「脱我」の問題として、ここで取り出した「深淵的自由」あるいは「暗い記憶」を手がかりに「絶対的主体」の本質としての「永遠なる自由」を求めるという仕方で追究されるのである。

第三節　脱　我

さて、「脱我」とは「我々の自我が自己の外へ、その位置の外へ立てられる」ことを意味する。その「自我の位置」とは「主体であるという位置」であるが、「自我」は「絶対的主体」に対しては「主体」であることはできず、「その場所」を「放棄（verlassen）」して、「自我の外」に立てられねばならない。この「自己放下（Selbstaufgegebenheit）」においてのみ、先述した「絶対的主体」は「自我」に対して「立ち現われる（aufgehen）」ことができるのである。（IX, 229）

この「自己放下」についてシェリングはまた次のように述べている。「絶対的主体」とは「何か或るもの（etwas）」ではなく、「無」であり、しかも同時に「一切」である。それは「真に無限なるもの」であり、「把握できないもの」である。したがって、「絶対的主体」に対しては「一切の有限なるもの」

あるいは「存在するもの」は「放下」されねばならない。「一切を放下すること（alles zu verlassen）」が肝要である。妻子のみならず、「存在するものとしての神」も放下されなければならない。そこから「自ら真に自由な哲学の出発点に立とうと欲する者は、神すらも放下しなければならない」と言われる。すなわち、一旦一切のものを放棄し、自ら一切のものに見捨てられた者だけが、「自己自身の根底」に到り、「生の全き深み」を認識するに到るのであり、「かの自由な天空へ飛び立とうと欲する者は、客体のみならず自己自身も放下しなければならない」と言われるのである。（IX, 217-218）

このような「脱我」を通してのみ我々は上述の「等しきもの」、すなわち「永遠なる自由」と「智恵」とを体得しうるのである。それではそのような「脱我」は如何にして生起するのか？この点についてシェリングはまたおおよそ次のように述べている。

人間は「かの根源的自由」を自己の「対象（Objekt）」とし、それを「知」へもたらそうとする。そこには必然的に次のような「矛盾」が生じる。人間は「永遠なる自由」を「自由」として「知り受け取ろう（wissen und empfinden wollen）」とする。しかし、それは「対象」とされることによって「不自由（Nichtfreiheit）」となる。それでもなお人間は「自由」としてのそれを求め欲する。このように人間は絶えず「自由」を求めるが、「自由」は常に人間を見捨て逃げてしまう。このような状況のなかで、人間の内面に「回転運動」が生じる。この「内的回転運動」は人間のうちに「引き裂くような極度の疑い、永遠なる不安の状態（der Zustand des zerreißendsten Zweifels, der ewigen Unruhe）」を醸成し、人間は「最高に不自由な状態」に置かれる。そして、この人間の側に生じる緊張は、その「絶えざる回転運動」のなかで遂にその「最高点」＝「極み（ἀκμή）」に達する。その「極み」に到達した刹那「放荷（Entladung）」が生じ、その「緊張」から一挙に解放される。その瞬間、人間はその自己中心的なあり方を破られ、「周辺」へと投げ出される。すなわち「無知」の状態へ突き戻される。そして、この「無知」の状態において初めて、「絶対的主体」は人間の最内奥に「立ち現われ」、人間はその本質としての「永遠なる自由」＝「智恵」を「体得する」に到るのである。（IX, 230-231）

第四節　哲学の立場

以上のように「脱我」を介して、先に形而上学的原理として構想された「絶対的主体」が人間主体において検証されることになる。それをシェリングは「我々の意識」あるいは「我々の知」の「深化過程（ein tiefgehender Proceß）」（IX, 234）と呼び、それをまた次のような「無知の知」から「知ある無知」へと到る三段階において叙述している（IX, 231-233）。

①「絶対的主体」は「脱我」によってその自己中心的なあり方を破られた人間の最内奥に、すなわちその「絶対的内面性」において自己を見出している。それに対応して「我々の知」はその自己中心的な「主

体であるという位置」を「放下」し、「周辺」へ、すなわち「絶対的外面性」へ投げ出され、「絶対的無知の状態」、すなわち「無知の知」へ突き戻されている。ところで、「絶対的主体」はその本質からしてこの「絶対的内面性」という「狭さ」のうちに留まることはできない。それは必然的にその「狭さ」を捨て、「外面性」へ移行し、「客体」となる。

②第二段階においては、この「絶対的主体」の「主体から客体への移行」が、「人間的知」における「客体から主体への移行」へ反映される。すなわち、「人間的知」はその「無知の知」の状態から一転して「知ある者」の立場へ高められる。それはちょうど或る対象が水に映じているように逆立ちした関係にある。いわゆる「反省」の立場はここに成立する。

③ところで「絶対的主体」は、さらにその「外面性」、すなわち「客体」に留まることはできず、再度その「主体」の位置を回復する。これに対応して「人間的知」はもう一度「無知」の状態に突き戻される。しかし、この時「人間的知」はもはや単なる「無知」ではなく、その展相によって深められた「知ある無知」である。

このように「脱我」を介して「人間的知」と「絶対的主体」とは「対応関係」に入る。この「対応関係」は「恒常的交渉」、「恒常的会話」あるいは「内的交通」とも言われる。この関係のなかで、一方では「絶対的主体」は「運動性そのもの」であり、他方では「人間的知」はこの「運動」を「持続させ、遅滞させる力」である。シェリングは、この「持続させ、遅滞させつつ、反省する知」を「哲学者の知」であると考え、それをソクラテスの助産術に比している。すなわち、賢明な助産婦は出産を急がせず、出産の正しい時が来るまで陣痛を耐え忍ぶように産む者に訓戒する。このような助産婦の「智恵」は「脱我」を介して「絶対的主体」との「交渉」関係に入った哲学者の取るべき態度に匹敵する。ソクラテスは「知らないということのみを知っている」と言った。このことによって彼は「本来的に知を産み出す者」＝「絶対的主体」に対する彼の関係を言い表そうとしたのである。（IX, 238-239）

以上のように『学としての哲学の本性について』においては「哲学」の立場が、「絶対的主体」の自己認識の「運動」の「人間的知」への反映として、「無知の知」から「知ある無知」へと到る途中性において捉えられている。すなわち、そこでは「学としての哲学」は飽くまでその「学」以前の「無知の知」と「学」以後の「知ある無知」の中間段階に位置づけられていると言わざるをえない。そして、特に注目すべきは、脱我的経験がそのような「学」以前および以後のものを開くものとして、哲学する者にとって必須のものと考えられる点であり、またそこで得られる「永遠なる自由」と「智恵」とは必ずしも「学としての哲学」の射程のうちにあるとは言えない宗教の次元に属するものであるということである。また、そこに本書では、後にシェリングが、特にヘーゲル哲学において完成・完結したドイツ観念論を「消極哲学」として清算し、「積極哲学」を提唱する必然性を見ようとするのである。

第五章

消極哲学から積極哲学へ

――『最近の哲学の歴史に寄せて』について――

シェリングは、『最近の哲学の歴史に寄せて』（1827）[51]と題されたミュンヘンでの講義の冒頭において、この歴史的回顧をする種々の理由を述べている。ただ、彼の最大の関心事は、この歴史的回顧を通しての「哲学そのものの概念における変更（eine Veränderung im Begriff der Philosophie selbst）」にある。すなわち、特にカントによって導入された「消極的なもの」と「積極的なもの」との区別、その分離過程とそれに次いで起こった哲学の「積極的なもの」への変容過程を哲学史的に跡づけることが、シェリングのこの『最近の哲学の歴史に寄せて』の眼目であると言えるであろう。（X, 3）

ところで、この『最近の哲学の歴史に寄せて』の最後の部分では（X, 182-192）、シェリングはヘーゲルとヤコーヴィの哲学について批判した後で、神智主義（der Theosophismus）とヤーコプ・ベーメの立場について論じている。それは決して単なる偶然や彼の主観的関心へ還元できるものではなく、その強靭な哲学的思索によって掘り下げられた西洋形而上学の問題が、宗教の次元に属するベーメの神智主義のうちに、その応答を見出したと言うべきであろう。そして、そもそも「積極哲学」はベーメの神智主義において頂点に達した「神秘的教説」を「学的形式と方法」とをもって展開することを試みる哲学である（XIII, 120）。

さて、この『最近の哲学の歴史に寄せて』のなかでは、デカルトからヘーゲルに到る近世哲学史上の主要な哲学が、シェリング独自の立場から論じられている。それは客観的な哲学の歴史と言うよりもむしろ、シェリング自身の哲学の跡づけの意味が強い。すなわち、デカルトの「経験的主観」からスピノザの「絶対的客観」へ、それから「独断論」およびカントの「批判主義」を経て、「フィヒテ的自我」へと到る展開を主導するものは、シェリング哲学の根本経験であると言えるであろう。その根本経験とは宗教の次元に属するものであり、それは「絶対者」すなわち「神」へ、常に「主観」を通して（主体的に）、しかも単なる相対的な主観＝客観関係を破って関わっていく動きとして、この哲学史的流れの中で表現されていると言える。そして、それは次に述べるような彼自身の哲学の清算、さらにはヘーゲル哲学の「消極哲学」としての総括を通して、最終的にはヤーコプ・ベーメの神智主義へとシェリングを導くものである。このような理解のもとで、次にシェリング自身による彼自身の哲学の自己解説を参照したい。

第一節　シェリング哲学について

さて、シェリング哲学の展開に重要な転機を与えたものとしてフィヒテの哲学があることは紛れもない事実である。ここではまずフィヒテから受け継ぎ、彼の発想の転換の重要な契機となったものを彼自身の叙述から取り出したい。

(1)　超越論的過去

フィヒテから受け継いだシェリング哲学の課題は、「フィヒテ的自我」と「外界を支配する必然性」とを如何に調和させるかということであった。これをシェリングは「現実的経験的意識」に先行する「自我の超越論的過去（transcendentale Vergangenheit des Ich）」から説明しようとする。すなわち、「我あり」はシェリングによると、そういう形で今現前している「意識の彼岸（jenseits des Bewußtseyns）」から「意識」へと到来した「活動」の表現であり、「自己到来する自我」あるいは「自己意識化する自我」の表現に過ぎない。ただし、この「意識の彼岸」に考えられた限りでの「自我」は単なる「個我（individuelles Ich）」ではなく、「自己到来」において初めて「個我」となるものである。この「意識の彼岸」に考えられた「自我」はあらゆる「個我」にとって「同一」であるが、この「自我」が「個我」となるとき、したがって「我あり」に到達して、それによって「個人的生」が始まるとき、そのとき「個我」は彼がそこまで経てきた道をもはや覚えていない。というのは、この道の「終局」において「意識」が始まるからであり、「自我」はそこへ到るまでの道を「無意識」のうちに経てきているからである。ここから外界に関する「自我」の「表象の盲目性と必然性」が説明される。そして、以上の点からシェリングは、「学の本分（Sache der Wissenschaft）」、より正確に言うと「根源学」である「哲学の本分」は、かの「自我」を「意識」をもって自己自身へ来たらしめることであると考える。すなわち、「学の課題」は、かの「自我」にその「自己外存在（ein außer=sich=Seyn）」の「始源」から「最高の意識」にまで、自らの「意識」をもって経歴させることである。これをシェリングはプラトンのアナムネーシスに比し、哲学は「自我」がその「前個我的存在」において為し蒙ったことの「想起」であると言う。（X, 93-95）

⑵「無限なる主観」による体系構想

以上のような「超越論的過去」の設定によって、すべては「自我」にとって「内在的過程」となり、哲学は「自己意識の歴史」となる。ただし、そのような哲学の出発点はもはやフィヒテ的な「有限な自我あるいは人間的自我（das endliche oder menschliche Ich）」ではなく、「無限なる主観（das unendliche Subjekt）[52]」である。この「無限なる主観」とは、①「唯一直接的に確実なるもの」であるがゆえに、「主観一般」であるが、②決して「主観」であることを止めず、また決してスピノザの「実体」のように

「客観」に堕することのないものである。それは「主観」であるがゆえに「無」ではなく、また「客観」ではないゆえに、すなわち「対象的意味」において「存在するもの」ではないゆえに、「無として（als nichts）」ある。しかし、「無限なる主観」は「抽象態」に留まることはできず、自己を「或るもの」として、すなわち「客観」として「意志する」ことが自然である。しかも、この「無限なる主観」は「客観」になることにおいて「主観」であることを止めないものである。すなわち、その「自己定立」は「無限の自己定立」であり、単なる「客観」であることはできず、いつも必然的に「主観」であること、それが「無限なる主観」の本性である。（X, 99-100）

したがって、「無限なる主観」はその「運動」が一旦始まると必然的に前進するものとなる。それゆえ、最も重要なことはこの「運動の始源」、すなわち「或るものであるということ（das Etwas=seyn）」の解明にある。先に述べたように、「無限なる主観」は「無」ではなく、「無として」ある。この「無として」あるということは、あらゆる「性質」をもたず、あらゆる「存在」に対して「自由」であり、またあらゆる「存在」から「自由」であることを意味する。しかし、「無限なる主観」は「自ら自己自身を引き寄せること」を避けられない。というのは、「無限なる主観」は自己自身の「客観」となるがゆえに「主観」と呼ばれるからである。かくして「無限なる主観」は「自ら自己自身を引き寄せること」によって、もはや「無として」ではなく、「或るものとして」ある。すなわち、この「自己牽引（Selbstanziehung）」によって、自己を「或るもの」にする。したがって、この「自己牽引」のうちに「或るものであることの起源」すなわち「客観的対象的存在一般の起源」がある。したがって、すべてはこの「無限なる主観」の「自己牽引」において始まる。ただし、この「自己牽引」において「他のもの」になるということは「根本＝矛盾」であり、あらゆる「存在における不幸」である。というのは、そのままであるならば、「無限なる主観」は「無として」あるが、自己自身を引き寄せるならば、それは「他のものであり、自己自身と等しくないもの」であるからである。この「第一の始源」は明らかに「偶然的なもの（ein Zufälliges）」であり、「第一に存在するもの（das erste Seyende, dieses primum Existens）」は「原始偶然（Urzufall）」である。（X, 100-101）

(3) 実在‐観念論

以上のような仕方で「無限なる主観」を「原理」とする体系構想の必然性が示された。その具体的な内容を表わすものが「実在‐観念論」であるが、その方法論およびその「限界（die Begrenzung）」もまたこの『最近の哲学の歴史に寄せて』においては自覚的に示される。

(a) 実在‐観念論の方法

さて、上述したように「無限なる主観」は決して何ものにも没落しえない「主観」であり、また「或るもの」でありながら直接的に「自己自身を超え出るもの」である。すなわち、「無限なる主観」は、この「或るもの」であることにおいて自己自身を理解し、認識するものである。換言するならば、「無、限なる主観」はこの「或るもの」として「実在的なもの」であり、またそれを理解するものとして「観念的なもの」である。そして、この両者が「無限なる主観」の「歴史」における「二つのポテンツ」である。この「二つのポテンツ」が「現実」において挙証され、それに相応する表現をもたなければならない。そして、それが「発生史的」に「自然」において（「自然哲学」）、「人間」において（「理論哲学」および「実践哲学」）、さらに「歴史」において（「歴史哲学」）検証されていくのが「実在 - 観念論」である。（X, 103-104）

その詳述はここでは省略するが、その方法論的問題に関する記述のみを次に確認したい。すなわち、例えば我々は「自然」において「質料」と「光」という二つの最初の「ポテンツ」をもつが、それらはいずれも「無限なる主観」の一つの表現である。「質料」は「無限なる主観」がまだ自己自身に執われていることの表現であり、他方「光」は「無限なる主観」の執われのない自由なあり方の表現である。しかし、そのような「質料」あるいは「光」としてあることは、まさしくそれゆえに「全体的あるいは絶対的主観」を表現していない。というのは、「無限なる主観」は純粋に「無限」であるからである。ここに「前進の原理」が現われ、先行する段階で「主観的」に立てられたものが、後続する段階で繰り返し「客観的」となる。これは、このような仕方で遂には「最も完全な客観」が生起し、そして最後には「究極的主観」、すなわちもはや「客観的」となりえない「主観」が生起するためである。展開の経過のなかで「主観」として現われるものは一瞬の間「主観」であるに過ぎず、次の瞬間には「客観」に属するものとなる。「主観」は「客観的なもの」への必然的傾向を常にもち、この傾向が尽くされるのである。この「方法」は「外的方法」ではなく、「内的方法」すなわち「対象」そのもののうちに宿る「方法」である。（X, 108）

(b) 消極哲学としての実在 - 観念論

シェリングによると、「実在 - 観念論」は以上のように「最深のもの」から「最高のもの」へ、いわば一つの線上を連綿たる必然性において前進していく「体系」である。しかし、彼はこの「体系」も「一定の限界内（innerhalb einer gewissen Begrenzung）」で真実であり、この「限界」を自覚することが重要であると述べている。この「限界」の自覚こそシェリング哲学の自己清算の意味をもつ自覚であり、彼の主張する「実在 - 観念論」をも「消極哲学」として総括するものである。ところで、「実在 - 観念論」は「無限なる主観」を「原理」とし、その内的法則に従って前進する「方法」をもち、その「形式」としては「過程」という概念を使用するものであった。そして、それは如何なるものも排除せず、あらゆる認識可能なものを包括する「体系」のはずであった。シェリングは特にこの「体系」の出現によって、より一層深い自然観と、より高次の歴史観が与えられたと考えている。すなわち、「実在 - 観念論」によると、まず「自然」は「単なる外面的絡繰り」ではなく、「自律的なもの」あるいは「自己自身を定立するもの」であり、「深い生命の徴証」を示すものである。また、「歴史」はもはや「法則なき恣意の戯れ」あるいは「意味も目的もない活動の偶然的戯れ」ではなく、「自由」と「必然性」とを媒介する「高

次の必然性」という見地を与えられるのである。（X, 116, 120-122）

以上のように「実在‐観念論」は「他の諸学の精神」に影響を及ぼし、「物一般の見方」に変化をもたらした。そして、そこに「思惟と知識との新しい器官」を備えた「新しい世代」が生じたのであるが、この「新しい時代の哲学」はその効力を阻まれた。ただし、それは意味のない不当の攻撃によって阻まれたのではなく、その哲学が自己自身についての「誤解」のうちにあったからである。確かに「無限なる主観」の「運動」によって展開される「実在‐観念論」は、上述したように「全自然および全歴史」のあらゆる時期を進んできた。しかし、この「全運動」は単なる「思惟の運動（eine Bewegung des Denkens）」に過ぎず、「客観性への要求」を放棄しなければならない。というのは、それは諸対象が「単なる思惟」のうちで受け取る諸関係のみを主題とする「学」、すなわち「消極哲学」であるからである。（X, 121, 123-125）

以上、「消極哲学」としての「実在‐観念論」の総括を受けて、さらにシェリングはヘーゲル哲学の批判へと向かう。ただし、それはまた客観的なヘーゲル哲学の批判というよりむしろヘーゲル哲学を通してのシェリング自身の「消極哲学」の明確な限界づけ、したがってまたそのことによる「積極哲学」への準備を企てるものである。

第二節　ヘーゲル哲学について

ここでは、⑴「概念の運動」としてのヘーゲル哲学の消極性が、特にその哲学の出発点の批判を通して明らかにされる。それから、⑵ヘーゲル哲学の論理学から自然哲学への移行に関する問題点が取り出される。

⑴　ヘーゲル哲学の出発点

さて、ヘーゲル哲学の第一の要請は「純粋思惟」へ引き返すこと、そして「純粋概念」を唯一直接的対象にすることにある。これはヘーゲル哲学がまさしく単なる論理的「消極哲学」であることを示している。そして、もしこの主張が同時に「積極的なもの」への厳格で決定的な断念を意味するならば、そこに「積極哲学」への決定的移行が考えられたはずである。というのは、「消極的なもの」がその純粋な形で存在する時には、その反対の極である「積極的なもの」を誘発せずにはいないからである。しかし、ヘーゲルの場合、この「単なる思惟」あるいは「純粋概念」への撤退は、「概念がすべてであり、自己の外に何も残さない」という主張と結びついている。この場合、ヘーゲルの概念は「単なる概念」ではなく、「事柄そのもの（die Sache selbst)」の意義をもつものである。すなわち、ヘーゲルは彼の哲学を「消極哲学」と認識しておらず、むしろそれは「端的に自己の外に何も残さない哲学」、「客観的意義」をもち、「神と神的事物の完全な認識」を成す哲学であると考えていたのである。これは、シェリングによると、ヘーゲル哲学が先行哲学である「実在・観念論」の導入した「過程」を、「客観的過程」として受け取り、その「論理的消極的性格」を認めていないことを意味している。(X, 126-128)

以上のように「概念の運動」を「普遍的絶対的活動」とするヘーゲル哲学の立場に対して、まずシェリングの批判はその出発点の理解に向けられている。ヘーゲルは「概念の運動」を始めるために「或る始源」に遡らねばならなかった。彼は、考えられる限り「最も消極的なもの」、すなわち如何なる「主観的規定」からも可能な限り自由な「最も客観的概念」へと遡った。それが「純粋存在の概念」であるが、シェリングによるとこの出発点は「単なるマイナス (ein bloßes Minus)」、「欠如 (ein Mangel)」、「空虚 (eine Leere)」でしかなく、そこからヘーゲルが考えるような「運動」が始まる必然性は少しもない。すなわち、そこから先へ進まなければならないという「強制感の根拠」は、「純粋存在」というような「空虚な概念」のうちにはない。それは「思惟する精神」自体が「具体的で内容豊かな存在」に慣れていて、「純粋存在」という粗食では満足できないことを示している。結局、ヘーゲルの場合、その「運動の根拠」は「純粋存在」のうちにはなく、「哲学する者」自身のうちにあるのである。(X, 137-138)

また、シェリングはこのヘーゲルによる「純粋存在」からの展開を次のように理解している。ヘーゲルは「純粋存在は無である」という命題によって「生成」のなかへ入っていこうとする。ところが、彼はこの命題の「である」という「繫辞の意味」を少しも説明せず、また「無」の概念を自明のものとして用いている。そこでは「純粋存在は無である」という命題は単なる同語反復でしかない。ヘーゲルはこの命題を「純粋存在はまだ無である」という形で説明しようとするが、それは「純粋存在はまだ現実的存在ではない」という意味に過ぎない。そこでは「純粋存在」はもはや「存在一般」ではなく、特定された「可能態における存在」である。彼はまた「生成」とは「無と存在との統一あるいは結合」であると言うが、その命題で言われているのは、「可能態から現実態への移行」であり、そこでは「無」は捨てられている。このようなヘーゲルの展開をシェリングは、手のひらで水を掬おうとするようなもので、何も手には残らないと述べている。(X, 133-135)

また、さらにヘーゲル哲学は如何なるものも前提しないと主張するが、この点についてシェリングは次のようなインド神ヴィシュヌの神話を比喩として引用している。それは次のような神話である。かつて、暗黒の大君主マハーバーラは全三界の支配権を所有していた。このマハーバーラの前に、ヴィシュヌは初めその第三の化身である侏儒のバラモンの姿で現われ、彼にほんの三歩の土地を乞うた。ところが、マハーバーラがその侏儒の姿に油断して、これを許可するや否や、ヴィシュヌは突然巨大な姿に膨張し、その第一歩で大地を、第二歩で天上を奪い取ってしまった。そして、第三歩で残りの地獄をも併呑しようとした。そこでマハーバーラは慌ててヴィシュヌの前に平伏し、その力を恭しく拝した。すると、今度は逆にヴィシュヌの方が彼に気前よく暗黒界の支配を任せたという神話である。シェリングは、ヘーゲルの概念はこのインド神ヴィシュヌの第三化身であり、侏儒の乞うた「ほんの三歩の土地」というのがヘーゲルの三つの概念、「存在・無・生成」であると言う。このようにヘーゲル哲学は如何なるものも前提しないと主張するが、そこでは既に「論理の形式」およびその他の「あらゆる概念」が最初から直ちに前提使用されていると、シェリングは批判するのである。(X, 144-145)

(2) 論理学から自然哲学への移行

以上のようなシェリングによるヘーゲル批判は主にその「論理学の出発点」の問題に向けられたものであるが、さらに彼はヘーゲル哲学の問題が明らかになるのは、その「論理学から自然哲学への移行」に際してであると考え、次のように述べている。

ヘーゲルは「論理学」を「第一哲学」とするが、それはそこにおいて「神的理念」が「論理的」に、すなわち「単なる思惟」において、あらゆる「現実性」、「自然」および「時間」に先立って完結されるからである。ここでヘーゲルは「神的理念」をまず「論理的成果」としてもっているが、彼はそれをまた「自然」および「精神世界」を経過したのちに再び「実在的成果」としてもたねばならない。すなわち、「論理学」はそのなかで「神的理念」が「単なる思惟」において完成される「学」であり、それは哲学の一部門に過ぎない。それゆえ、その「理念」は「論理的」に完成されたのちに、「実在的」に完成されるべきであり、このようにしてヘーゲルの「体系」のうちでは「二重の生成」が考えられているのである。

(X, 146)

さて、「論理学の終わり」に実現された「理念」は「論理的なものの限界」にある。ここからヘーゲルによると「理念」は「実在的」に完成されるために、その「限界の外」に進まねばならない。すなわち、「理念」はその「成果」としての「論理学」のうちに占めている位置を捨て去らねばならない。そして、「非論理的世界」へ、それどころか「論理的なもの」に対立する世界へ移行しなければならない。この「論理的なもの」に対立する世界が「自然」の世界である。しかし、「論理学の終わり」にある「理念」はすでに自己を「主観にして客観」あるいは「観念的なものにして実在的なもの」として意識している。したがって、それ以上の、そしてその他の仕方で「実在的」になる必要をもたない。もし、そのようなことが生起するとしたら、それは「理念」自身のうちにある必然性のためではなく、「自然」自身がまさしくこのように「顕存する」ゆえである。(X, 151-152)

また、シェリングはこのヘーゲルの「論理学から自然哲学への移行」について次のように述べている。「理念」は「論理学の終わり」にあるが、また実証されてはいない。それは自己を実証するためには自己から出ていかなければならない。このように言うことは数あるごまかしの一つである。誰のために「理念」は自己を実証すべきなのか。自己自身のためか。「理念」はすでに自己自身を確信しているのではないのか。結局、「理念」は哲学者のために自己を実証すべきなのである。すなわち、哲学者は自己に「自然」、「精神」および「歴史の世界」を釈明する機会を与えられんがために、「理念」が自ら「外化

(Entäußerung)」することを期待しなければならないのである。「論理学」自身のなかには世界を変える何ものもなく、また「運動」を続けたり、「他化（Anderswerden)」する必然性は全くない。しかし、ヘーゲルは「現実」へ達しなければならないのである。(X. 153)

そこで、ヘーゲルは「完成した理念」とは「無限なる自由」のうちにある「理念」であると言う。すなわち、その必然的進行から解放されて「自由」となっているところを「理念の完成」と考えているのである。この「無限なる自由」のうちにある「理念」が自己を「自然」として、ないしは「他在（Andersseyn）」の形において自己から「放出すること（entlassen）」を決心すると考えるのである。シェリングはこの「放出する」という表現を、ヘーゲル哲学が難所にさしかかるといつも潜り込む極めて奇怪で曖昧な、それゆえ最も自信なげな表現の一つであると言い、次のように述べている。ヘーゲルは「神的理念が自然を放出する」と言うが、この「放出」とは一体何なのか。ベーメ的な神智主義的なものであろうか。いずれにしても「最高のもの」にまで高まり、すべてを完全に摂取し尽くした「理念」が、さらに「運動」へと赴くのは不可解である。(X. 153-154)

以上のようなシェリングによるヘーゲル哲学の批判に関して問題とすべきはその批判の当否ではない。繰り返し述べているように、大切なことはシェリングがいかなる点においてヘーゲル哲学を「消極哲学」と決定づけているかである。シェリングは結局、ヘーゲルの失策はそれ自体としては真実であるもの、すなわち単に「論理的」に考えると真実である諸関係を、「現実的」な諸関係へと置き換えたところにあると述べている（X. 161）。

以上のように、シェリングはここで一面ヘーゲル哲学の論理的完成を承認しつつ、他面その哲学の消極性の自覚の徹底を求めているのである。ことにヘーゲル哲学の出発点のもつ欠如性あるいはマイナス性は、その哲学の運動・展開の「根拠」が哲学する者自身のうちにあることを示している。そして、このこと自体が結局「豊かで具体的な現実」はこのような哲学のうちにはなく、ヘーゲル哲学が「消極哲学」であることを証ししていると、シェリングは考えているのである。それでは「豊かで具体的な現実」を捉える「積極哲学」とはいかなるものであるのか。その手がかりになるものとして、この『最近の哲学の歴史に寄せて』においては最後にベーメ的な神智主義の立場が取り出されている。それはまた本書の帰着点であるシェリング哲学の宗教の次元への回帰を示すものでもある。

第三節　神智主義

この第三節では、⑴ベーメの神智主義の積極性がその脱我的経験を通して明らかとされる。それから、⑵そのベーメの神智主義が「学」の立場から批判される。

(1) 脱我的直接経験

さて、シェリングはまず神智主義を「豊かで内容に満ちたもの」として積極的に評価する。それは神智主義が「観（Schauen）」という「直接経験」のうちにあって、「万物を神のうちにあるがままに」、その「真の根源的関係」において見るからである。シェリングによると神智主義は「経験論」の一形態ではあるが、ヤコーヴィの哲学のような単なる「感情」や「直接的理性知」の立場に立つものではない。というのは、それらは彼によると何ら「積極的なもの」を取り出し得ないからである。これに対して、彼は神智主義が「直接的内的経験」に基づいた「学」の立場であることを主張する。それは一種の「神秘主義」であるが、単なる「実践的主観的神秘的主義」ではなく、「客観的神秘主義」である。すなわち、それは「学的客観的認識」を主張する「思弁的理論的神秘主義」である。このように述べた後に、シェリングはこの神智主義の立場の可能性を彼の「自然哲学」の視点から再考している。それは先の彼の「実在 - 観念論」の展開のうちにも組み込まれていたものであるが、シェリングによると人間において「自己自身」を意識したもの、あるいは「自己」に到達したものとは、また「全自然」を通り抜けてきたものであり、あらゆることに耐え、あらゆることを経験してきたものであった。また、「自己疎外」から再び「自己のうち」へ、すなわち、その「本質」へ連れ戻されたものであった。そもそも「人間の本質」とは「創造の始源」にあったものであり、それは被造物にではなく、「創造の源泉」に等しい。したがって、「人間の意識」にはその「始源」から「終局」までの「運動の全体」が「透明（durchsichtig）」であるはずである。すなわち、人間は生まれながらすでに自己自身の生成によって「普遍的に知る者」であるはずである。しかし、「人間の意識」はこのような形で「自己自身」に当面していない。それは何故であるのか。この点を明らかにするものがシェリングの理解する神智主義なのである。（X. 184-185）

シェリングは神智主義のこの点に関する解明を次のようにまとめている。「人間の本質」は「根源的創造」によって置かれていた場所に留まっていなかった。すなわち、人間は「事物」に対するその「普遍的あるいは中心的位置」を喪失し、自ら「事物」になってしまった。それは人間がその「万物からの自由」において、また「万物を超えて」、「原理」すなわち「源泉」として自己を見つつ、この「普遍性」のうちに留まるということができなかったからであり、そして自己を「一特殊性」として意志し、「或る固有の存在」を欲したからである。このようにして人間は「事物」と等しくなり、それどころか一部は「事物」の下に立つことになった。そして彼が根源的にあった「中心直観（Centralanschauung）」から外へ立てられ、「周辺知（peripherisches Wissen）」へ帰属したのである。そこでは「事物」は互いに対立するのみならず人間自身にも対立し、互いに外的であるのみならず人間をも排除する。「人間の本質」のこのような「破局（Kastasrophe）」はあらゆる宗教のもとで認められており、キリスト教では「堕罪」の名前のもとで認められているものである。このようにして人間はもはや「創造」そのものによって置かれていた場所にはいない。「誤まれる脱我（falsche Ekstase）」によって「中心」の外へ置かれている。その「中心」においては、人間はかつて「万物を知る者」であった。そこで人間は「反転的脱我(umgekehrte Ekstase)」によって、再び「中心」へ自己を移し入れるべきではないだろうか。すなわち、「事物の中心点」へ、そして「神性そのもの(die Gottheit selbst)」のなかへ移し置かれるべきではなかろうか。このようにシェリングは述べている。(X. 185-186)

(2) 媒介する器官の欠如

さて、以上のようにシェリングは一方では神智主義がその脱我的「直接経験」によって「豊かで具体的な現実」へ参与していることを評価するが、他方ではその神智主義の「限界」についても言及し、そこから彼の「積極哲学」のあり方を明らかにしている。神智主義に対するシェリングの批判の中心はその「直接経験」を「学」へと「媒介する器官」(X. 188)が欠如していることへ向けられている。以下のように述べている。神智主義の主張するように「根源的本質」、すなわち「中心」への再転移の可能性、あるいは「神性」のうちへ沈潜するまでの内面性の昂揚の可能性が少数の人間に認められたとしても、この状態は使徒が「そのうちでは言葉も認識も止む」と言っている状態に比すべきものである。その状態はあらゆる伝達を不可能にするものであり、そのうちにある者が聞き取るものは「口に言い表わすことのできない言葉」である。この言葉を一体誰に語るのか。この状態の外にいる人に対してではないだろうか。その場合、全く不可解な言葉を語ることにならないのか。それはコリント前書に言われている

「異言にて語る」ことではないのか。(X. 186-187)

さて、シェリングによると神智主義者の語ることは最高度に不可解である。彼らは彼らが本当に「中心」にいるとするならば「沈黙(verstummen)」しなければならないはずである。しかし、彼らは同時に語ろうとする。すなわち、彼らは「中心」の外にいる人に対して自己を語り表そうとする。ここに「矛盾」があるとシェリングは主張する。例えば、ヤーコプ・ベーメは「出会うものに出会う(was er trifft, das trifft er.)」と言う。その場合、彼は対象と一つであり、第三者にとっては対象そのものに劣らず、何かある不可解なものとなっているのである。神智主義者すべてが生成してきた「超越的過程」を自己のうちに経験することを誇る。ところが、それは「学」へとは導かれない。というのは、あらゆる「経験」はそれ自体では何も語らないからである。それが言い表わされるためには「媒介する器官」を必要とする。この「器官」が神智主義者には欠けているか、あるいは直接的に「観」のうちから語るためにそれを意図的に拒否しているかのどちらかである。(X. 187-189)

以上のようにシェリングは神智主義の立場を解明しているが、ここで取り出されている「直接経験」や「反転的脱我」とは言うまでもなく宗教の次元への直接的参与を意味するものである。このような神智主義の立場を、シェリングがデカルトに始まり或る意味でヘーゲルにおいて頂点に達した近世哲学の流れを素描した後に取り上げていることにまず注目したい。この神智主義の位置づけこそ、これまでの本書の主張を裏づけるものであると言える。そこにはシェリング哲学が繰り返し回帰する宗教の次元への積極的評価がある。そして、その神智主義の代表者として彼の念頭にあるのがヤーコプ・ベーメであり、シェリングはベーメは他の神秘主義者からは区別されねばならず、彼においてはすべてがまだ「純粋で根源的（lauter und ursprünglich）」であると述べているのである（X. 190）。

しかし、また次に上述したようにこのベーメに代表される神智主義の立場に対するシェリングの批判にも注目しなければならない。シェリングは、「人は彼が何を主張するかによってではなく、それを如何に主張するかによって神秘主義者となる」と言う。そして、「神秘主義」の特徴は「明瞭な洞察、知性、学一般に対する憎しみ」であり、「学的形式を具えた認識に対する反対」であると述べている。したがって、シェリングによると「同一の真理」が、ある場合には「神秘的」であり、他の場合には「学的」であるのである（X. 191-192）。このようなシェリングの主張が最終的に目指すことは結局、宗教の次元に属する「真理」を如何に「学的」に取り出すかであると言えるであろう。そして、それがまた彼の「積極哲学」の構想に繋がるものである。

以上、『最近の哲学の歴史に寄せて』の論述にのなかで、特にシェリングからヘーゲルに至り、最終的にはベーメへと帰着するシェリングの主張を整理した。そこには繰り返し述べているように、客観的な近世哲学の歴史の叙述と言うよりむしろシェリングによる彼自身の哲学の清算という意味が見出された。すなわち、それはデカルトに発し彼自身の哲学へ至るまでの哲学を「消極哲学」として清算し、「新たな始源」からの哲学である「積極哲学」を開くという意味をもつものであった。そしてその際、その新たな哲学の源泉の一つとされたのがベーメの神智主義であった。

ここで、本書では詳しくは取り上げなかったが、改めてシェリングによるデカルト以降の近世哲学の流れを要約すると次のようになる。そこではまず、①デカルト哲学は「主観的」という言葉に集約されている。そして、この「主観的」ということから、デカルトの「二元論」あるいは彼の言う「誠実な神」へと至る経過が説明されている。それはまたデカルト哲学の「消極的意味」と「積極的意味」とを明確に示すものである。これに対して、②スピノザ哲学は「客観的」という言葉に集約される。そして、この「客観的」ということから、スピノザの「実体」、「属性」さらに「個」の意味が説明されている。ただし、その叙述はシェリングの場合、結局スピノザ哲学を再逆転することによって確保される視点への移行の必然性を示すものである。③その再逆転の発端に位置するのがカント哲学であった。すなわち、シェリングによると哲学にもう一度「主観的なものへの方向」を与えたのがカントであった。カント自身は「観念論者」ではないが、その「物自体」の規定が余りに空虚であるところに開かれたのが「観念論への道」であった。すなわち、そのために「客観」を「現実的なもの」とするあらゆるものが「主観」の側から説明しなければならない必然性がそこに現れたのである。そして、④それが「フィヒテ的自我」であった。ただし、シェリングによるとこの「フィヒテ的自我」はいまだ「有限な人間的自我」であり、フィヒテ哲学はその外に「自然」を「非我」として立てる「主観的観念論」であった。ここから、⑤さらにその立場を超克するものとして提出されたのが「新しい体系」としてのシェリングの「実在‐観念論」であった。シェリングは「経験的意識」に先行する「自我の超越論的過去」を構想し、そこから「無限なる主観」の「前進運動」として「自然および歴史の国」を展開した。そして、その叙述は「人間の意識における「無限なる主観」の顕現としての芸術、宗教、哲学の解明によって締め括られていた。それから、この点が最も注目すべき事柄であるが、それは以上のような「実現＝観念論」をもシェリングは「消極哲学」として総括したということである。確かに、「実在‐観念論」は「物一般の見方」を変えるものであったが、その「無限なる主観」の運動による「自然および歴史の国」の展開は単なる「思惟の運動」として成立しているのであって、「客観性の要求」を放棄しなければならないと言うのである。そして、⑥次にシェリングは、このような「消極哲学」としての「実在‐観念論」の総括を受けてヘーゲル哲学の批判へと向かっていた。そこでは、まずヘーゲル哲学は「純粋思惟」へと撤退した「消極哲学」であるにも拘らず、その「消極性」を認めないものとして批判されていた。ことにヘーゲル哲学の出発点は「具体的現実」への移行・展開の「根拠」を欠き、まさにその哲学が「消極哲学」であることを示していると考えていた。そこで次に、⑦その「豊かで具体的な現実」を捉える「積極哲学」の構想の一つの源泉として取り出されたのがベーメの神智主義であった。それは本書の主題であるシェリング哲学が宗教の次元へと回帰する一つの決定的場面を示していた。ベーメ的な神智主義はその「反転的脱我」を通して、かつて人間があった「根源的創造」の現場へとわれわれを直接帰らしめるものであった。ただし、神智、主義にはその「直接経験」の内容を「学的」に「媒介する器官」が欠けていた。そして、この神智主義が到達していた「純粋で根源的な内容」を「学的」に取り出すものが「積極哲学」であったのである。

以上のようなシェリングの『最近の哲学の歴史に寄せて』の展開はまさに本書の趣旨を明らかにするものとして極めて有効である。すなわち、これまで見てきたようにシェリング哲学の展開の節目ごとに確認される宗教の次元への回帰は、彼の哲学の展開にとって重要な意味をもつものであり、ここではまたそれが彼の「積極哲学」の構想に決定的な意味をもって作用していると言える。ただし、いまだその「積極哲学」が如何なるものであるのかは明らかでない。

第六章

超経験的なものへ――『哲学的経験論の叙述』について――

『最近の哲学の歴史に寄せて』において辿られたデカルトからヘーゲルへ到る近世哲学の歴史は上述したようにシェリングによって神智主義の立場へと帰着せしめられていた。このシェリング固有の視点からの近世哲学の総括はまた彼の「積極哲学」を準備するものでもあった。ところで、ヤーコプ・ベーメに代表される神智主義は脱我的経験によって宗教の次元への直接参与を要求するものであった。ここにシェリングの「積極哲学」の構想の一端を見ることができる。すなわち、上述したように、彼の「積極哲学」の構想は一方では主体的参与を要求する宗教の次元に属する事柄に深く関わっている。しかし、「積極哲学」は他方ではあくまで「学」の立場を標榜するものであり、したがって「積極哲学」にとってその宗教の次元に属する事柄を如何に「学的」に取り出すかが重要なのである。

さて、『哲学的経験論の叙述（Darstellung des philosophischen Empirismus, 1836）』は、後期シェリングの諸論文のなかでも最もまとまりのある論文の一つである。この論文においても『最近の哲学の歴史に寄せて』と同様に彼の「積極哲学」の準備が試みられる。すなわち、ここでは「哲学的経験論」の立場において、これまでの彼の哲学の「消極哲学」としての清算がなされ、そこから「積極哲学」の圏域が明確にされるのである。結論を先取りするならば、ここでは「意欲」あるいは「意志」を究極処とする「哲学的経験論」の立場が取り出され、その射程外にある「超経験的なもの（das Überempirische）」への方向が明らかとされるのである。この論文は次の言葉で締め括られている。「かくして経験論はその究極的帰結において自らわれわれを超経験的なものへと駆り立てるのである。」（X. 286）。ここで述べられている「超経験的なもの」とは宗教の次元に属するものと言える。それが「超経験的なもの」言われるのは、それがあくまで「消極哲学」としての「哲学的経験論」の射程外にあるものであるからである。そして、それはまた「積極哲学」の出発点である「絶対的先者（das absolute Prius）」を指示するものでもある。このような観点から以下、この『哲学的経験論の叙述』におけるシェリングの主張を確認したい。

第一節　本来的事実の究明

この第一節では、(1)これまでの哲学の体系が「事実究明の諸実験」であることが確認され、特にそのなかでも「自然哲学」の体系の成果が強調される。そして、(2)では、その「自然哲学」の成果に基づいた発生史的世界理解が明らかとされる。

(1) 事実究明の諸実験

さて、シェリングによると「哲学的経験」とは「最高の認識が媒介される経験」の謂である。彼はこの「哲学的経験」の立場をこれまでの哲学的諸努力の成果であると考え、次のように述べている。これまでの哲学は「経験」のうちへあまりにも少ししか入ってこず、あまりにも「単なる一般的概念」によってのみ動いてきた。それゆえ、その本来の目的である「本来的事実(die eigentliche Thatsache)」の究明を遂げて来なかった。ただし、デカルト以来の「哲学の体系」、特にスピノザの「体系」は究極的に「ある事実」に基づいており、直接あるいは間接に「本来的事実の究明あるいは発見」に役立ってきた。すなわち、それらの「体系」はその「事実」をより明確に、またより純粋に際立たせ、それを曇らせる全てのものから分離することに役立った「諸実験」であった。このことはこれらの「体系」の価値を低下させるものではなく、また況んや非難でもない。すべての「体系」はこの「事実」に近づくことによって、およびその近づく程度によって是認される。これらの「体系」はいずれも無駄ではなく、その「事実」への一段階である。「哲学的精神」はその諸段階のどれも恥じる必要はない。これらの「体系」は本来異なる哲学ではなく、「事実」を究明する異なる試みに過ぎないのである。(X. 227-228)

このような観点からシェリングが、第一に評価しているのが「自然哲学」の成果である。「自然哲学」

はこの「事実」を一層純粋に、また一層完全に究明したという点において、それ以前の諸体系とは異なっている。また、「自然哲学」はそれ以前の諸体系のどれよりも「経験」において遥かに広い基盤をもっている。それゆえ、「自然哲学」こそ「世界の本来的事実」を初めて言い表わすものである。そもそも「純粋な事実」はどこにあるのであろうか。それを解明するために、例えばカントは「認識主観」から出発する。これに対して、「自然哲学」は「自然」に「優位」を与え、そこから出発する。シェリングによると、この「自然哲学」の立場こそ正しいあり方である。というのは、「認識主観」は必然的に「認識客観」を前提するからである。(X. 229)

(2) 自然の主観＝客観性

以上のように「自然哲学」の立場の評価をした後に、シェリングはそれの発生史的な世界理解を提示している。そこでは「全自然の発生史」は次第に「主観」が「客観」に対して「優勢(Uebergewicht)」となっていくところに考えられている。それは最終的には「人間意識」において「客観」が完全に「主観」になるところまで前進する。「意識」の外に定立されているものは、その本質上「意識」のうちに定立されているものと同一であり、「全自然」は「一つの繋がっている線」を形成する。その「線」の一方の端では「客観」が「優勢」であり、他方の端では「主観」が「優勢」である。しかし、「主観の優勢」に終わるところでも「客観」は完全に根絶され滅却されているわけではない。まったく「主観性」に転じたものの「根底」にもなお「客観」は存在する。ただ「客観的なもの」が「主観的なもの」に対して「相対的に潜在的」になっているに過ぎない。それは「透明な物体（der durchsichtige Körper）」と同じである。それは「透明」＝「主観」とはなっているが「物質」＝「客観」であることを止めているわけではないのである。（X. 229）

それゆえ、以上のような「線全体」のなかには「単なる主観的なもの」のみ、あるいは「単なる客観的なもの」のみが存在するような点はない。「最も優勢な客観性が立てられた極点」にも「主観性」は浸透しており、また完全に「主観性が優勢な極点」においても「客観性」は浸透している。このような意味での「主観＝客観性（Subjekt=Objektivität）」は「自然」のうちの「対極性（Polarität）」に比せられる。例えば、磁石のうちでは同質のものは互いに反発し合い、異質のものは貪欲に引き寄せ合う。そして、この対立状態を保持するところに「自然の生命」の第一の印がある。このような仕方で宇宙の一方の側には「優勢な客観性」という極があり、他方の側には「優勢な主観性」という極がある。そして、その「中間」の「人間意識」のなかに一種の「無差別点」があるのである。そしてまた、宇宙のどの部分にもこの三つの点は含まれており、各々の点の規定は「相対的」である。すなわち、同一のものが或るものに対しては「主観的」であり、他のものに対しては「客観的」であるのである。（X. 230）

以上が「自然哲学」がもたらした「世界過程（Weltprozeß）」の洞察である。それは「主観的なもの」が「客観的なもの」に対して絶えず争いながらではあるが、「前進的」に勝利していくという洞察である。ただし、シェリングはこの「自然哲学」のうちには克服することができない「限界」があると言う。それは「自然哲学」が「単なる事実」を超え出ていないというところにある。すなわち、「純粋事実」のうちには、「世界過程」は「客観的なもの」に対して「主観的なもの」に段階的に与えられる「優勢」に基づくということ以外には含まれておらず、この「優勢」がどのような仕方で、どこから由来するのかということは、その「単なる事実」によっては決定されないのである。しかもまた、この「事実」を超え出ることは許されない。というのは、「純粋な事実」を超えて付け加えられるものはすべて「単なる推論の産物」に過ぎず、「単なる推論」はすでにそれだけでも疑わしいものだからである。（X. 231-232）

第二節　事実の学的解明

シェリングは、以上のような「自然哲学」の成果を踏まえ、さらにそれを彼固有の概念規定から、すなわち、(1)B原理とA原理、あるいは(2)「実在的原理」と「観念的原理」とによって分析・整理する。これらの概念規定は、これまでの彼の著作のなかでもくり返し述べられて来たものであるが、ここでは上述の「本来的事実の究明」という「哲学的経験論」の立場をより鮮明に浮かび上がらせるものとして再度それが展開される。そして、さらにその「対極的原理」の展開を踏まえて、ここではさらに(3)「第三の原理」が導入され、それらが「事実」の「生成」の「三つの原理」とされる。

⑴　BとA

シェリングはまず「主観性」に対立したもの、そしてそれ故に「単に盲目的で客観的なもの」をBと言い表わす。このBが漸次に「主観的」すなわちAとなる。しかしまた、「究極のA」、すなわち「最高の主観的なもの」、そして彼がとりわけ「認識するもの」と名づけるものも常にBである。ただそれはAとして定立され、Aへと変化したBである。このように「自然」は「単に認識されるもの」であるBから「自ら認識するもの」であるAにまで段階的に変化する。Bはそのあらゆる段階にあって、つねに異なる程度においてAでもある。それは絶えず「生成するもの」であり、決して「存在するもの」ではない。この意味では「究極的なもの」、「完全に自己意識的なもの」のみが「存在するもの」である。そして、Bはつねに「存在と非存在」、「肯定と否定」との間を揺れるものである。というのは、Aであるということは Bにとって否定であるから、Aであることにおいて Bは「没落する（untergehen）」のである。すなわち、Bはドイツ語でうまく表現されているように「根底へいく（zu Grunde gehen）」のである。（X. 241）

したがって、シェリングによると展開のどの点にも「純粋なB」はない。つねに「BとAとの中間的なもの」」、「二重のもの」があるのみである。しかし、それはそれ自体ではBに過ぎない。すなわち、Bはつねに漸次Aとなるが、つねにまた「同じもの」であり、それ自体では「盲目的で統御できない限界のないもの」である。またAのうちにはいかなるBも存在しない。AはBの「完全な反対物」であり、B＝A以外の「意志」をもたない。すなわち、それはBからAへの「転回の原因」である。以上の事柄をシェリングはここではあくまで「事実」として知られるものであると言う。すなわち、その「BからAへの転回」は単に「経験」から認識されたものであり、何故そうなのか、如何にしてこの働きがあるのかはここではいまだ知られず、「事実」の分析がこのAとBという「二つの原理」へ導いたにすぎないと述べているのである。（X, 242）

(2) 実在的原理と観念的原理

さて、シェリングは以上のようなBとAとによる「事実」解明をまた次のような仕方で整理している。①「盲目的」で、それ自体では「限界」がなく、それゆえまた「悟性なき存在」、それをB、あるいは「実在的原理」と名づける。②それに対立する原理、「限界づけの原因」、またそれゆえ「認識可能性の原因」、これをA、あるいは「観念的原理」と名づける。シェリングはこの①と②との対立を、ピタゴラス学徒の「制限なきもの（ἄπειρον）」と「制限されたもの（τὸ περαῖνον）」との対立、あるいは「一（μονάς）」と「二（δυάς）」との対立と比較している。そして、特に後者についてのピタゴラス学徒の説明のうちに、次の

ように彼の「原理」との一致点を見出している。(X. 243)

「モナス」は「デュアス」とともに万物を産み出す。「デュアス」は母であり、「モナス」は父である。「デュアス」はわれわれのBであり、Aを受け入れるものである。その受容力のゆえに「デュアス」は特に女性的と考えられる。上述したようにBはつねにAでもあり、したがって「二重のもの」でもあった。それは同時にAであるB、あるいはBであることを止めないAである。それゆえ、それは不確かで二つの間を揺れるもの、「つねにそれであり、またそれでないもの」であった。そして、このように「存在と非存在との間」を揺れることが、すべての「有限な事実の性格」であり、またこれがピタゴラスの「デュアス」の意味である。これに対して、この「限界なきもの」に対立する「原理」が「モナス」である。「モナス」はつねに「一者」へと向かう。そして、Bを「限界づける」ことへ向かう。「デュアス」がつねに「二」であり、「二重性」であったのに対して、この「原理」はつねに「一」であり、「純粋な自己同一」である。本来、BのみもAのみも存在せず、二つの中間のみが存在する。それゆえピタゴラス学徒は、「デュアス」は「モナス」へ関与することによって初めて「デュアス」となると主張する。すなわち、同時にAであるBとして定立されているがゆえにのみ「デュアス」である。以上のように述べている。(X. 244-245)

(3) 生成の三つの原理

さて、以上のようなBとA、あるいは「デュアス」と「モナス」による「事実」の究明はここでさらに「三つの原理」による「事実」究明へと展開される。「生成の全過程」の「前提」あるいは「基体」となるものがBであり、これが「第一の原理」である。それは単に「偶然的」に存在し、しかも「自分自身のために」存在するものではない。これに対して、「第二の原理」はその「第一の原理」を否定するものとしてある。ただし、それは「第一の原理」を総じて「否定する原理」ではなく、それがBとしてあることを「否定する原理」である。すなわち、「第二の原理」はBとしての「第一の原理」を否定し止揚するものである。この「第二の原理」はBが定立されると不可避的に定立される。すなわち、Bが存在する場合必然的に存在する。しかし、それゆえにこの「第二の原理」は「第一の原理」と同様に自分自身のために存在するものではない。それは「手段」であり、「媒介するもの」である。（X. 247）

このように「第二の原理」は「存在すべきでないもの」である「第一の原理」の否定によって「存在すべきもの」を媒介する。この「存在すべきもの」が「第三の原理」である。ただし、この「第三の原理」も「第一と第二の原理」と同様に「生成の過程」に属している。「第一の原理」は「生成の切っ掛け」、すなわち「過程の始源」であり、「第二の原理」はそれを「存在すべきもの」へと「媒介する手段」であり、そして「第三の原理」がその「生成の目的」・「終局」である。「第一の原理」はまた「過程における実体」と言うことができる。これに対して、「第二の原理」は「過程」のうちに「原因」としてあると言うことができる。そして、その場合「第三の原理」は「原因であると同時に実体」であるものである。（X. 248-249）

以上のような「生成の三つの原理」へ、我々は「認識の単なる事実」の分析によって導かれた。この「三つの原理」による「生成の過程」においても、上述の「自然哲学」による「事実」分析と同様にA原理、すなわち「観念的原理の優勢」が確認される。われわれはここでもこの「優勢の単なる事実」を認識することが大切である。そして、またここでも「何故それが事実このようなものとして定立されているのか（warum ist es faktisch als dieses gesetzt?）」という問いに対する答えはない。それはまた「何故そもそも理性であるのか、何故非理性ではないのか」という問いと同じ次元の問いである。（X. 250-252）

第三節　事実の究極

この第三節では、(1)「生成の三つの原理」とは異なる次元に属するとされる「第四の原因の概念」が取り出され、それが(2)「存在の主」としての「神」として捉えられ、そこから(3)「存在」と「神」との関係が究められ、最終的には(4)「存在の無制約的主」としての「神」が明らかにされる。

(1) 第四の原因の概念としての神

シェリングは以上のような「事実」の分析を通じて、さらにここで「第四の概念」である「原因」の概念を導き出す。ただし、この概念はこれまでの「生成の三つの原理」と異なる次元に属するものであり、それはもはや「原理」とは見做され得ないものである。これをシェリングは「原因の原因」と名づけ、それを説明するものとしてプラトンのピタゴラス的解明を取り出している。プラトンは「制限なきもの」に「制限を与えるもの（πέρας）」を対立させ、その両者の子供として第三のもの、すなわちピタゴラス学徒が「限界づけられたもの（πεπερασμένον）」と呼んだものを取り出す。そして、彼はさらに「第四の概念」として「原因」の概念を挙げ、それを「ヌース（νοῦς）」と名づけているのである。シェリングはこの「ヌース」がドイツ語の「悟性（Verstand）」によっては言い表わし得ないものを含んでいることを指摘し、それを「意欲する悟性（wollender Verstand）」あるいは「悟性的意志（verständiger Wille）」の意義を含むものであると述べている。（X. 253-254）

このプラトン的ヌースのシェリングの理解、すなわちその「意欲するもの」あるいは「意志」としての理解のうちに彼の「哲学的経験論」の根本的立場が示されていると言えるであろう。このように理解された「第四の概念」である「原因の概念」へ、シェリングはここでもまた「単なる事実」によって導かれたと言う。ただし、それはもはや「普通の意識の事実」ではなく、それ自身すでに「哲学的意識の事実」であり、「学的経験の純化された結果そのもの」であると言っている。そして、この「原因の概念」

にふさわしいと信ずることができる名称として、「神」という名称を挙げるのである。ただし、ここでこの名称によって新しいまだ証明されていない概念が導入されるわけではない。繰り返し述べられているように、一般的に「客観性」に対して「主観性」に「優位」を与える「事実」としての「原因」が「神」と名づけられるに過ぎないのである。（X. 254-255）

⑵ 存在の主としての神

さて、以上のような「原因」としての「神」とは、換言するならば「原因としての主観的なものと客観的なものとの統一」である。それは「神」が一方の原理に他方の原理に対して「優勢」を与えるような仕方においてある「統一」である。それは「実体的」すなわち「消極的統一」ではなく、「原因的」すなわち「積極的統一」である。前者の場合は「統一」は「対立の単なる非存在、単なる零」を意味し、その「統一」から「対立」への移行は「絶対的に偶然的移行」である。「統一」は「積極的」であらねばならない。それは「限界なきもの」を「単なる手段」として、また「限界」を「目的」として「意欲するもの」である。そして、それはその「限界なきもの」と「限界」との対立矛盾のなかにあって、つねに「主」に留まるものである。それは「超実体的原因」、「絶対的に自由な原因」である。（X. 256-259）

ところで、このような「原因」としての「神」にとっては、「存在」を「限界なきもの」あるいは「限界づけられたもの」として定立することは「自由」である。ところでまた、このような定立が可能であるためには「神」は「存在」を根源的に所有していなければならない。この意味において「原因」としての「神」は根源的に「存在の主（der Herr des Seyns）」であるとも言われる。そして、この「主」という概念はそれが必然的にそれの「主」であるところの「或るもの」、すなわち「存在」をそのうちに含んでいなければならず、ここでは「神」はいわばそれ自身では何物でもなく、「存在」との関係においてのみ存在することになる。そして、それゆえここでは「神」自身が「単なる相対的なもの」として規定される。普通われわれは「神」を「端的に自立的なもの」、「端的に絶対的なもの」として、すなわち「すべての関係から自由なもの」として考えている。しかし、「神」が「主」であるということは、それがこのような「関係」以外の何物でもないことを意味しているのである。（X. 259-260）

(3) 存在と神との関係

ところで、またシェリングはここで「存在から抽象された神」ではなく、「存在」を含む限りの「存在の主としての神」を「神」と呼んでいる。それゆえ、「神」はまた「存在の主＋存在そのもの（der Herr des Seyns + dem Seyn selber）」であるとも言われる。その限りでは「神」は、「全く自己完結したもの」、そしてこの意味においては、もはや「相対的なもの」ではなく「絶対的なもの」である。この場合、「存在の主」と「存在そのもの」とは「二」ではない。しかし、またそれは「二」でもない。それは「一における二（Zweiheit in der Einheit）」であり、ここでは「二」が「生きた必然的に動的な一」において定立されている。シェリングはこの両者の根源的関係において、困難は「神」の側ではなく、「存在」の側にあると言っている。そして、その「存在そのもの」は「無」ではなく、「存在の根（eine Wurzel des Seyns）」であり、「純粋な存在可能（lauteres Seynkönnen）」である。これをシェリングは先には「デュアス」あるいは「メー・オン」の概念において考えていた。しかし、まだここではその「存在」の「神」に対する根源的関係は明らかではない。（X. 262-264）

この「存在」の「神」に対する根源的関係を明らかにするものが「AはBである」という命題における「繋辞」、すなわち「である」の意義である。シェリングによるとアラビア語ではこの「である」はドイツ語のKönnenに相当する。それはその音においてのみならず、意味においても通ずるものを持っている。また、この「である」を意味するアラビア語は述語に対格をとり、この構造がドイツ語のKönnenに相当するものであることを示している。Können は対格を取り、「或ることをできる」というように言う。それゆえ、それは「潜勢力（Potenz）」であり、「力（Macht）」である。さらに、シェリングはそれを「神の魔術（die Magie Gottes）」と呼んでいる。Magie という言葉はペルシャ語に由来していると言われるが、その語源はドイツ語のMögen のうちに保存されている。Mögen はKönnen ならびにWollen という意味で通用している。また、Können はWissen に通じ、Kennen はKönnen から発音上区別されるにすぎない。「あることをできる」ということは「あることを知る、理解する」ことである。（X. 264-265）

⑷ 存在の無制約的主としての神

先の「存在可能」としての「存在」は、言わば「神」をひきつけ縛り付ける「魔力（Zauber）」である。この「魔力」を打ち破らなければ、「神」は「存在の主」ではなく、また「存在から自由」ではない。このようにして「存在の神に対する関係」が規定される。「存在」の「根源的な限界づけ」はまさに「神」に対して「存在しないもの」であり、「実体」、「本質」、「単なる基体」である。ただし、「存在」はこの「根源的な限界づけ」のうちにとどまらない。それは次に「限界なきもの」として定立され、さらにもう一度「根源的限界」のうちへ連れ戻される。このようにして「存在」は「神」に対して「三重の可能な関係」にある。「存在」をAと呼ぶと、それは「根源的限界づけ」のなかでは純粋な-A、「無限界性」のなかでは+A、そしてそれが再度「根源的限界」のうちへ還ったところでは±Aと表示される。この「三つの形態」によって、「存在」は「神」のうちへ「三重の区別」を定立する。（X. 265-266, 269）

さて、この「存在」自身が取り得る「三つの光景」に「神」のうちの「三つの顔」が対応する。そこでは「存在の主としての神」は次のように考えられている。「神」は「-Aの主」であるのと同じあり方で、「+Aの主」ではありえない。というのは、「神」は「存在」を+Aとして定立するために、まさに「-Aの主」であるからである。また、「神」は「存在」を-Aへと連れ戻すためにのみ「+Aの主」でありうるからである。この+Aを定立するものと-Aを定立するものとは同じではありえない。一方は「存在」を−から＋へ、他方は＋から−へと連れ戻すのである。しかし、また「神」は前者および後者として、異なる「神」

ではありえない。というのは、「神」は「存在の無制約的主」である場合にのみ「神」であるからである。したがって、ここでは「存在」の「三つの姿」に平行的に「神のうちなる三重の区別」が対応するが、それはいわば「一つの神性の三つの姿」である。シェリングによると「存在」の「三つのあり方」に応じて「神」も「三つの姿」あるいは「三つの形」を取る。ただし、「神」はその三つのもののうちのいずれでもない。「神」は「三つの形を貫いて進む働き」であり、「この三つの形を通って進む過程の解きがたい統一」であり、また「これら三つの形における解消しがたい生命」である（X. 269-271, 276）。

第四節　超経験的なものへ

この第四節では「神」は、(1)「意欲」あるいは「絶対原因」として取り出され、さらにそれは、(2)「無からの創造」ということを介して、「絶対的先者」すなわち「超経験的なもの」へと突き詰められる。

(1) 意欲あるいは絶対原因としての神

それでは、「神」は何によって「三つの姿」あるいは「形」を取り得るか。シェリングは、それは「神」自身の「意欲」あるいは「意志」に他ならないという。この「意欲」あるいは「意志」としての「神」とは、またシェリングによると「自己の外に何ものも前提しない原因」、すなわち「絶対原因」としての「神」である。ところで、シェリングにとっての問題は、そこから「絶対的学」としての「積極哲学」が始まることができる「概念」へと到ることであり、その場合この「絶対原因」としての「神」が「最高の概念」でありうるのかと言うことである。しかし、彼によると「原因」の概念は「最高の概念」とはなりえない。というのは、その概念のなかにはやはり「ある関係」が含まれているからである。その「関係」は「或るすでに現実的なもの」に対する関係ではなく、「ある可能的なもの」に対する関係であるが、ともかくも「原因」の概念は結局「相対的関係」を含む概念であり、それゆえ「絶対的な最高の概念」ではないのである。（X. 277-278）

さて、上述したように「神」が「存在との関係」において規定されている限り、それはあくまで「相対的」である。そういう「相関関係」にある「存在」から解放されて初めて、「神」は「絶対的自由」あるいは「無制約的自由」でありうる。しかし、それは「神」がもはや「創造者」でない場合、すなわちもはやどこにも「可能的創造への関係」が存在しない場合である。「神」が一旦「他の存在のポテンツ」を自己のうちにもてば、すなわちそれを自己の「意欲」から独立してもつならば、「神」はこの「ポテンツ」を全くいわれなくもつことができない。その場合、それはある意味で「神」にとって「必然的」となり、「絶対的自由」は失われる。しかし、「他の存在の可能性」そのものが「神」自身によって「意欲」されたものであるならば、その時初めて「神」は世界から解放され、「絶対的自由」となる。しかし、またそこでは「存在」は「必然的相関者」ではなくなり、「ポテンツ」は少なくとも「ポテンツ」ではなくなることとなる。（X. 281-282）

⑵ 無からの創造

ここでシェリングは「無からの創造（creatio ex nihilo）」という教説に言及する。それは「すべての先在するポテンツなき創造（creatio absque omni praeexistente potentia）」のことである。それはすべての「ポテンツ」が創造主の「意志」によって初めて定立されることを意味するが、この点を明確にするために、シェリングはそこから「神」以外のすべてのものが創造される「無」の意義に着目する。「無」はギリシャ語では「メー・オン」あるいは「ウーク・オン」と表現される。シェリングによると、「無」の正しい理解のためには二つの否定詞（メーとウークと）の区別に注目しなければならない。例えば、「これをするな！」という場合の命令法では専ら「メー」が使用される。この場合、行為者はそう呼び掛けられることによって、「行為の現実性」を否定されるが、それはそもそもその「可能性」は前提されていることを意味している。したがって、「メー・オン」は、シェリングによると現実的に「存在するもの」であることは否定されるが、それにはまだ「存在するもの」であるという「可能性」は残っているのである。これに対して、「ウーク・オン」は全くいかなる意味でも「存在しないもの」であり、それは「存在の現実性」のみならず、「存在一般」も、したがってその「存在の可能性」も否定されているもので

ある。（X. 282-284）

この「無からの創造」に関するここでのシェリングの言説は極めて微妙である。先には「無からの創造」の「無」は「中間概念」として「単に存在しないもの」すなわち「メー・オン」であることが述べられていたが、ここでは彼は「無からの創造」の真の教説は「ネアン（Neant）」すなわち「メー・オン」としての「無」が更に「リアン（rien）」、すなわち「ウーク・オン」としての「無」から生じたものであると看做すものであると述べている。それはシェリングが「神の意志」から独立してあるような「ポテンツ」を認めないということを徹底して突き詰めていった結果であると言えるであろう。すなわち、「無からの創造」ということを徹底して「神の意志」から出てくるものであるという方向へ突き詰めていくと、「神」が初めて「ポテンツ」を「ポテンツ」とするのであって、「ポテンツ」は初めから「ポテンツ」として「神」のうちにはあるのではないということになる。それは「ポテンツ」が「神の外の存在の可能性」、すなわち「生成のポテンツ」として「神」のうちにあるのではないことを意味する。そして、それは更に結局、「ポテンツ」が「他動的な「神の外にあるなにかに関係する」規定」ではなく、「純粋に内在的な「神自身に関係する」規定」としてあることを意味するのである。ここで「神」は「絶対的に自己自身のうちでのみ存在するもの」、「完全に自己のうちへ還ったもの」、「全く関係から自由なもの」となる。シェリングによると、まさにここにおいて「神」を「絶対的先者」として把握するという要求が生じ、こうして「経験論」はその最後の帰結において、我々を「超経験的なもの」へと駆り立てると述べるの

である。（X. 285-286）

以上、『哲学的経験論の叙述』におけるシェリングの主張を、その「哲学的経験論」の立場の徹底において必然的に向かう「超経験的なもの」を中心に整理した。そこではまず、①これまでの哲学、ことに「自然哲学」によってもたらされた「本来的事実究明」の成果が評価された。それは世界を「主観＝客観性」において、しかも「主観」が「客観」と絶えず争いながら、「前進的」に勝利していく「世界過程」として捉えるものであった。この世界理解は次に、②シェリング固有の概念規定から、すなわちB原理とA原理、あるいは「実在的原理」と「観念的原理」とによって「学的」に整理された。そして、それは「生成の三つの原理」へと我々を導いた。ただし、そこでも「観念的原理の優勢」が「単なる事実」として確認されるに過ぎなかった。したがって、そこにはまだ「何故事実がこのようなものとして定立されているのか」という問いに対する答えはなかった。そして、その問いはまた「何故そもそも理性であるのか、何故非理性ではないのか」という問いと次元を同じくする問いであった。ここからシェリングはさらに、③「哲学的経験論」の立場から「第四の概念」としての「原因」の概念を導き出した。この概念はこれまでの「生成の三つの原理」とは次元を異にするものであった。それは「原因の原因」と呼ばれるものであり、シェリングはそれをプラトン的ヌースの訳語としての「意欲する悟性」あるいは「悟性的意志」に相当するものであるとし、またそれを「神」と名づけたのであった。この「意欲」あるいは「意志」としての「神」は「存在の主＋存在そのもの」と言われ、さらにそれは、④「無からの創造」という教説の解釈を介して、すべての存在とのあらゆる関係から解放された「絶対的先者」、すなわち「超経験的なもの」としての「神」へと到っているのである。

第七章

思惟の沈黙

——『顕示の哲学への序論あるいは積極哲学の基礎づけ』について——

「哲学的経験論」による「根源的事実」の分析によって明らかにされた「超経験的なもの」とは、すべての「相対的関係」から解放された「絶対的先者」としての「神」であった。「事実」の哲学的分析はそこまで我々を導いてくれた。しかし、その「絶対的先者」は「哲学的経験」の射程外にあり、そこから出発するということは、これまでの哲学の立場からはもはや不可能である。したがって、これまでの哲学の立場は、根源的な問いの前に立たされている。その問いとは「何故そもそも理性であるのか、何故非理性ではないのか」という問いであった。この問いによって、これまでの哲学はその依拠する立場そのものが疑問に晒されている。その根源的事態が、ここでは「絶対的先者」を出発点とする新たな哲学の構想において露わとなる。すなわち、「絶対的先者」の前では「思惟」は「沈黙（verstummen）」しなければならず、「理性」は「脱我的（ekstatisch）」であらねばならないのである。シェリングは、この「絶対的先者」を出発点とする哲学を「積極哲学」と呼ぶのであるが、それは「相対的先者」から出発する「消極哲学」とは全く異なる次元からの哲学の構想であり、それは繰り返し述べているように、宗教の次元からの哲学の構想であると言えるであろう。

シェリングは、彼以前の西洋形而上学、ことにヘーゲルにおいて一つの完成をみた西洋形而上学を「消極哲学」として総括する。その「消極哲学」が捉えたものは「物の本質（das Wesen der Dinge）」＝Was であり、これに対して「積極哲学」は「物の顕存（die Existenz der Dinge）」＝Daß を捉えると考える。ここでは次に、このようなシェリングの「積極哲学」の定義と本書の視点の一つである宗教の次元との関係を、『顕示の哲学への序論あるいは積極哲学の基礎づけ』[53]（以下、『顕示の哲学への序論』と略す。）を手掛かりに明らかにしたい。

第一節　旧形而上学の解体

この第一節では、⑴諸学の前提を究めるということを通して、「何故」の問いが立てられる。そして、そこから、⑵新たな次元からの哲学を構築する手掛かりとして、カント的経験の意味が再吟味される。

(1)「何故」の問い

「何故そもそも或るものがあるのか、何故無ではないのか」(XIII, 7)という問いが、この『顕示の哲学への序論』の最初に提出される。この問いは、先の「何故そもそも理性であるのか、何故非理性ではないのか」という問いと次元を同じくする問いである。すなわち、それはこれまでの西洋哲学の拠って立っていた立場とは異なる新たな次元からの哲学の構想を要求するものである。ここではまずその点を、この問いが立てられる経過を追うことによって明らかにしたい。

全ての「学」はある前提に基づいており、その前提を超え出ることはできない。哲学はその諸学が前提するものを問い、それに答えねばならない。例えば、「自然学」は重さや圧力、衝突の法則、光、熱、磁気作用などの自然現象を解明しようとする。しかし、「何故そもそもこれらの諸力および素材が存在するのか」という問いにもはや「自然学」は答えられない。ところで、この問いに次のように答える立場がある。すなわち、それらの自然現象は「自然」が人間への到達するために越えて高まる「諸段階」に過ぎないと考える立場である。この立場からすると、結局我々は人間においてあらゆる問いの答えを見出すことになる。すなわち、人間は「あらゆる生成とあらゆる創造の目標」であり、また換言するならばそこまでは「盲目的」であった「自然」が「自己意識」へと到達する点なのである。(XIII. 3-5)

ところで、「我々の自己意識」は「我々の意識」に過ぎず、すべてを通過した「自然の意識」ではない。「生成」において「或る目的」が人間によって到達されるかもしれないが、それは人間にとって到達されるわけではない。というのは、「人間の意識」は「自然の意識」と同じではなく、人間は「自然」にとって「見知らぬもの（fremd）」であり、また人間にとって「自然」は「不透明」（undruchsichtig）であるからである。このような状態となった理由を、シェリングは人間が「自然」との関係を絶ったからであり、そのうえ人間は単に自分から独立した「過程の目的」あるいは「終局」ではなく、自ら新しい「過程」、すなわち「第二の世界の創始者」であるからであると述べている。人間の本来の目的はこの「第二の世界」、すなわち人間がその「意志の自由」によって実現する「歴史の世界」にある。しかし、この人間の「意志の自由」によって「歴史の世界」は却って「慰めのない光景」を現し、我々は「世界の目的」とその「真の根拠」に徹頭徹尾絶望することになる。「歴史」という巨大な決して休止することのない動きは、人間を彼の知らない「目的」へとさらっていくのみである。人間はそもそもすべての他のものの「目的」であるべきであったが、このことによってすべての他のものも「無目的」となってしまう。日のもとにあるすべては労苦に満ちており、すべては根本において無益である。「すべては虚しい（alles ist eintel）」。人間およびその行為が世界を把握するどころか、人間自身が最も不可解なるものである。このようにして人間は最後の絶望に満ちた問いを発する。それが「何故そもそも或るものがあるのか、何故無ではないのか」という問いである。（XIII. 6-7）

以上のような「何故」の問いをシェリングが立てる経過は極めて興味深い。人間の主体的自由によって実現されていくべき「歴史の世界」が慰めのない「絶望」に満ちたものとして現われるのは、先に論述した彼の一八二七年の『最近の哲学の歴史に寄せて』においても同じであった。しかし、そこでは「人間的自由」より高次のあるもの、すなわちもはや「人間的自由」に対立しない「高次の必然性」が呼び出されていた。それは「絶対的に自由な無限なる主観」の登場を意味していた。そして、その「無限なる主観」の自己実現の「過程」として、この世界は意味を与えられていたのである。ところが、この『顕示の哲学のへの序論』の第一講義では、そういう「歴史の世界の目的」、あるいは「高次の必然性」に対する徹底した絶望感が吐露されている。すべては虚しく、人間の労苦を救い上げる「目的」は完全に見失われているのである。このことはこれまで立てられていた世界理解の枠組みそのものが解体され、新たな次元からの世界構築が要求されていることを意味する。そして、それがまたシェリングの場合は「消極哲学」から「積極哲学」への移行を意味するのである。

(2) カント的経験の意味

さて、その新たな次元からの哲学のそもそもの端緒を開いたのはカントであるとシェリングは考える。というのは、カントによって哲学へ大きな「運動」が導入され、そのことによって「哲学そのものの意義」が問題となったからである。すなわち、彼によって哲学は「前進的生成」のうちに置かれ、それはさらに「究極的危機」へと導かれたのである。この「危機」がいかなるものであるかはカントへ遡ることによってのみ理解できるとシェリングは述べ、次のような仕方で整理している。カントは旧形而上学の批判から出発した。その旧形而上学はことに「超自然的なもの」、「超感性的なもの」に関わってきた。そして、それは「人間認識の第三の源泉」である「理性」によって可能であると考えてきた。ただし、旧形而上学の言う「理性」とは単なる「推論の能力」である。それは「悟性」とともに与えられる「普遍的概念」および「原則」を、「経験」において与えられた「偶然的なもの」へ適用することによって「経験を超えたもの」、すなわち「神」を推論することができると考える立場である。この旧形而上学をシェリングは「悟性の形而上学（die Verstandesmetaphysik）」と呼んでいる。（XIII. 31-38）

ところでさらに、以上のような旧形而上学の基盤となっていた「経験」、「悟性」および「理性」は時代の進行とともに「批判と疑いの対象」となっていったとシェリングは述べる。まず、デカルトは「疑い」を我々が「感覚的経験」において欺かれていないかどうかということへ向ける。その「疑い」は最終的には彼の言う「誠実な神」の観念によって払拭されるとは言え、ともかくもそこでは「認識の確実な源泉」としての「経験」が「疑い」の対象とされたことを意味する。これに対して、ベーコンは「学」をその「感覚的経験」へと還元し、それを「学」の排他的源泉とした。そのためロックとヒュームにおいては旧形而上学では「認識の第二の源泉」であった「悟性」が、その「経験」から独立した意義を失ってしまった。それ以前には「あらゆる経験から独立し普遍的に妥当していたもの」が、その「性格」を失い、それ自身「特殊なもの」となり、その「普遍性」を疑われるものとなったのである。当時はこのような「経験論」の勢いを食い止めることはできず、形而上学にとっては結局「経験」のみが残ることになったのである。というのは、以前は「必然的」と看做され、「悟性」にとってア・プリオリ（a priori）に内在しているとされていた「概念」と「法則」とは、持続的な反復によって「習慣」となったものか、あるいは「反省」によって高められた「経験の帰結」に過ぎないものとなったからである。（XIII. 39-40）

以上のような仕方で旧形而上学は根本においてカント以前に倒壊していたとシェリングは考える。彼によると、カントの仕事はその倒壊の過程を完成することに過ぎなかったのである。さて、このような「経験論」の立場をさらに徹底させ、カントに多大な影響を与えたのはヒュームである。ヒュームの「経験論」の立場は「経験科学の基礎」を疑うものであるが、その徹底した「懐疑論」は却ってカントに「批判主義」の精神を呼び起こした。カントは「普遍的悟性法則」の「経験外」への適応を不確実として退け、それを「経験」の内部に限局することによって経験科学を救おうとした。この「批判主義」の立場によって、彼は哲学の全く新たな転回の創始者となった。カントの立場からすると「理性」は「神の現実的存在」を認識できない。「神」は決して「始源」とはならず、それゆえ「学の原理」となることはできない。すなわち、カントのこの「理念としての神」は、つねに「規制的（regulativ）」な使用に留まり、「構成的（constitutiv）」な使用は許されていない。つまり、「理性」は必然的に「神」を求めて努力し、すべてをこの「最高の理念」へ運んでいこうとするが、この「理念」は決して「知の始源」とはならな

いのである。(XIII. 40-46)

第二節　消極哲学としての理性学

この第二節では、まず⑴カントの「物自体」からフィヒテ的自我への移行が取り出され、そこから⑵「無制約的理性学」への移行の必然性が明らかとされる。

⑴ 物自体からフィヒテ的自我へ

以上のように「悟性の形而上学」としての旧形而上学の解体は「経験」を基盤にした「人間の認識能力」の批判によって完成された。カントはこのように「人間の認識能力」の完全ですべてを尽くした理論を展開した、とシェリングは評価する。そして、問題はその「物自体(das Ding an sich)」の理論にあると考えている。さて、シェリングはこの「物自体」の問題を次のように整理している。カントの認識論によるならば、我々は我々が認識したものにおいて、①「認識能力」が付加したものと、②「認識能力」から独立して残るものとを区別しなければならない。②が「未知なるもの」＝Xである。しかし、このXは全ての「範疇」に先行し、それによっては規定できないものである。しかし、このXは望むと望まないとに拘らず存在するものとして、したがって「現実的なもの」として、ある「範疇」のもとで考えなければならない。ここに明らかに矛盾がある。かの「未知なるもの」＝Xは「諸範疇」の適用に先行するが、「認識能力」に対する関係においては、それは「感覚印象の原因」として規定される。すなわち、すべての「範疇」の外に存在するXへ、「存在するもの」、あるいは「原因」等の「範疇」が適応されるのである。カントはこのXを「物自体」と呼ぶ。この「物自体」はカントが超えることができなかった「躓きの点（der Punkt des Anstoßes）」である。この「物自体」を放棄するか、あるいはここで「思惟が尽きる（das Denken ausgehe）」と告白するか。この問題についてはカント自身が揺れており、彼はこの矛盾に立ち止まったままである。すなわち、カントはア・プリオリな認識から「自体」の認識を除く。しかし、この我々の「認識能力」の諸規定から独立して「物」のうちに存在するものとは何か。これに対してカントは答えをもたないのである。（XIII. 49-50）

シェリングによると、このようなカントの立場に対して次のような不可避的な歩みが見られる。それは「存在そのもの」もア・プリオリに認識されるという洞察であり、あるいは物の「資料と形式」とは同じ源泉から導出されねばならないという洞察である。この一歩を踏み出したのがフィヒテである。すなわち、哲学にこの「主観への方向」を与えたのはカントの認識能力批判であったが、そこからフィヒテは完全に「ア・プリオリな学の理念」を構築したのである。フィヒテは「自我」のうちに「普遍的先者（allgemeines Prius）」を見出す。彼の「体系」は「完全な観念論」であり、客観的世界は「自我」

の必然的諸表象のうちにある。すべては「自我」によって、また「自我」に対してのみ存在する。したがって、フィヒテの場合「自然」は自ら存在するものではなく、「自我」において、その「自我の制限」として存在するものにすぎない。それは「純粋な非我（reines Nicht=Ich）」であり、「自我」が「自己自身を定立する根源的行為」のうちで不可解な仕方で自己に対立させるものである。（XIII. 51-54）

(2) 無制約的理性学の立場

以上のようにカントの「物自体」からフィヒテの「自我」への移行をシェリングは説明している。そこで躓きの石としての「物自体」を超えるものとして、フィヒテ的自我が立てられる経過が説明されていた。ところで、シェリングによるとフィヒテ的自我は「人間的意識の自我」である。それは制限された形式の原理であり、この「自我」では「ア・プリオリな学」の出発点そのものも制限される。真に普遍的な「先者」に到達するためには、その制限が破棄される必要がある。そもそも、フィヒテ哲学は「絶対的先者」を要求しており、そこにカントを超える道が開かれていた。シェリングによるとカントは「三重のア・プリオリ」をもっていた。それは①「感性的直観」＝「空間と時間」、②「純粋悟性概念」、③「理性概念」＝「理念」である。この三つのものを超えた「高次のもの」、すなわち「感性」、「悟性」、「理性」の共通の「先者」が、すべての特別の認識形式を超えた「普遍的で絶対的な理性」である。そもそも「理性としての理性」は特別の認識能力であり「超感性的なもの」へ関連し、「経験」なしに存立しうるものである。また「悟性の普遍性」あるいは「意識の統一」はこの「理性」から由来する。そして、ここにア・プリオリなものがあり、フィヒテによって述べられた「一つの原理」から「ア・プリオリな認識」を導出する必然性がある。この必然性が「絶対的理性（die absolute Vernunft）」へ、そして「無制約的理性学（die unbedingte Vernunfwissenschaft）」へ我々を導くのである。そこでは「もはや哲学者ではなく、理性自身が理性を認識する」。そして、その「純粋理性学」は自己から「すべての存在」へ到達する。それは何ものも「経験」から取り上げず、自己自身へ向かい、自己自身の対象となる。したがって、この「理性」は自己のうちに「すべての存在の先者」を見出すのである。（XIII. 55-57）

以上のように、間接的にはカントから、そして直接的にはフィヒテから出発した哲学はもはや単なる批判哲学ではない。それは「理性学」である。その「理性」は「自己から（von sich）」、すなわち「自己自身の根源的内容」から、「すべての存在の内容」を見出す。その「理性の根源的内容」とはそこから間接的に「すべての存在」へ到ることができる性質のものである。すなわち、それは「認識の無限のポテンツ（die unendliche Potenz des Erkennens）」である。ところで、「ポテンツ」はラテン語の potentia に由来し、actus に対する言葉である。普通の言葉使いでは、例えば単なる「ポテンティアにおける植物」とは胚種状態を意味する。そして「アクトゥスにおける植物」とは現実に生長した植物を意味する。この場合、「ポテンツ」は単なる「受動的可能性」である。というのは、種子は無条件に植物の「ポテンツ」

ではなく、豊かな土地、雨、日光等が加わって初めて発芽し生長するからである。同じように「認識能力としての理性」も「受動的ポテンツ」であり、それは外的影響に依存する。しかし、ここでは「理性」は認識能力として主観的に考えられているのではない。「理性」は「理性」自身にとって「客観」であり、「主観」としての諸制約はその「理性」から取り除かれている。すなわち、「理性」はその「固有の根源的内容」において、何か他のものに依存することなく、「すべての存在」へと進んでいく「衝迫（Nöthigung）」をもっており、このような意味で「認識の無限のポテンツ」なのである。（XIII. 62-63）

第三節　消極哲学と積極哲学

この第三節では、⑴「物の本質（das Wesen des Dings）」への洞察と「顕存（Existenz）」への洞察との区別が示され、⑵それを基軸として「消極哲学」と「積極哲学」とが立てられている。

⑴ Was と Daß との区別

以上のように「理性」は「すべての存在」に対応する「無限のポテンツ」を占有している。その場合、その「理性」は「すべての存在」に対応する「ア・プリオリな位置」に置かれている。すなわち、ここでは「理性」は「経験」の助けを求めることなしに、「すべての存在するものの内容」に到達できる立場に置かれているのである。ただし、この「理性学」の立場において捉えられるのは「物の本質」であり、その「顕存」ではないとシェリングは述べる。ここでは二つの全く異なる事柄が明確に区別されなければならない。すなわち、それは①「それは何であるか（quid sit）」という「物の本質」への洞察と、②「それがある（quod sit）」という物の「顕存」への洞察とである。①の洞察は「物の概念」を、②の洞察は「何かある単なる概念を超え出るもの」を与える。①の Was の問いは「理性」へとむけられ、それは「理性の事柄（Sache der Vernunft）」である。②の「それがある」ということ、すなわち Daß は「経験」のみが教えることができ、それは「理性の事柄」ではなく、「経験の事柄（Sache der Erfahrung）」である。この①と②との区別は単純で見誤ることができず、それゆえに最も重要な区別である。（XIII. 58-59）

この区別について、さらに次のようにシェリングは述べている。「事物」の中には或る「論理的必然性」がある。その洞察にまで「学」は突き進んできた。例えば、まず「宇宙的原理」が現れ、それから「特殊な自然」が現われる。それは最初、「非有機的なもの」として現れ、これを越えて植物の有機的圏域、そしてさらには動物の圏域が生ずる。これらはすべてア・プリオリに知られる。というのは、そこでは「顕存するものの内容」のみが問題であるからである。しかし、それらが「顕存する」ということはア・プリオリには知られない。それは「経験」から確認されなければならない。つまり、「理性」は「現実的なもの（das Wirkliche）」を把握するが、「現実性（die Wirklichheit）」を把握するのではないのである。この区別は大きい。「経験」は「理性から独立した源泉」である。それゆえ、「理性学」は「経験」を要求する。それは「理性学」にとって「監査（Controle）」の役割を果たす。すなわち、ア・プリオリに見出されたものは「キメラ（Chimäre）」ではないということが、「経験」によって証明されるのである。ところが、この「理性学」が「現実的存在の内容」を導き出し、「経験」を傍らにもっているという、まさにそこに「錯覚」が生じた。すなわち、「理性学」が「現実的なもの」ものみならず、「現実性」をも把握したという錯覚である。換言するならば、かの「単に論理的過程」が「現実的生成の過程」であるという錯覚が生じたのである。（XIII61-65）

(2) 正しく理解された消極哲学

さて、シェリングは「正しく理解された消極哲学」は「積極哲学」を惹き起こす、あるいは「積極哲学」は「正しく理解された消極哲学」に対して初めて可能であると述べている。例えば、シェリングによるとヘーゲル哲学は「消極哲学」であり、その根本的欠陥はそれにも拘らず「積極的」であろうとするところにあると言う。すなわち、ヘーゲル哲学はその「限界（die Schranke）」を越えて駆り立てられた「消極哲学」であり、「積極的なもの」を排除せず、それを自己のうちに隷属させていると言うのである。これに対して、「真の消極哲学」は「気高い節制」のうちで自己自身を意識し、その「限界」の内部で自己を完成する。この哲学のうちでは「理性」はそれに相応しい権利に歩み入り、「物の本質」

を把握する。そして、「理性」はここで鎮静し、もはや「積極的なもの」の領域に侵入しようとはしない。以上のようにシェリングは言い、そこから「消極哲学」と「積極哲学」との関係については次のように述べている。「消極哲学」に「積極哲学」が加わる場合、「消極哲学」に変化は生じない。逆に「消極哲学」はそのことによって初めて、その「真の本質」へ置かれる。「消極哲学」はもはやその「限界」を越えて逸脱することもなく、自ら「積極的」であろうとすることもない、と。(XIII. 80-81)

以上のように、「積極哲学」の理解はまず「消極哲学の正しい理解」を必要とする。その「正しい理解」の手がかりになるものとして、以下のようなシェリングのカントおよびヘーゲル哲学についての理解が欠かせない。カント以前の形而上学は「神の存在」を合理的に証明することができると信じていた。これがいわゆる「合理的独断論(積極的合理主義)」であるが、この立場はカントによって解体された。それ以来「積極的合理主義」は存在せず、「合理主義」と「消極哲学」とは完全に同義となった。カントはいわゆる「神の存在論的証明」を斥ける。「存在論的証明」は「神の概念」からその「存在」を推論する。しかし「或る物の概念」はそのものの純粋なWasを含むが、Daßは含まない。カントの「批判主義」によって「物の純粋なWas」へ閉じ籠もる「学」、すなわち「純粋な合理主義」の立場が提出された。しかし、それはカントの「批判主義」の間接的帰結に過ぎず、そこにはまだあまりに多くの「偶然的なもの」が混じている。このようなカント理解からシェリングはさらに次のように言う。完全に「消極的なものの限界」のうちへ、すなわち「単なる論理的なものの限界」のうちへ退き、「消極哲学」であることを自認するためには、「積極的なもの」を決定的に排除しなければならない。それには二種のあり方がある。それは、①「積極的なもの」を「自己の外に」定立するあり方と、②「積極的なもの」を完全に否定放棄するあり方とである。②は余りに不当な要求である。カントも「積極的なもの」を「理論哲学」から完全に除去したが、それを「実践哲学」という裏口から再び導入している。ただし、またカントは哲学を「消極的」あるいは「合理的哲学」として確定し完成する道へともたらしたが、「積極哲学」への可能性を与えてはいない。

また次のように述べている。ヘーゲルは「積極的なもの」を把握したという主張をする。確かに彼の哲学は「一つの完成した体系」であり、その「体系」の「無制約的要求」において「高処（Höhe）」が表現されている。この「高処」へわれわれの時代の哲学は高められている。われわれはもはや何ものも「個別的」には意識されないということを納得させられている。われわれはすべてを「連関」においてのみ、あるいは「全体の部分」としてのみ認識する。このヘーゲル哲学を弁護する者は「合理的哲学」はそれ自体必然的なものであり、特にそれは「積極哲学の基礎づけ」のために不可欠であると主張する。もちろん「消極哲学」は「哲学の完成」のためには「積極哲学」と同様に必然的であるが、「積極哲学」は「消極哲学」によっては基礎づけられず、また「積極哲学」は「消極哲学」の「継続」ではない。「積極哲学」においては「消極哲学」とは全く異なるものが生じる。また、そこでは「展開の形式」が完全に逆転される。「積極哲学」の本来的対象は「消極哲学」ではもはや認識できない。というのは、「消極哲学」にあっ（XIII. 82-84）

てはすべてはそれが「先者」をもつ限りにおいてのみ認識されうるが、「積極哲学」はそういう「先者」をもたない。ここでは事柄が向きを変え、「消極哲学」において「先者」であったものが、ここでは「後者」となる。（XIII. 87-92）

上述したように、「消極哲学」は「理性の単なる直接的内容」としての「無限なるポテンツ」から出発する。それは「すべての存在に対するア・プリオリな位置」へ置かれる。そして、その「消極哲学」がそれ以上進むことができない「究極的なもの（ein Letztes）」は「もはや思惟の外に経験的に存在できないもの」、「もはや存在へと移行しないもの」であり、またこれはもはや「ポテンツ」ではなく「全きアクトゥス（ganz Actus）」すなわち「純粋な現実性」である。この「究極的なもの」以外は「ポテンツからアクトゥスへ移行するもの」、それゆえ「非存在と存在（ポテンツとアクトゥス）」とから混合されたものである。また、「消極哲学」においては「すべての始源と終局との間に存在するもの」は「相対的に真なるもの」に過ぎず、「本来的に真なるもの」ではない。各々のモメントは「真なるものへの道の一点」として真であり、「真なるものそのもの」ではない。「消極哲学」は「真なるもの」を「終局」においてもつ「学」であり、「真理への途上にある学」である。そして、「積極哲学」は「真なるもの」を「終局」にもたず、自ら「真なるもの」のうちにある「学」である。（XIII. 148-151）

以上のように、シェリングは「消極哲学」と「積極哲学」とについて述べている。これらはいずれも主に「消極哲学」との関係における「積極哲学」の定義であり、「積極哲学」がそれ自身で何であるかはここではまだ明らかではない。その「積極哲学」そのものを理解する手掛かりはヤーコプ・ベーメの神智主義にある。シェリングがここでまたベーメの神智主義に注目するのは、それが勝れて「経験的」であるからである。

第四節　積極哲学の構想

この第四節では、(1)神智主義を源泉とし、しかもそれと一線を画する「積極哲学」の立場が示され、そこから(2)「積極哲学」の出発点および方法が明らかとされる。

(1) 積極哲学と神智主義

上記したように、「それがある」というDaßへの問いはもはや「理性の事柄」ではなく、「経験の事柄」である。ここでシェリングはこの「積極哲学」における「経験」の意味を明らかにするために次のような三つの「経験論」の立場を取り出している。すなわち、①「経験論の最深の段階」ではすべての認識が「感覚による経験」へと限定される。この立場においてはすべての「超感性的なもの」は否定される。

「積極哲学」は「超感性的なもの」が「単なる合理的な方法」で認識されることを否定するが、この「感覚的経験論」の立場では、いかなる仕方でも「超感性的なもの」は存在しないという立場に立つのである。これに対して例えば、②ヤコーヴィはすべての「外的事実」を無視し、「感情の内的事実」を「神の現実存在」を確証させるものとして取り出す。このヤコーヴィの初期の頃の考えによると、このような「感情」の立場に対して、「理性」は「無神論」あるいは「宿命論」である「盲目的必然性の体系」へと立ち到る。以上のような二つの「経験論」の立場に対して、③シェリングは「超感性的なもの」を「現実的経験の対象」とする「第三の経験論」の立場を主張する。彼によると、「超感性的なもの」である「神的本質」あるいは「創造の本質」への「観」は、神のうちへ人間が「脱我的」に移し入れられることによって可能となる(ein mögliche Verzückung des menschlichen Wesens in Gott)。ただし、この「神秘的経験論」はその根本に「何かある神秘的なもの」をもち、「合理主義」に対して強烈に対立する。そして、シェリングはこの「神秘的経験論」と「合理主義」との対立が克服されて初めて「真の哲学」が生起すると考え、次のように述べている。この「神秘的経験論」はヤーコプ・ベーメにおいて頂点に達した。ただし、ベーメの神智主義は「非学的(unwissenschaftlich)」で理解できないあり方にあり、したがってそれは「学的な」普遍的に明白なあり方、すなわち「理性」そのものを説得するあり方へ変換されなければならない。というのは、神智主義の教説はそれ自身によっては充たされない「積極哲学の要求」を含んでいるからである。「積極哲学」はあくまで「学」であることを主張し、神智主義はすべての「学的形式と方法」

を放棄する。すなわち、「積極哲学」は「学的方法」をもつが、神智主義は「非学的あり方」にあり、「学的方法論」なしに目的へ進もうとする。しかし、両者の求めるものは同一である。以上のように述べている。（XIII. 115-121）

シェリングのベーメの神智主義に対する理解は一貫している。すなわち、それは神智主義の根本に存する「積極的なもの」を承認しつつ、それを展開する方法が「学的」なものではないとして拒否するというあり方である。そしてここから、シェリングは、ベーメは「人類史上あるいはドイツ精神史上の奇蹟の現象」（XIII. 123）であると評価する一方で次のように述べるのである。ベーメの神智主義の根本に存するものは、「神からの万物の出現」を「現実的出来事」として把握しようとする努力である。そこでは「神性」そのものが一種の「自然過程（Naturproceß）」へ巻き込まれている。これに対して、「積極哲学」の固有性はすべての「過程」を否認するところにある。すなわち、「神」はあらゆる「過程」の「論理的のみならず現実的帰結」ではないのである。このような意味において「積極哲学」はすべての神智主義的努力と対立するというのである。またさらに、シェリングはベーメを「自由な世界創造」あるいは「積極哲学の自由」へと自己を高め得た人であると評価しつつ、彼の「自然」について次のように述べている。ベーメは「自己自身と格闘する自然」、すなわち「自己自身を産もうとしつつも産むことができない自然」、その「自然」のなかの「諸力の二元論」を表現しようとする。ところが、彼自身が本来この「学を産もうと欲するが産むことができない自然」であり、「輪（Rad）」である。すなわち、ベーメは「全自然」を通過し「全過程」を経験する「実体的原理」を「直接的に知る」ために自己を高め、その「全過程」を自己のうちで反復する。まさしくそれがベーメの神智主義なのであるが、それで彼の精神自身が「現実的運動」へと移行することができない運動へ、つまり常に同じ点で自己自身のまわりを運動する「回転運動（Rotation）」へと陥っている。以上のようにシェリングは述べている。（XIII. 121-124）

(2) 積極哲学の始源と方法

以上のような「学的」でなく、「過程的」で、また「回転運動」へと陥るベーメの神智主義に対して、シェリングは「自由で学的な積極哲学」を提唱する。さて、「消極哲学」は「絶対的先者」の概念、換言するならば「必然的にすべての概念に先立って顕存するものの概念」あるいは「純粋に存在するものの概念」へと導かれていた。ここで「積極哲学」はその「始源」を「消極哲学」によって与えられ、それによって基礎づけられているかに見える。しかし、そうではないとシェリングは言う。というのは、まさしく哲学はここで「先行するポテンツなしに純粋にただそれだけで顕存するもの」によって、「基礎づけを必要としないもの」、否それどころか「すべての基礎づけを排除するもの」へと到っているのである。この「純粋に存在するもの」は「消極哲学」の「究極的理念」から独立している。「積極哲学」は「概念」を放棄し、「純粋に存在するもの」のみを保持し、それ自体から出発する。そして、その「純、粋、に、存在するもの」によって「思惟から由来するすべてのもの」は打倒される。その前では「思惟」は「沈黙」し、「理性」そのものも屈服する。（XIII. 160-161）

ところで、一旦「思惟」において始まったものは「単なる思惟」において進み、決して「理念」以上のものには進みゆかない。それゆえ、「現実性」へ到達すべきものは直ちに「現実性」から出発しなければならない。それもすべての「可能性」に先行する「純粋な現実性」から出発しなければならない。ただし、この「現実性」は考えることができない。そして、それゆえまさしくそれは「現実的思惟の始源」である。ここからまた次のように述べられている。この「純粋に存在するもの」においてはすべての「理念」、すべての「ポテンツ」が排除され、「理性」は「自己の外へ定立される」。また「理性」はこの「純粋に存在するもの」を「絶対的な自己外（absolutes Außer=sich）」としてのみ定立できる。「理性」はこの定立において「脱我的」である。それによって「神」が「無底的に存在するもの」であるところの「神」のうちなるそれは「人間理性に対する深淵」と呼ばれる。「理性」はその「深淵」の前で静止し、それに飲み込まれ、それに面してはもはや何ものでもなくなる。これが「積極哲学の出発点」である。（XIII. 162-163）

「積極哲学の出発点」は、これまで述べられたように、ベーメ的神智主義と次元を同じくするものであり、それは「理性」の「脱我」、すなわち哲学するものが「脱我的」に宗教の次元へ参入することを要求するものである。この出発点はその展開において、これまでの哲学、すなわち「消極哲学」とは「方法論的」にも全く異なるあり方を要求する。それは特にその展開の基盤となる「経験」の意味の相違において顕著である。

この点については次のように述べられている。「消極哲学」は「ポテンツ」という「相対的先者」から出発する「ア・プリオリな経験論」、すなわち「経験論的なるもののア・プリオリ主義」である。そこでは「経験」は真理を証明するものではなく確認するものである。ところで。このア・プリオリに認識されるということは「先者」から認識されるということを意味するが、「絶対的先者」とは、そこからそれが認識される「先者」をもたないものを意味する。「絶対的先者」はつねにその出発点に留まり、それゆえすべての証明を超えている。ただし、その「絶対的先者からの帰結」は「事実的に（faktisch）」証明されうる。すなわち、「絶対的先者」はポステリウスに、「その帰結によって」認識されるのである。それゆえ、「積極哲学」は「経験」そのもののなかへ入り、言わば「経験」そのものと生長する。それは「経験」から「経験を超えたもの」へと遡源・後退せず、「経験」のなかでつねに前進し生長する「前進的経験論」である。ここからそれは「経験的ア・プリオリ主義」あるいは「ア・プリオリなものの経験論」あるいはさらに「本来的経験論」と呼ばれる。（XIII. 129-130）

以上、『顕示の哲学への序論』を手がかりに、特にその「積極哲学の出発点」がまさに本書の主張する宗教の次元に属するものであるということに注目しつつ、シェリングの構想する「積極哲学」の立場を取り出した。そこではまず、①「何故そもそも或るものがあるのか、何故無ではないのか」という問いに注目した。この問いは「歴史の世界の目的」に対する徹底した「絶望」を通して、まさに全く新たな次元からの世界構築を要求するものであった。それから、②その新しい次元からの哲学の端緒を開いたものとしてカント哲学が取り出された。それは「経験」の立場を基盤とした「批判主義」の立場において旧来の悟性的形而上学の解体を完成したものとして評価された。それからまた次に、③カントの「物自体」の意味が吟味された。「物がそれ自体において何であるか」は「カント的認識経験の外」にあった。しかし、同時に「物自体」は「我々の認識の究極的根拠」として前提されたものでもあった。この「物自体」の解釈をめぐってドイツ観念論は展開されたのであり、その第一歩を踏み出したのがフィヒテであった。ここに、④カントの「物自体」から「フィヒテ的自我」へ、さらには「絶対的理性」への展開があった。「理性」はここでは「すべての存在に対するア・プリオリな位置」に置かれた「無限のポテンツ」であった。そして、⑤この「理性学」において捉えられるものは「物の本質」であり、その「顕存」ではなかった。前者は「理性の事柄」であり、後者は「経験」のみが関わることができる事柄であった。⑥この「区別」が極めて重要であり、特にその「限界」を自覚した「理性学」の立場が「消極哲学」と呼ばれた。そして、その「正しく理解された消極哲学」こそ「積極哲学」を際立たせるものであった。それから、次に⑦その「積極哲学」が依拠する「経験」の立場を明らかにするものとして、ベーメの「神秘的経験論」の立場が取り出された。それは「神」のうちへ我々が「脱我的」に移し入れられることによって可能となる立場であり、まさに本書の論点の一つである宗教の次元への参入を要求するものであった。シェリングによると「積極哲学」と神智主義とは求めるものが同一である。ただし、後者は「学的形式と方法」とを放棄するものとして前者から明確に区別された。それから、特にここでは「積極哲学」はベーメ的な神智主義とは異なり、すべての過程的展開を否定することが強調された。そして、最後に⑧その「積極哲学の始源と方法」とが明らかにされた。その「始源」は「人間理性に対する深淵」と呼ばれ、その前では「思惟」は「沈黙」し、「理性」は「脱我的」であらねばならなかった。そして、そこからの展開方法としては「前進的経験論」の立場が主張された。それはあくまで「経験」そのもののなかで生長し、「経験を超えたもの」へと後退・遡源しない「経験論」の立場であった。それは、その「始源」がもはや「無限なポテンツ」ではなく、「全きアクトゥス」であると言われたことと関係している。つまり、「全きアクトゥス」であると言うからには、その「始源」において或る意味ですべてが顕わであると言わなければならない。すなわち、その意味においてその「経験」を超えたものへと後退・遡源する必要が全くないのである。しかし、他方同時にその「始源」は「人間理性に対する深淵」であると言われ、単なる「理性」にとってはすべてが隠されているともいえるのであり、したがって、その「深淵」とあくまで前進的・脱我的「経験」を通して対峙しなければならないのである。

第Ⅱ部　まとめ

以上、第Ⅱ部においては主に後期シェリングの主要な著作を介して、彼の哲学が繰り返し回帰する宗教の次元ということを中心に、その哲学の一断面を取り出してきた。ところで、この第Ⅱ部の展開において繰り返し述べてきたように、そこで言う宗教の次元ということを理解する一つの手がかりとしてヤーコプ・ベーメの神智主義を挙げることができる。ここで、このシェリング哲学のベーメの神智主義への関わりということをさらに強調して、第Ⅱ部全体の内容を再度確認すると以下のようになる。

第一章では、『哲学と宗教』において主張された「自由」による「離落」ということに、ベーメによって構想されたキリスト教的堕罪の思想を重ね合わせた。シェリングによって極めて整理された形において提出されてはいるが、そこで述べられていた「絶対者」の自覚およびその「絶対者」の「対象」からの「自由」による「離落」の問題は、その思索の原型ともいうべきものではあるが、ベーメの著述の至る所に求めることができる。

第二章では、『自由論』においてベーメ的な「神のうちの自然」や「無底」が、如何にシェリング哲学へ受け入れられているかを確認した。そこで中心テーマの一つとなっている「悪の問題」は、ベーメが「神からの離反」として捉えようとした問題であり、それを「神のうちの自然」へと遡源する思索の原型もまたベーメのうちに求めることができる。それから、「無底」は、そこにおいてシェリング哲学の宗教の次元への関わりが決定的に顕わとなるところであるが、またまさにそこからの自由で豊かな思索に溢れているのがベーメの神智主義思想である。

第三章では、一八一〇年の『シュトゥットガルト私講義』における「自由」の問題、すなわち、そこでは「神からの自由」と「自然からの自由」として表現された「自由」の問題を問い詰めることによって、人間精神の「最高のポテンツ」である「魂」の立場へと到る経過を明らかにした。この「魂」は「それによって人間が神との関係にあるところのもの」であり、そこにベーメの「魂」に通ずるものを読み取ることもできる。というのは、この「魂」の立場は「等しきものは等しきものによってのみ認識される」という脱我的経験を要求する命題を介してのみ理解可能な立場であり、ここでもシェリング哲学はベーメの思索の属する宗教の次元へと回帰していると言えるからである。

第四章においては、『エルランゲン講義』の一つである「学としての哲学の本性について」における「絶対的主体」と「脱我」との問題が、これまで述べてきたようなシェリング哲学の宗教の次元への回帰を決定的に言い表わすものとして取り出された。そこでは、体系原理としての「絶対的主体」の本質が「永遠なる自由」と「智恵」と呼ばれていた。前者は「永遠なる魔術」とも呼ばれ、述語的にも内容的にもベーメの主張する「魔術」に通じ、また後者の「智恵」もベーメの神智主義の「智」と重なる。シェリング哲学はまさに「脱我」を介して、このベーメの主張する「魔術」あるいは「智」へ根源的に関わるのである。

第五章では、一八二七年の『最近の哲学の歴史に寄せて』という論文が、デカルトからヘーゲルへと到る近世哲学の歴史を辿りながら、結局はそれがシェリング哲学の自己清算の意味をもっていたということを明らかにした。そして、ことにその自己清算が最終的にはベーメの神智主義の立場へと帰着せしめられていたことに注目した。すなわち、ベーメの神智主義の立場はまさにここで本書の趣旨を裏づける位置に置かれ、シェリング自身の新たな哲学の構想、「積極哲学」の構想の源泉の意味を与えられているのである。

第六章で取り上げた一八三六年の『哲学的経験論の叙述』は「哲学的経験論」による「根源的事実」の分析が、「積極哲学の出発点」である「絶対的先者」へとわれわれを導くことを明らかとするものであった。ここでは、これまでの哲学の立場は根源的な問いの前に立たされていた。それは「何故そもそも理性であるのか、何故非理性ではないのか」という問いであった。ベーメの神智主義を源泉とする新たな哲学は、まさにこの問いに対峙するところから構想されるのである。

第七章で取り扱った一八五四年の『顕示の哲学への序論』という論文においては、シェリング自身によるベーメ的神秘的「直接経験」のもつ意味が取り出された。そこでは、ベーメの神智主義は一方ではその積極的意味を認められつつ、他方その展開の方法が「学的」でないものとして否定されていた。そして、そのようなシェリングのベーメの神智主義に対する関係からまさしく彼の「積極哲学」の構想の一端を看取することができるのである。

以上、第Ⅱ部のまとめとして、後期シェリング哲学の展開をベーメの神智主義との関わりという一断面を強調して取り出してみた。それは、シェリング哲学の一つの源泉を探ると同時に、そこからシェリングの「積極哲学」の構想を理解する手がかりを得ようとするものである。確かに、ベーメの神智主義はシェリングの指摘するように「学的形式と方法」をもつものではない。ただし、その混沌とした、それゆえに自由で豊かな思索は、その宗教的生に根差した根源的な生の境位を開いていると言える。それはシェリング自身によっては「根源的な二つの力」の「交互遊戯」として、あるいは「神の始源的生命における戯れる悦び」として、あるいはさらにはその哲学的展開としての「実在論と観念論との交互透入」として取り出されるものに繋がる。それはまた主に「実在的なもの」を通して「観念的なもの」へという目的論的運動が生じる以前の「根源存在者」の「原初的動き」およびその直接的展開として叙述されたものではあるが、彼の哲学においても究極的にはすべてはそこからそこへと回帰するものとして構想されていると考えることができるであろう。シェリング哲学の一断面をベーメの神智主義との関わりから取り出すという試みも、結局はそこのところ、すなわちその哲学以前および哲学以後のところとしての根源的な生の境位を開示することへと帰着する。

おわりに

さて、本書では、第Ⅰ部においては、『世界時代』の三つの草稿の比較検討に拠って「シェリング哲学の躓き」について、できるだけ彼の著述をそのまま追うという仕方で明らかにした。それは、その性格上、内容的に繰り返しの多いものとなったが、本書の展開趣旨の確認のために必要な手続きであった。そこでは特に「学の沈黙」へと到る彼の思索の揺れあるいは迷いを、三つの草稿を比較・検証しつつ忠実に取り出し明らかにすることに努めた。そして、この解析をもとに、第Ⅱ部においては、『世界時代』以前と以後のシェリングの主な著作の内容を、「哲学と宗教」という彼の哲学の根本課題に焦点を当てて追究した。そこでは、シェリング哲学の根本的葛藤を通して「脱我的」に新たな思索の「始源」が開かれ、そこから彼の「積極哲学」が構想されること、およびその思索の源泉としてベーメの神智主義思想が想定されることを確認した。以上のような第Ⅰ部および第Ⅱ部の展開の内容を最後に再々度確認しつつ、まとめるならば以下のようになる。

一、シェリングは、ドイツ観念論者の一人として、飽くまで「学としての哲学」の立場、すなわち「絶対的主体」や「無限なる主観」あるいは「根源存在者」を「原理」として体系構築を志向する「学」の立場に立とうしている。それは、特に『自由論』において明らかであるように、「意欲が根源存在である」

という言葉を最終表現とするような「実在‐観念論」として一応完成されていると言える。実際、その「根源意志」の立場は、非合理性の強調や実在性の先行性の主張と重なり、人間の主体的自由の問題、特に「悪」の問題を介して、その底なき深淵性を露わにしつつ、シェリング哲学固有のダイナミックな展開を見せている。ただし、このような「実在‐観念論」の立場はいまだシェリング哲学の最終決着ではない。それはさらにそのそもそもの「始源」を求めて宗教の次元へと踏み込んでいるのである。

本書では、このような状況を「哲学と宗教」をめぐるシェリング哲学の根本的葛藤として、第Ⅰ部の『世界時代』の構想の解析を基軸に、第Ⅱ部においてもできるだけシェリング哲学の展開に沿って追究した。すなわち、第Ⅰ部において確認したように、「根源存在者の展開の歴史」として構想された『世界時代』は、事実上「過去」篇において途絶・挫折している。つまり、その『世界時代』の第一草稿の最後の部分においてシェリングが記述せざるを得なかった「学の沈黙」という事態は、第二草稿における哲学的媒介においても、またさらに第三草稿の「神の概念」に拠っても抜本的に克服されなかったと言わざるをえない。そして、本書第Ⅱ部において明らかになったように、このような解析を基軸に、シェリングの『世界時代』の構想以前と以後の著述を再吟味すると、彼の哲学が繰り返し回帰するところとして宗教の次元ということが浮かび上がるのである。

二、この宗教の次元ということは、哲学的媒介を拒む「直接経験」の場として、そもそもシェリング哲学に通底する課題を構成しているが、彼はその課題解決を求めて、特に一八〇六年以降のフランツ・

フォン・バーダーとの出会いを介して、ヤーコプ・ベーメの神智主義思想と自覚的に対峙するようになったと考えられる。このような理解・解析に拠ると、第Ⅱ部において取り扱ったシェリングの著述はいずれも、その思索の源泉の一つをベーメの神智主義思想のうちに求めることができる。換言するならば、特に『最近の哲学の歴史に寄せて』において明確に位置づけられていたように、彼がその形而上学的志向の徹底において出会う事態を説明するものとしてベーメの思索があったと言えるであろう。ただし、また『世界時代』の草稿において述べられていたように、そこにおいて出会われるものは結局「魔術」と呼ばざるを得ない出来事であり、それはシェリング自身が述べているように「学的」にではなく「具象的あるいは神話的にのみ」捉えることができ、そしてそれはまさに彼が最終的には「神の決断」に拠ってのみ決着されると考える事柄である。ここにおいてシェリング哲学、すなわちその「学としての哲学」は「沈黙」の局面に立たされているのである。

ただし、またこれも『世界時代』の草稿に述べられていたように、その「沈黙」は、「知識の欠如」ではなく「認識と諸対象の過剰」であり、単なるネガティヴなものではない。むしろ、それは、「圧倒される」ものとの出会いにおいて言葉を失うという出来事であり、特に『エアランゲン講義』において明らかであったように、新たな思索の「始源」を開くものでもある。すなわち、その「沈黙」＝「脱我」において、「人間的知」＝「悟性」は「周辺」へと投げ出され、「無知」の立場へ突き戻される。ただし、「絶対的主体」はその「無知」へ突き戻された「人間的知」の最内奥に顕現し、人間はその本質としての「永遠なる自由」と「智恵」とを「体得する」のである。このように「脱我」を介して「人間的知」と「絶対的主体」とは「対応関係」に入るのであるが、またそこから「学」は「無知の知」から「知ある無知」へと到る中間段階に位置するものとして「消極的なもの」と解される。すなわち、「人間的知」は「根源的知の観念的反復」あるいは「観念的模造」であるとされる。

三、このような「消極哲学」に対して、「絶対的先者」を出発点とする「積極哲学」が提唱される。その「絶対的先者」とは、「超＝神性」あるいは「無」であるとも言われ、典型的にはベーメの神智主義において開示されているような宗教の次元に属するもの、すなわちその境界概念そのものである「無底」である。『顕示の哲学への序論』において明らかであったように、そのような「積極哲学の始源」は「人間理性に対する深淵」と呼ばれ、その前では「思惟」は「沈黙」し、「理性」は「脱我的」であらねばならない。そして、まさにその「脱我」において、相対的な「ポテンツ」と「アクトゥス」との関係、あるいは「先者」と「後者」との関係が破られ、「全きアクトゥス」が現成する。そして、そこでは「根源意志」を究極処とし、すべてを「過程」において捉えるような目的論的・形而上学的立場が破られ、有るものを根源的に有るがままに捉えるような「積極哲学」の立場が開かれるのである。

この有るものを根源的に有るがままに捉えるということに関しては、特に『世界時代』の草稿において取り出されようとした事柄が最も示唆的である。すなわち、そこでは「世界時代」を貫く原理としての「根源存在者」が、「無にして一切」あるいは「最高の否定」にして「最高の肯定」という無底的ダイナミズムにおいて顕現していた。この無底的ダイナミズムが成立する現場は、「そうあるが故にそうある」としか言いえないところであり、いわゆるキリスト教的目的論的運動、すなわちそのような意味での過程的運動が生じる以前あるいはそれ以上のところである。しかも、そこは万物がその「根源的諸関係」においてあるところであり、そこではあらゆるものが、「根源存在者」のうちにある「根源的な二つの力」の「戯れ（Spiel）」から、「神の始源的生命における戯れる悦び」として出会われるのである。このような「嬉戯（Freudenspiel）」の世界は[54]宗教の次元に属するものであり、我々自身が「脱我的」にそれの成立する現場に立つことによってのみ捉えることが可能な生の境位である。

以上の諸点から、第Ⅰ部および第Ⅱ部の展開でも見られたように、シェリングの思索においては、その根本的葛藤を通して「哲学とは何か」を問うことが「宗教とは何か」を問うことと重なり、そこから新たな思索の地平が開かれていると言えるであろう。また、その新たな思索において顕わとなるベーメ的な根源的な宗教的生は、従来の西洋形而上学的パラダイムを破るような根源的生の境位を開示しており、そこに西洋的・近代的な時代の閉塞状況を打開する道へと繋がるものも見出されるであろう。ただし、それはまた、ハイデッガーが指摘しているようにニーチェにおいて自覚的に対決された「ヨーロッパのニヒリズム（der europäische Nihilisimus）」[55]の問題の徹底・克服を通さなければならないと言えるであろう。

あとがき

「年たけてまた越ゆべしと思ひきや命なりけり小夜の中山」(西行)

前著『無底と戯れ』のあとがきにおいても述べたことであるが、筆者は長年に亘り「後期シェリングとベーメ」という研究主題において、シェリングおよびベーメの著述ならびに両者関連の文献を渉猟してきた。ここで本書を上梓するに当たって、改めてその遅々たる歩みと、その貧しさを痛感せざるをえない。まだまだ考え吟味すべき事柄が残っており、まさに「命なりけり小夜の中山の感なきを得ない(56)」が、筆者にとっては本書を公刊することによって、ようやくこれから思索の緒に就けるという思いである。

また、本書のなかでも繰り返し述べてきたことに通底することであるが、著者がシェリングやベーメを読みながら考え続けてきたことは結局「宗教とは何か」ということに帰着する。しかも、その問いはそれを「考える」ということにおいて必然的に重なる「哲学とは何か」という問いでもある。そして、まさにそういう思索に専心し続けたのがシェリングであり、そういう意味でドイツ観念論のなかで、筆者の関心・志向に最も近いのは彼の思索であった。こういう言い方が許されるなら、フィヒテやヘーゲルに比して、シェリングの素質は極めて「宗教的」である。特に、彼がヘーゲル的思弁に一線を画し続け、さらにベーメの神智主義思想に共感する意味を、そこから汲み取ることができるのではないかと思う。

そもそも「哲学する」ということは、それぞれの哲学者の根本経験あるいはその根源的出会いに始まると言える。その「出会い」には、遡れば「絶対的偶然」としか言いえないものが含まれる。そして、さらにもう一歩踏み込んで述べるならば、そこには「沈黙」と言われる哲学的媒介を拒むものとの逆説的関係がある。それはことに「宗教的出会い」において顕わとなる関係であり、またそれは本書で述べたように西洋形而学的思考のパラダイムを破るものでもある。宗教は単なる「表象」の立場ではない。その「表象」の立場を「突破」して初めて宗教の次元に入ることができる。ただし、そういう言い方もすでに不充分である。ベーメは「無底」という言葉を使用し、それをシェリングは『自由論』においては「全探究の最高点」と呼ぶが、特にそこからの体系構築には根本的矛盾がある。それは「無底」を有底化することであり、言い換えれば「原理」にならないものを「原理」にしようとする根本的矛盾である。本書で使用してきた「宗教の次元」という表現も、結局はそう表現することによってまた新たな陥穽となる。いつまでも堂々巡りである。それは「宗教とは何か」を問う場合の宿命でもあり、しかも、それでもなお「哲学する」ことを続けるという仕方でしか、その問いを問うことにはならない。この点は筆者に残された終生の課題でもある。

さて、最後に本書を終えるに当たって「後期シェリングとベーメ」という研究課題を追うことを通して常に筆者の心底に息衝き続けていたことに触れておきたい。前著『無底と戯れ』においても既に繰り返し述べたことであり、また本書においてさらに明確に浮上してきた事柄であるが、いわゆるキリスト教的・目的論的存在理解あるいは西洋形而上学的思考のパラダイムは人類精神史上極めて勝れた存在理解でありながら、特にその近代以降の展開の中で深い疑いの闇に覆われ、出口のない混迷のなかにある。いわゆる「ニヒリズムの到来（die Heraufkunft des Nihilismus）[57]」であるが、シェリングは「何故そもそも或るものがあるのか、何故無ではないのか」という問いにおいて、その「到来」を先取りすると同時に、それを克服する「新たな始源」を予感していると言えるのではないか。そして、シェリングはその打開の糸口をベーメの神智主義思想のうちに見出そうとしていると言えるのではないか。すなわち、シェリングがベーメのうちに見出す根源的・普遍的宗教的生は、彼の哲学以前および以後として、まさに彼の新たな哲学＝「積極哲学」の構想の源泉となっているのである。また、前著でも述べたが、さらに筆者はその根源的・普遍的宗教的生のうちに「全く異なる歴史的文脈にあるもの」との対話を可能にするものを看取する。そして、そういう対話の可能性の「的中[58]」するものとして筆者の念頭にあるのは浄土教的宗教的生であり、しかも、それは日本仏教史の最周辺に位置すると言ってもよい真宗の篤信者（妙好人）において生き生きと生き続けている当のものである[59]。その具体的提示は、まさに日本的浄土教的生の現場において、その「内在的超越[60]」において開示されるものと言えるが、それについてはまた稿を改めなければならない。

今回の本書の上梓の切っ掛けとなったのは二〇一四年および二〇一五年に東洋大学において開催されたシンポジウムであった(61)。このシンポジウムでの発表機会は、筆者の長年燻り続けていた課題にまさに火をつけるものとなった。この点、特にシンポジウムを主催された東洋大学の長島隆氏にお礼を申し上げたい。また、今回の出版に際しては山口大学後援財団より助成を受けたことを最後に記して謝意を表したい。

平成二八年盛夏

索　引

あ行

悪(das Böse)
185, 187, 189-91, 205-6, 290, 295
憧れ(die Sehnsucht; das Sehnen)
9-10, 37, 39-40, 43-4, 66, 72, 84, 124-5, 138, 143, 165, 188, 203-4, 207
アクトゥス(Actus)
275, 281, 297
全き——(ganz Actus)
281, 289, 297
ア・プリオリ(a priori)
271, 273-8, 281, 287-8
意識化(Bewußtwerden)
36-7, 44, 54, 59
意志(der Wille)
7, 24-5, 35-6, 43-5, 61-2, 67, 73, 89, 96, 100-1, 136, 164, 199-201, 204, 206-7, 244, 254, 259, 261, 264
何ものも意欲しない——(der Wille, der nichts will)
24-6, 33, 39, 41-4, 61, 100, 105, 138, 145-6, 163, 165
否定する——(der verneinende Wille)
66, 68, 70, 100, 104, 110, 166
もう一つの——(der andre Wille)
40-3, 46, 63, 89-90, 124, 165
意欲(Wollen)
7, 38, 47, 135, 162, 186-7, 244, 259-60, 263, 294
永遠なる自由(die ewige Freiheit)
23, 25-6, 33, 38-9, 56, 74, 108-9, 114, 163, 167, 211-6, 218, 291
円環(das Rad, der Cirkel))
39, 49-50, 53, 59, 166

か行

回転(der Umtrieb)
39, 93
回転運動(rotatorische Bewegung, ; Rotation)
93, 97-8, 172, 215-6, 285
拡張(die Ausbreitung ; die Expansion)
82, 89-92, 96, 142
拡張する力(die ausbreitende Kraft ; die expandierende Kraft)
48, 91, 93-4, 96-7, 116, 130, 140-1, 143
学としての哲学(die Philosophie als Wissenschaft)
12, 14, 161, 171, 177, 180, 186, 210-2, 218, 294, 296
渇望(die Begierde)
39, 57, 68, 90, 203-4, 207
過去(die Vergangenheit)
2-3, 5, 8, 10, 16-22, 26, 28, 33, 50, 52-55, 57, 62, 120-1, 123, 128-30, 136-7, 140-3, 159, 162-3, 168-9, 172, 295
過程(der Proceß)
78, 83, 155, 185, 191, 226, 229, 252, 268-9, 284, 297
神の概念(der Begriff Gottes)
30-2, 38-40, 47, 50-1, 58, 106-7, 159, 164, 279, 295
観(Schauen)
11-2, 235, 238, 283
カント(Kant, Immanuel)
190, 219-20, 240, 269-75, 274-80, 288
観念的なもの(das Ideale)
145, 195, 198-9, 202, 204, 208, 293
狂気(der Wahnsinn)
95, 97-8, 112-3, 167, 172
均衡(das Gleichgewicht ; die Gleichwichtigkeit ; Aequipollenz)
31-2, 49, 82, 101-2, 104, 106, 115, 120,

149-50, 153, 167
具象的（anschaulich）
35, 138, 143, 165, 169, 172
繋辞（ Copula）
28, 31-2, 64, 66, 230, 257
決断（die Entscheidung,；der Entschluß）
59, 99, 101-6, 109-10, 132, 149, 152, 154, 167
大いなる――（die große Entscheidung）
53, 59, 104, 106, 166
神の――（ein Entschluß Gottes）
112-3, 152-4, 169, 172, 296
現在（die Gegenwart）
2, 5, 8, 10, 20, 26, 33, 53, 87, 110, 123, 128, 130, 136-7, 139-40, 142-5, 159, 169, 172
顕示（die Offenbarung）
47, 54, 93, 105, 109-10, 120, 124, 199
現実性（die Wirklichkeit）
24, 87, 89, 109, 111, 114-5, 158, 231, 261, 277-8, 286
顕存（die Existenz）
35-6, 38, 40, 42-3, 50, 74, 77, 88-90, 111, 114, 157, 163, 196, 266, 276-7, 288
顕存するもの（das Existirende）
65, 74, 88, 105, 125-6, 137, 157, 186, 194, 277, 285
高次の二元論（ein höherer Dualismus）
146-7, 150, 154, 170
後者（posterius）
48, 199-200, 281, 297
悟性（der Verstnad）
9, 21, 119, 140, 153, 169, 181, 205-7, 254, 270-1, 274, 296
根拠（der Grund）
30, 32, 48, 51, 58, 68, 94, 102-3, 108, 110, 119, 148, 191, 196-7, 199-200, 229, 234, 241, 268, 288
根源存在者（das Urwesen）
22-6, 28, 33-5, 37, 39-40, 50, 72, 91, 96, 117, 119-20, 123-5, 127, 130, 163-8, 172, 197-201, 293-4, 297-8,
根源存在者の展開の歴史（die Geschichte der Entwickelungen des Urwesens）
7-8, 14, 17, 20, 22, 161, 163, 171, 295
根底（der Grund）
18, 20, 42, 47, 53-4, 74, 77, 79-80, 84, 88, 109, 115, 120, 129, 153, 166, 173, 186, 188, 191, 194, 214-5, 247, 249

さ行

挫折（Scheitern）
i, 5, 7, 176, 187, 295
始源（der Anfang）
v, 8, 12, 18, 35, 45, 47, 49, 62, 66-7, 73, 80-1, 83, 104, 117-8, 124, 128, 132, 137-40, 143, 145, 149, 153, 159, 168-9, 171-2, 188-9, 192, 213, 222-4, 229, 235-6, 240, 252, 271, 285, 289, 294-7
新たな――（der neue Anfang）
v, 3, 15, 160, 301
事実（Thatsache）
29, 37, 83, 245-6, 248-55, 263, 265, 292
自然（die Natur）
30, 32, 38-41, 45-6, 50-1, 55-8, 73-7, 80-6, 93, 109, 114-5, 120, 129, 142, 165-7, 225-6, 247, 249, 267-8, 284
永遠なる――（die ewige Natur）
39, 56-9, 85, 90, 96, 109-10
神のうちの――（die Natur in Gott）
115, 120, 167, 185, 191, 290
実在-観念論（der Real-Idealismus）
iv, 120, 168, 185-7, 200, 224-7, 229, 235, 241, 295
実在的なもの（das Reale）
116, 118, 145, 195, 198-9, 202-4, 208, 225, 293
実在的なものと観念的なものとの絶対的同一
195-7, 202

収縮(die Anziehung ; die Contraction)
62, 89-92, 96, 127, 148
収縮する力(eine anziehende Kraft ; eine zusammenziehende Kraft)
45, 48, 68, 91, 94, 96-7, 115, 127-30, 135, 140-1, 143, 150
シュレーター(Schröter, Manfred)
ii, iii, vi, 2-3, 5-6, 16-7, 21-2, 32-3, 59-61, 70, 76, 80, 87, 98, 105, 114, 120-2, 159, 163, 166, 168
純一さ(die Lauterkeit)
9-11, 27-8, 33-4, 52, 63, 72, 74, 88, 95-6, 107, 114, 118, 124, 127-8, 130-1, 136, 143-8, 157, 167
消極哲学(die negative Philosophie)
8, 168, 198, 200, 218-20, 226-8, 233-4, 240-1, 244, 266, 269, 276, 278-82, 285-8, 297
消極的なもの (das Negative)
219, 228-9, 279, 297
深淵(der Abgrund)
16-7, 19, 26, 137, 143, 162-3, 169, 172, 189, 192, 204, 208-9, 286, 289, 297
心情(das Gemüth)
61, 202-8
神性(die Gottheit)
27, 30, 38, 43, 50-2, 56, 58-9, 73-4, 88-9, 105, 107-10, 112, 114, 141, 157, 167, 237, 259, 284
身体性(die Leiblichkeit)
71-3, 75-6, 91, 96, 166
神智学(die Theosophie)
12-4, 35, 161, 164, 172
神智主義(der Theosophismus)
219-20, 234-43, 282-6 289-93, 297
スピノザ(Spinoza)
115-6, 120, 167, 220, 222, 240, 245
静寂(die Stille)
17, 36, 51, 62-3, 155
精神(der Geist)
55, 57, 66-8, 70, 73, 75-9, 82, 85-6, 187, 191, 201-9
精神世界(die Gesterwelt)
60, 76-7, 79-80, 84-6, 166, 231
積極哲学(die positive Philosophie)
i, 8, 14, 163, 173, 178, 218, 220, 228, 234, 237, 239-44, 260, 266, 269, 276, 278-89, 292, 294, 297, 301
積極的なもの(das Positive)
205-6, 219, 228, 235, 278-80, 284
先行性(die Priorität)
iv, 74-6, 115, 118, 120, 167, 171, 199-200, 295
先者(Prius)
48, 199-200, 274-5, 281, 287, 297
絶対的――(das absolute Prius)
244, 259, 262, 264-6, 274, 285, 287, 292, 297
存在(Seyn)
34, 39, 45-6, 51-2, 54, 62, 67, 74, 90, 95, 99-100, 111, 136-7, 139, 147, 151, 223, 256-64
存在しないもの(Nichtseyendes)
38, 42-3, 45-6, 50-2, 59, 66, 109, 115, 128, 130, 163, 165, 206, 258, 261-2
存在するもの(Seyendes)
17, 28, 30, 38, 42-3, 45, 50-1, 54, 56, 59, 67-8, 72, 95, 99-101, 106, 108-9, 136-7, 139, 142, 147, 151, 162-3, 215, 249, 261

た行

体系(das System)
115-8, 120, 144-7, 155, 176, 185-7, 191-6, 211, 222, 226, 231, 245, 273, 280
対立(der Gegensatz)
26, 30-2, 63, 67-70, 80, 84, 96, 100, 118-9, 124, 129, 134, 144, 148, 164, 181, 195, 202, 208, 255
脱我(Ekstase)
10-2, 27, 172, 178, 214-8, 286, 291,

296-7
脱我的(ekstatisch)
v, 265, 283, 286, 288-9, 294, 297-8
戯れ(das Spiel)
71-2, 91, 226, 298
魂(die Seele)
8-10, 79-82, 110, 161, 180-1, 183, 202, 205-10, 291
智恵(die Weisheit)
65, 81, 211-3, 215-6, 218, 291, 297
中間概念(der mittlere Begriff)
73-6, 115, 166, 262
中心存在者(das Centralwesen)
9, 163, 185, 187-92, 208, 210
超経験的なもの(das Überempirische)
244, 259, 262-3, 265
直接経験(die unmittelbare Erfahrung)
162, 186, 235, 237-8, 242, 292, 295
超世界的原理(das überweltliche Princip)
8-10, 14, 161
沈黙(Schweigen)
i, 7, 12, 21, 162, 170, 172, 238, 265, 286, 289, 296-7, 300
学の――(das Verstummen der Wissenschaft)
v, 122, 154-5, 159-60, 169-70, 172, 176, 178, 294-5
デカルト(Cartesius)
190, 220, 238, 240, 243, 245, 270, 292
哲学と宗教(Phlosophie und Religion)
iii, 11, 13, 30, 32, 107, 164, 171, 176, 179, 183, 294-5

は行

媒介する器官(ein vermittelndes Organ)
9, 12, 21, 237-8, 242
汎神論(der Pantheismus)
120, 144-46, 156, 159, 171
光(das Licht)
63, 67, 85, 188, 202, 204, 225
否定する力(die verneinende Kraft)
30-1, 45, 47, 49, 80-3, 85, 91-3, 96-7, 110
等しきもの(das Gleiche)
10, 12, 24, 27, 194, 213, 215, 291
批判主義(der Kritizismsu)
30, 182, 220, 271, 279, 288
貧(die Armuth, arm)
25, 45, 163
不安(die Angst)
111-3, 163, 167, 189, 210
ヘーゲル(Hegel, G. W. F.)
7, 219-20, 228-33, 238-9, 243, 266, 280, 292
ベーメ(Böhme, Jacob)
v, 13, 35, 39, 162, 219-20, 234, 238-41, 243, 282-6, 288, 290-3, 296-8, 299-301
放下(die Gelassenheit)
26, 28-9, 37, 215, 217
ポテンツ(Potenz；potentia)
67, 79, 206, 260-2, 275, 281, 286-7, 289, 297
第一の――(die erste Potenz)
47-8, 53, 67-8, 80, 103, 116, 128, 139, 198-9, 201, 204, 206
第二の――(die zweite Potenz)
47-9, 53, 68, 80, 198-9, 201, 203-4
第三の――(die dritte Potenz)
54, 68, 198, 201, 203, 206

ま行

魔術(Magie)
81, 149, 257, 291, 296
魔術的(magisch)
38, 40, 165
無(Nichts)
23-5, 29-30, 41-3, 45-6, 68, 74, 88, 115, 119, 163, 173, 214, 223-4, 229-31, 257, 261-2, 264, 297
ウーク・オン(οὐχ ὄν)

46, 261-2
メー・オン（μή ὄν）
46, 257, 261-2
無差別（Indifferenz）
64, 73-4, 128-30, 135, 182, 187
無知（Nichtwissen）
43, 156, 159, 172, 211, 216-7, 296
知ある――（wissendes Nichtwissen）
43, 211-2, 216-8, 297
――の知（nicht wissendes Wissen）
43, 156, 211-2, 216-8, 297
矛盾（der Widerspruch）
26, 28-9, 41, 49-50, 69, 94, 96-8, 101, 105, 111-2, 124, 128, 164, 167, 215, 238
無底（Ungrund）
148-9, 151, 153-4, 170, 173, 185-7, 189, 191-5, 197, 208, 214, 290-91, 297-300

や行

ヤコーヴィ（Jacobi, Friedrich Heinrich）
i, 5, 7, 219, 235, 283
闇（die Finsternis）
17, 19-20, 30, 62-3, 66-7, 85, 91, 95-6, 119, 202-3

ら行

理性（die Vernunft）
115, 177, 180-1, 207, 253, 265, 270-1, 274-9, 283, 286, 288-9, 297
霊的経験（geistige Erfahrung）
155, 159, 170-2

わ行

輪（das Rad）
56, 93-5, 97-8, 133, 284

注

（1） Schelling, F.W.J.; *Philosophische Untersuchungen über das Wesen der menschlichen Freiheit*; Schellings Werke, nach der Originalausgabe in neuer Anordnung herausgegeben von Manfred Schröter, Vierter Hauptband, Schriften zur Philosophie der Freiheit, 1804-1815, C.H.Beck'sche Verlagsbuchhandlung, München, S.223-308 ; Ⅶ, 332-416.

以下、シェリングの著作からの引用は、上記のⅦ, 332-416 のようにシュレーター版に添えられている原版（Originalausgabe）の巻数および頁数によって表示する。

（2） Heidegger, Martin ; *Schellings Abhandlung über das Wesen der menschlichen Freiheit* (*1809*), Max Niemeyer Verlag, Tübingen, 1971, S. 2.

（3） Schelling, F.W.J.; *Über die Möglichkeit einer Form der Philosophie überhaupt*; Ⅰ, 85-112.

（4） Schelling, F.W.J.; *Denkmal der Schrift von den göttlichen Dingen usw. des Herrn Friedrich Heinrich Jacobi* (*1812*); Ⅷ, 19-136.

（5） Heidegger, Martin ; Ebenda, S.3-5.

ハイデッガーは、このシェリングの「挫折」と同じ根拠からニーチェも挫折したと述べている。そして、この偉大な思索家の二度の「挫折」のうちに単なる「消極的なもの」ではなく、「全く他なるものの到来の兆候、新たな始源の遠雷」=「西洋哲学の新たな始源（der neue Anfang der abendländischen Philosophie）」を見ようとしている。また、そこでニーチェの次のような詩を引用している。

いつか多くを告げんとする者は、
多くを自己のうちへ黙している。
いつか稲妻に点火せんとする者は
久しく雲であらねばならない。（『黎明』1881）

（6） Schellings Werke, Münchner Jubiläumsdruck, *Nachlaßband, Die Weltalter, Fragmente*, in der Urfassungen von 1811 und 1813 herausgegeben von Manfred Schröter, C. H. Beck'sche Verlagsbuchhandlung, München, 1966.

現在では Klaus Grotsch によって出版され、Wilhelm Schmidt-

Biggemannによって序の付けられた『世界時代－断章（Weltalter-Fragmente, Herausgegeben von Klaus Grotsch, Mit einer Einleitung von Wilhelm Schmidt-Biggemann, frommann-holzboog, Bd. 1, 2, 2002)』がある。

（7） Ebenda, *Nachlaßband*, Vorwort Ⅶ, Einleitung 54.

（8） Horst Fuhrmans ; *Schellings Philosophie der Weltalter*, Schellings Philosophie in den Jahren 1806-1821, Zum Problem des Schellingschen Theismus, Verlag L. Schwann Düsseldorf, 1954.

（9） Ebenda, S. 6.

フールマンスは彼のこの著作のまえがきにおいて、まずシェリングの哲学的思索は最初から「絶対的存在と有限的存在、神と世界との関係」をめぐる格闘であったこと、またそこにその思索の偉大さと不安定性があることを述べている。また、フールマンスはこの著作で、シェリング哲学が「汎神論」であるという非難を排除し、「シェリングの意図した本来的なもの」を取り出したい趣旨のことを述べている。また、さらにそのことによって「キリスト教とドイツ観念論との大いに論争された関係」に対して「新たな視点」が生じるであろうと述べている。ただし、フールマンスは結局シェリングを「有神論的キリスト教的哲学の代表者」として捉えている。

(10) Schellings Werke, *Nachlaßband*, Ⅰ, 94-95.

(11) Schelling, F.W.J. ; *Antiquissimi de prima malorum humanorum origine philosophematis Genes.* Ⅲ. *explicandi tentamen criticum et philosophicum* (Magisterdissertation), 1792, Ⅰ, 1-40.

(12) ibid., *Ueber Mythen*, historische Sagen und Philosopheme der ältesten Welt, 1793, Ⅰ, 41-84.

(13) ibid., *Philosophie der Mythologie*, 1842, Ⅻ, S. 1-674.

(14) Ibid., *Philosophie der Offenbarung*, XIII, 1-530, XVI, 1-334.

(15) 『ドイツ神秘主義叢書（全十二巻）』参照。創文社。

(16) 上田閑照篇『ドイツ神秘主義研究』参照。創文社、昭和57年。

(17) 拙著『無底と戯れ』参照。昭和堂、2012年。

(18) また、註（6）で紹介したシュミット＝ビッゲマンによって整理され、註を付された断片集の内容を参照しつつ、シェリングの『世界時代』の構想の全体像に迫りたい。

(19) 以下、シュレーターの出版した遺稿集（Nachlaßband）において使用されている整理番号（Ⅰ、Ⅱ、Ⅲ）に従い表記する。すなわち、Ⅰは1811年の第一草稿、Ⅱは1813年の第二草稿、Ⅲは全集原版の載せられている第三草稿を指すものとする。それに続く頁数はシュレーターの編纂した遺稿集の第一草稿と第二草稿の頁数であり、第

三草稿の頁数は全集原版の頁数である。

(20) *Nachlaßband, Vorwort,* XV；以下 N, XV と略記。

(21) シュレーターが『遺稿集』の序において書いている頁数と、ここに記した頁数は若干ずれている部分もある。それは頁数の数え方の違いによるもので、頁数が途切れたりしないようにするために筆者が少し修正したが、ここでの比較検討の実質には影響はない。

(22) Wilhelm Schmidt-Biggemann；Ebenda, 1-2.

(23) Horst Fuhrmans；Ebenda, 5-6.

(24) Schelling, F. W. J.；*Stuttgarter Privatvorlesungen*（Aus dem handschrift-lichen Nachlaß）；Ⅶ, 421-484.

(25) Ebenda；*Erlanger Vorträge in den Jahren 1821-1825*；Ⅸ, 209-246.

(26) 山本清幸『シェリング自由論の哲学』啓学出版、1970 年、59-70 頁参照。

(27) Schelling, F.W.J.；*Denkmal der Schrift von den göttlichen Dingen usw. des Herrn Friedrich Heinrich Jacobi*（*1812*）, Ⅷ, 19-136.

(28) Ⅶ, 350

(29) 第一草稿および第三草稿においては、これは「原理（Princip）」（Ⅰ, 5；Ⅲ, 200）と言われているが、第二草稿では「存在者（Wesen）」（Ⅱ, 5）と呼ばれている。これを「原理」とするか「存在者」とするかは、極めて微妙であり、ここに「哲学と宗教」との狭間でのシェリングの揺れがあると考えることもできる。後者の「存在者」をシェリングは「紐帯（das Band）」あるいは「最内奥のもの（das Innerste）」と呼び、それによって、人間は「最も遠い未来（die fernste Zuknft）」と同様に「最古の過去（die älteste Vergangenheit）」と「直接的関係（unmittelbarer Bezug）」に入ることができると述べている。

(30) 拙著『無底と戯れ』、昭和堂、2012 年、174 頁から 175 頁参照。

(31) Schelling, F. W. J.；*Darstellung des philisophischen Empirismus, Aus der Einleitung in die Philosophie.* Vortragen in München, zuletzt im Jahr 1836；X, 225-286.

(32) *Nachlaßband,* Einleitung des Herausgebers, XXV.

(33) 拙著『無底と戯れ』40 頁以下参照。

(34) Schelling, F. W. J.；*Zur Geschichte der neueren Philosophie,* Münchener Vorlesungen, 1827, X, 3、なお本稿第二部第五章参照。

(35) ところで、第二草稿ではこれ以上の「無」についての言及はないが、シェリングの「無」の理解はこの「メー・オン」に留まってはいない。彼の「無」に関する叙述のなかには「ウーク・オン」と

しての「無」の積極的理解、すなわち字義通り相対的関係を超えた「絶対」の理解の可能性を開くものを看取できる（X 285-286）。それは第一草稿の「神自身において神を超えている神性」＝「繊細な神性」の叙述に重なり、さらには後の「積極哲学」の「絶対的先者（das absolute Prius）」（XIII, 129）としての「神」の理解に繋がる。ただし、まだここではそのような「無」あるいは「神」理解まで踏み込むような叙述はなされていない。

（36） 第二草稿は実際は127頁以降140頁まであり、特にその最後の部分に添えられた註に「論文はここから完全に間違いに陥る」と記述されており、この部分は今回のシェリングの思索の「躓き」を探る意味において極めて重要な部分である。

（37） Scultz, Walter ; *Die Vollendung des Deutschen Idealismus in der Spätphilosophie Schellings,* Verlag Günther Neske, 1975

（38） ところで、シェリングはこのような宗教の次元に属する事柄を「媒介する器官」として、『シュトゥットガルト私講義』では「理性」＝「高次のもの、魂のもとに服する悟性（der Verstand in seiner Submission unter das Höhere, die Seele）」（VII, 472）の立場を主張しているが、このSubmission（＝「服従」あるいは「屈服」）には「脱我」に繋がるものが含意されていると言えるであろう。例えば、シェリングはそこでは、「悟性」のもとには明らかに「或るもっと活動的なもの、能動的なもの（etwas mehr Aktives, Thätiges）」があり、これに対して「理性」のうちには「もっと或る受動的なもの、自己犠牲的なもの（mehr etwas Leidendes, sich Hingebendes）」があると述べており（VII, 472）、そこにはまさに「自己放下」＝「脱我」の経験が重ねられていると言える。この場合の「理性」はもはや単なる人間内在的理性ではなく、何らかの形で「超越の次元」に関わりうる脱我的理性であると言うべきであろう。

（39） この「無」への問いについては、後の積極哲学の問い「何故そもそも或るものがあるのか？何故無ではないのか」（XIII, 7）という問いまで待たなければならない。

（40） Hegel, G. W. F. ,*Vorlesungen über die Geschichte der Philosophie III,* Suhrkamp Verlag, 1971, Werke 20, S.422.

（41） Schelling, F. W. J. ; *Darstellung des philosophischen Empirismus.* 1830, X, 225-286.

（42） Schelling, F. W. J. ; *Philosophie und Religion,*1804, VI, 11-70.

（43） Schelling, F. W. J. ; *Einleitung in die Philosophie der Offenbarung oder Begründung der positiven Philosophie,* XIII. 171.

そこでは「積極哲学」が「全く理性の外にあるもの」に屈服し、そこから出発するのは、再度「理性の権利を回復する」ためであることが述べられている。

(44) Schelling, F. W. J.; *Darstellung meines Systems der Philosophie*, 1801, V, 105-212.

(45) 拙著『無底と戯れ』第二章第二節の2参照。

(46) Benz, Ernst; *Schellings theologischen Geistesahnen*, Mainz, 1955, S. 27ff.

シェリング哲学の根本基調を形成し、彼の哲学以前の根本的関心を培ったものはシュワーベンの精神的宗教的伝統にある。エルンスト・ベンツが指摘するように、殊にその伝統の中核を形成する「敬虔主義（Pietismus)」は神智学的・自然神学的傾向を有し、そのうちにヤーコプ・ベーメの思想を深く媒介している。それはまた、繰り返し述べているように、彼の思索がそこから出てそこへ還るところであり、彼の思索の母胎とも言うべきところである。

(47) 西谷啓治訳『人間的自由の本質』岩波文庫、昭和47年、141頁～146頁参照。

Fischer, Kuno; *Schellings Leben, Werke und Lehre*, S. 665-666

クーノー・フィッシャーに拠るならば、「無差別」としての「無底」と「愛」としての「無底」とは、それぞれ「神的顕示」の以前と以後のところに位置づけられる。すなわち、「無差別」としての「無底」とは、一切の「顕示」に先行する「神的な原状態」のことであり、「愛」としての「無底」とは、その「顕示」が終局に到り、神が「一切における一切」となった「神的な完成状態」のことである。換言するならば、「無差別」としての「無底」とは「一切の対立以前の統一」であり、そこではまだ「顕示」によって諸々の「対立」が現われ出ていないところである。それに対して「愛」としての「無底」とは「一切の対立を超えた統一」であり、そこでは諸々の「対立」が完全に解消され克服されている。クーノー・フィッシャーはこのように整理している。

(48) Schelling, F. W. J.; *Stuttgarter Privatvorlesungen*, 1810, Ⅶ, 417-486

なお、なお拙訳「シュトゥットガルト私講義」参照。『シェリング著作集4a』燈影舎、2011年、185頁～258頁。

(49) 同上、186頁。

(50) シェリングのエアランゲン在住時代は、1820年から1821年にかけての冬から1827年の夏に及ぶおおよそ数年間に過ぎない。しかしながらそれは後期シェリングを理解するために重要な時期である

ミュンヘン在住時代（1806-1841）のちょうど中間に当たる。シェリングは1806年にナポレオン戦争の煽りを受けてビュルツブルクからミュンヘンに移ったのであるが、そこで後期シェリングの思想展開に重要な影響を与えたフランツ・フォン・バーダーに出会っている。殊にバーダーを介して知ったヤーコプ・ベーメの神智学の影響は見逃すことができない。特にまたこのベーメの影響のもとに企図され、結局は未完に終わった形而上学的労作『世界時代』も1810年には既に着手されている。したがって、エアランゲン時代はベーメの神智学から摂取された形而上学的背景のもとに彼の思想展開がなされた時代であると考えることができるであろう。（Über das Wesen der menschlichen Freiheit, Philipp Reclam, Einleitung von Horst Fhurmans 参照。）

(51) Schelling, F. W. J.; *Zur Geschichte der neueren Philosophie,* Münchener Vorlesungen, 1827, X, 1-200.

(52) シェリングの「哲学の原理」は、「絶対理性」（『私の哲学体系の叙述』）に始まり、「根源存在者」（『シュトゥットガルト私講義』『世界時代』）、「絶対的主体」（『エアランゲン講義』）、そしてこの「無限なる主観」と、その表現は異なるが、いずれも宗教の次元に属する「絶対者」を形而上学的に捉えようとする試みとも言える。

(53) Schelling, F. W. J.; *Einleitung in die Philosophie der Offenbahrung oder Begründung der postiven Philosophie,* 1854, XIII, 1-530.

(54) 拙著『無底と戯れ』2頁および17頁参照。

(55) Niezche, Friedrich; *Der Wille zur Macht,* Kröner, 1964, S. 7.

(56) 西田幾多郎『善の研究』岩波文庫、2012年、10頁。

(57) Niezche, Friedrich; Ebenda, Vorrede, S.3

(58) 武藤一雄『宗教哲学の新しい可能性』所収。「解釈的原理としての『中』について」参照。創文社、昭和49年。

(59) 拙著『山口大学哲学研究』所収。「なむあみだぶつにこころとられて〜妙好人浅原才市の詩〜」(2000年)、「ようこそ源左〜妙好人因幡の源左における宗教的生〜」(2001年)、「なんともない、なんともない〜妙好人讃岐の庄松における宗教的生〜」(2006年) 参照。

(60) 武藤一雄　同上所収。「宗教における『内在的超越』ということについて」参照。

(61) 『国際哲学研究』別冊5、「哲学と宗教——シェリング Weltalter を基盤として——」参照。東洋大学国際哲学研究センター編、2014年。

参考文献

欧文

1　全集(テキストとしては下記の通り、シュレーター版を使用したが、本稿の「はじめに」で述べたように、巻数および頁数はK.F.A.シェリングの原版のそれを記載した。なお、ここでは本稿で直接言及・引用したもののみを記した。)

Schellings Werke, Nach der Orignalausgabe in neuer Anordnug herausgegeben von Manfred Schröter, C.H.Beck'sche Verlagsbuchhandlung, München, Unveränderter Nachdruck des 1927 erschienenen Münchener Jubiläumsdruckes, 1965ff.

I. Ueber die Möglichkeit einer Form der Philosophie, 1794
　Vom Ich als Prinzip der Philosophie, 1795

Ⅳ. Darstellung meines Systems der Philosophie, 1801

Ⅵ. Philosophie und Religion, 1804

Ⅶ. Philosophische Untersuchungen über das Wesen der menschlichen Freiheit und damitzusammenhängendenGegenstände,1809
　Stuttgarter Privatvorlesungen, 1810

Ⅷ. Die Weltalter, Bruchstück, 1813

Ⅸ. Erlanger Vorträge（Ueber die Natur der Philosophie als Wissenschaft）, 1821

Ⅹ. Zur Geschichte der neueren Philosohpie, 1827
　Darstellung des philosophischen Empirismus, 1830

XIII. Philosophie der Offenbarung, Erster Teil（Erstes Buch: Einleitung in die Philosophie der Offenbarung oder Begründung der positiven Philosophie）, 1854

2　「世界時代」の草稿（本稿の「はじめに」で述べたように、シュレーターによって編纂された以下のものを使用した。)

Die Weltalter, Fragmente, In den Urfassungen von 1811 und 1813, herausgegeben von Manfred Schröter, Unveränderte Nachdruck

der 1946 erschienenen ersten Aufgabe, 1966

3 単行本

Benz, E.; *Schellings theologische Gesitesahnen*, Mainz, 1955

Schelling, Werden und Wirken senes Denkens, Rhein Verlag, Zürich, 1955

Brown, F. B.; *The Later Philosophy of Schelling, The Influence of Boehme on the Works of 1809-1815*, Associated University Press, London,1977

Fischer, K.; *Schellings Leben, Werke und Lehre*, Heidelberg, Carl Winter's Universitätsbuchhandlung, 1899

Fuhrmans, H.; *Schellings Philosophie der Weltalter*, Verlag L.Schwann, Düsseldorf,1954

Über das Wesen der menschlichen Freiheit, Philipp Reclam, Stuttgart, 1974

Heidegger, Martin ; *Schellings Abhandlung über das Wesen der menschlichen Freiheit (1809)*, Max Niemeyer Verlag, Tübingen, 1971

Kile JR., F. O.; *Die Theologischen Grundlagen von Schellings Philosophie der Freiheit*, Leiden, E. J. Brill, 1965

Tillich, P.; *Mystik und Schuldbewusstsein in Schellings philosophischer Entwicklung*, Evangelisches Verlagswerk, Stuttgart, 1959

邦文

[翻訳]

藤田正勝編 ;『シェリング著作集 4a』燈影舎 2011 年

諸岡道比古編 ;『シェリング著作集 5b』燈影舎 2007 年

[著書]

浅沼光樹;『非有の思惟』知泉書館　2014 年

板橋勇仁;『底なき意志の系譜』法政大学出版局　2016 年

大橋良介;『放下・瞬間・場所』創文社　1980 年

大村晴雄;『ベーメとヘーゲル』高文堂出版社　1987 年

岡村康夫;『無底と戯れ』昭和堂　2012 年

金子晴勇;『ルターとドイツ神秘主義』創文社　2000 年

薗田坦;『無底と意志 - 形而上学』創文社　2015 年

菅沼潤;『シェリング哲学の逆説』北樹出版　2001年
辻村公一;『ドイツ観念論断想Ｉ』創文社　1993年
橋本崇;『偶然性と神話』東海大学出版会　1998年
松山壽一;『ドイツ自然哲学と近代科学』北樹出版　1992年
武藤一雄;『神学と宗教哲学との間』創文社　1969年
諸岡道比古;『人間における悪』東北大学出版会　2001年
山口和子;『未完の物語』晃洋書房　1996年
;『後期シェリングと神話』晃洋書房　2004年
山本清幸;『シェリング自由論の哲学』学術出版会　1970年
寄川条路;『構築と解体』晃洋書房　2003年
渡邊二郎、山口和子編著『モデルネの翳り』晃洋書房　1999年

■ 著者紹介

岡村康夫（おかむら　やすお）

1951年 山口県岩国市生まれ。
京都大学大学院文学研究科宗教学専攻単位取得修了。
現在 山口大学教授 教育学部。
著書　単著『無底と戯れ——ヤーコプ・ベーメ研究』昭和堂 2012年
（以下は共著あるいは分担執筆）
『叢書 ドイツ観念論との対話〔5〕神と無』ミネルヴァ書房 1994年
『シェリング読本』法政大学出版局 1994年
『シェリングとドイツロマン主義』晃洋書房 1997年
『宗教の根源性と現代 第2巻』晃洋書房 2001年
„Erkenntnis und Wissenschaft-Jacob Böhme(1575-1624)“ Verlag Gunter und Oettel, Görlitz-Zittau, 2001
『思索の道標を求めて』萌書房 2007年
『妙好人研究集成』法藏館 2016年
翻訳（いずれも共訳）
『ドイツ神秘主義叢書 9 ベーメ小論集』創文社 1994年
『シェリング著作集 4a 自由の哲学』燈影舎 2011年

シェリング哲学の躓き——『世界時代』の構想の挫折とその超克

2017年3月25日　初版第1刷発行

著　者　岡 村 康 夫
発行者　杉 田 啓 三

〒606-8224　京都市左京区北白川京大農学部前
発行所　株式会社　**昭和堂**
振替口座　01060-5-9347
TEL（075）706-8818/ FAX（075）706-8878

印刷　亜細亜印刷

ISBN978-4-8122-1619-4
＊落丁本・乱丁本はお取り替えいたします
Printed in Japan